首都经济贸易大学会计学科·青年学者文库

首都经济贸易大学北京市属高校基本科研业务费专项资金(XRZ2021063)

中国企业参与政府与社会资本合作项目的经济后果研究

邓 衢 著

中国财经出版传媒集团
中国财政经济出版社

图书在版编目（CIP）数据

中国企业参与政府与社会资本合作项目的经济后果研究／邓衢著．－－北京：中国财政经济出版社，2022.8
（首都经济贸易大学会计学科·青年学者文库）
ISBN 978－7－5223－0715－2

Ⅰ.①中… Ⅱ.①邓… Ⅲ.①政府投资－合作－社会资本－研究－中国 Ⅳ.①F832.48②F124

中国版本图书馆 CIP 数据核字（2021）第 162715 号

责任编辑：马　真　　　　　责任校对：张　凡
封面设计：智点创意　　　　责任印制：党　辉

中国企业参与政府与社会资本合作项目的经济后果研究
ZHONGGUO QIYE CANYU ZHENGFU YU
SHEHUI ZIBEN HEZUO XIANGMU DE JINGJI HOUGUO YANJIU

中国财政经济出版社 出版

URL：http：//www.cfeph.cn
E－mail：cfeph@cfeph.cn
（版权所有　翻印必究）
社址：北京市海淀区阜成路甲 28 号　邮政编码：100142
营销中心电话：010－88191522
天猫网店：中国财政经济出版社旗舰店
网址：https：//zgczjjcbs.tmall.com
北京财经印刷厂印刷　各地新华书店经销
成品尺寸：147mm×210mm　32 开　9.75 印张　248 000 字
2022 年 8 月第 1 版　2022 年 8 月北京第 1 次印刷
定价：45.00 元
ISBN 978－7－5223－0715－2
（图书出现印装问题，本社负责调换，电话：010－88190548）
本社质量投诉电话：010－88190744
打击盗版举报热线：010－88191661　QQ：2242791300

目 录

第1章 绪 论 ………………………………………… （1）
  1.1 研究背景和研究意义 ……………………………… （1）
  1.2 研究思路和研究内容 ……………………………… （9）
  1.3 研究框架和研究方法 ……………………………… （11）
  1.4 创新点 ……………………………………………… （13）

第2章 PPP项目发展：世界经验与中国实践 ………… （15）
  2.1 英国、日本、印度PPP发展的对比分析 ………… （17）
  2.2 PPP的中国实践 …………………………………… （28）
  2.3 本章小结 …………………………………………… （43）

第3章 文献综述 ………………………………………… （45）
  3.1 PPP的内涵及其契约关系 ………………………… （45）
  3.2 PPP的经济后果 …………………………………… （57）
  3.3 影响PPP经济后果的因素 ………………………… （66）
  3.4 文献述评 …………………………………………… （76）
  3.5 本章小结 …………………………………………… （80）

第 4 章 PPP 项目及其经济后果的理论基础 …………（81）
   4.1 委托代理理论 ………………………………………（81）
   4.2 政府干预理论 ………………………………………（84）
   4.3 寻租理论 ……………………………………………（88）
   4.4 政治关联 ……………………………………………（92）
   4.5 声誉理论 ……………………………………………（96）
   4.6 理论基础的综合与关联 ……………………………（99）
   4.7 本章小结 ……………………………………………（101）

第 5 章 PPP 项目中企业激励模型与契约关系 …………（104）
   5.1 PPP 项目中企业激励模型 …………………………（104）
   5.2 中国环境下 PPP 项目的契约关系 …………………（124）
   5.3 本章小结 ……………………………………………（131）

第 6 章 企业参与 PPP 项目对权益资本成本的影响 ………（133）
   6.1 引言 …………………………………………………（133）
   6.2 理论分析与研究假设 ………………………………（136）
   6.3 研究设计 ……………………………………………（144）
   6.4 研究数据与描述性统计 ……………………………（146）
   6.5 实证结果与分析 ……………………………………（147）
   6.6 作用机制检验 ………………………………………（151）
   6.7 进一步分析 …………………………………………（158）
   6.8 稳健性检验 …………………………………………（166）
   6.9 本章小结 ……………………………………………（174）

第 7 章 企业参与 PPP 项目对债务资本成本的影响 ………（176）
   7.1 引言 …………………………………………………（176）
   7.2 理论分析与研究假设 ………………………………（179）

7.3 研究设计 …………………………………………………… (187)
7.4 研究数据与描述性统计 …………………………………… (190)
7.5 实证结果与分析 …………………………………………… (194)
7.6 作用机制检验 ……………………………………………… (199)
7.7 稳健性检验 ………………………………………………… (209)
7.8 本章小结 …………………………………………………… (216)

第8章 企业参与PPP项目对政府补助和税收优惠的影响 … (221)
8.1 引言 ………………………………………………………… (221)
8.2 理论分析与研究假设 ……………………………………… (224)
8.3 研究设计 …………………………………………………… (233)
8.4 研究数据与描述性统计 …………………………………… (234)
8.5 实证结果与分析 …………………………………………… (235)
8.6 稳健性检验 ………………………………………………… (246)
8.7 进一步分析 ………………………………………………… (256)
8.8 本章小结 …………………………………………………… (261)

第9章 结论 ……………………………………………………… (263)
9.1 研究结论 …………………………………………………… (263)
9.2 对策建议 …………………………………………………… (266)
9.3 研究局限和研究展望 ……………………………………… (269)

参考文献 ………………………………………………………… (271)

绪　论

1.1　研究背景和研究意义

1.1.1　研究背景

政府与社会资本合作（Public – Private Partnership，以下简称PPP）自 1992 年在英国产生以来，越来越多的国家在公共项目建设中采用这一模式（Hodge 和 Greve，2007）[①]。1985 年兴建的深圳沙角 B 电厂是我国首个 BOT 项目（Build – Operate – Transfer，建造—运营—移交），而第一个官方采用 PPP 概念的是 2004 年 8 月动工的北京地铁四号线项目，随后 PPP 逐渐应用于交通、水务和能源等行业。北京鸟巢也是我国采用 PPP 的经典项目之一，PPP 在融资和分散风险方面的优势保障了北京鸟巢项目的建设资金，并确立了赛后项目的运营模式。但是我国大规模的 PPP 项目发展则是在 2013 年之后。2013 年 11 月，党的十八届三中全会明确提出"允许社会资本通过特许经营等方式参与城市基础设施投资和运营"。2014 年 9 月，财政部颁发了《关于推广运用政府和社会资本

---

① 根据国家发改委和财政部的定义，PPP 也称为 PPP 模式，是指政府为增强公共产品和服务供给能力、提高供给效率，通过特许经营、购买服务、股权合作等方式，与社会资本建立的利益共享、风险分担及长期合作关系。PPP 项目即采用 PPP 模式的项目。PPP 中的"社会资本"是指建立了现代企业制度的境内外企业法人，中国 PPP 的社会资本包括国有企业和非国有企业。因此本书"社会资本"与"企业"二者通用。

合作模式有关问题的通知》(以下简称财金〔2014〕76号),要求充分认识推广运用PPP的重要意义,尽快形成有利于促进PPP发展的制度体系①。2014年11月,国务院下发了国发〔2014〕60号文件,指出要推广和健全PPP、创新投融资机制。2015年5月,国务院办公厅转发财政部、发改委、人民银行《关于在公共服务领域推广政府和社会资本合作模式的指导意见》。这些文件和政策措施将PPP提升至前所未有的战略高度。2016年5月,国家发改委、财政部联合下发《关于进一步共同做好政府和社会资本合作(PPP)有关工作的通知》(财金〔2016〕32号),提出要通过适当的资源配置、合适的融资模式等,提高资金使用效率、降低融资成本。2017年5月在北京召开的"'一带一路'国际合作高峰论坛"上,中国提出PPP将成为"一带一路"项目融资的重要资金来源,PPP再度被国际社会高度关注。

在政府的推动下,PPP已成为我国公共项目建设的重要资金来源,有利于加快公共物品的供给侧结构性改革,促进经济和政府职能转型。截至2017年12月末,全国PPP综合信息平台收录管理库和储备清单PPP项目共计14424个,总投资额达18.2万亿元,覆盖新疆兵团及31个省(直辖市、自治区),项目范围涉及文化、医疗卫生、能源、环境保护、交通运输、水利建设、教育、社会保障等19个行业领域。已有研究发现PPP通过引入社会资本,利用其技术、管理和资金方面的经验与优势,能够缓解政府财政压力、提高公共物品供给效率和服务质量(Zhang 和 Kumaraswamy,2001;Brinkerhoff,2002;Aziz 和 Ahmed,2007;Willoughby,2013;Percoco,2014)。但也有学者得出相反的结论,Engel等(2010)认为社会资本的融资成本高于公共资金的融资成本,因

---

① 这份文件开启了我国政府推动下的PPP项目发展模式。http://jrs.mof.gov.cn/ppp/zcjdppp/201410/t20141031_1155361.html,"财政部发出PPP总动员"。

此，与政府部门提供的公共服务相比，私人资金支持的公共服务其成本更高。Meduri 和 Annamalai（2012）也发现 PPP 下的印度公路项目其总成本更高。Christian 等（2014）运用问卷调查和结构化访谈方法，发现 PPP 中存在着较大的成本超支问题。此外，还有研究发现 PPP 下参与企业有生产性和非生产性两种动机，容易引起非生产性投资过度，降低公共产品供给质量（Hart，2003；Hoppe 等，2011）。Darrin 和 Mervyn（2016）认为 PPP 项目涉及一系列复杂的执行和监督过程，其实施效果可能受多种因素的影响。如 PPP 项目所在地的制度质量如法治水平、政治稳定程度、政府效率、腐败程度（Banerjee 等，2006；Sharma，2012；Panayides 等，2015）、融资渠道（Estache，2004；Galilea 和 Medda，2010）、经济发展水平（Hammami 等，2006）对 PPP 项目的实施效果具有显著影响。另外 PPP 项目本身的特征，例如 PPP 项目经验（Hammami 等，2006；Iossa 和 Martimort，2012）、PPP 项目风险结构、私人投资者数量、投资金额、项目周期（Bing 等，2005；Galilea 和 Medda，2010；Percoco，2014；Schepper 等，2015；Lopes 和 Caetano，2015）等也会影响项目效率。

随着我国 PPP 实践的发展，国内学者也开始 PPP 相关问题研究，包括 PPP 的概念与发展趋势（王灏，2004；贾康和孙洁，2009；伍迪和王守清，2014；陈志敏等，2015；刘晓凯和张明，2015）、PPP 研究文献综述（赖丹馨和费方域，2010；叶晓甦和徐春梅，2013）、公共领域的实践与案例分析（亓霞等，2009；李公祥和尹贻林，2011；查勇和梁云凤，2015；赵晔，2015）以及理论层面的项目风险分担研究（王雪青等，2007；柯永建等，2009；何涛和赵国杰，2011）。

可以看到，目前关于 PPP 的文献绝大多数是站在政府或公众角度考察 PPP 项目的经济后果，为数不多的研究（如 Hart，2003；Hoppe 等，2011；龚强等，2019）注意到了 PPP 对企业的影响，如需要或被迫让渡项目利益补贴公共福利、承担公共品负担、导致非生产性投资过度等。但是限于相关微观数据的匮乏，它们也只是运用理论模型进行分析，关于从企业角度研究参与PPP项目的经济后果的文献比较匮乏。作为PPP项目的重要参与方，社会资本是PPP项目落地和实施的最终主体，也是PPP项目得以存在和发展的必要前提，参与PPP项目的经济后果、其对社会资本会造成何种影响是PPP在进行项目设计和实施过程中不可回避的关键问题。只有深入理解社会资本参与PPP项目的经济后果，才能更好地调动社会资本积极性、激发其投资公共领域的活力，对于政府而言也能够更好地指导和监督项目实施过程，保证项目的顺利落地。因此，立足中国制度环境与市场环境，研究在中国政府推动背景下，企业参与PPP项目的经济后果具有重要的理论研究价值和实践指导意义。

通过参与PPP项目，一方面企业不仅能够获得项目运营收入，享受政府鼓励和支持PPP所颁布的各项优惠政策，如奖励、补贴、优惠的税收以及银行贷款政策，还能够与政府建立长期紧密的合作伙伴关系，这种政府和企业以制度和法律为基础、通过契约建立起来的政企关系作为政治关联的一种（Xu和Zhou，2008），有助于企业获得项目外的资源便利和政策倾斜，如进入管制性行业、优惠的贷款政策、更多的政府合约和政府纾困、税收优惠和政府补助等（Peng和Luo，2000；Agrawal和Knooeber，2001；Faccio，2006；Khwaja和Mian，2005；Adhikari等，2006；Fan等，2007；胡旭阳，2006；余明桂和潘红波，2008；罗党论和唐清泉，2009；吴文锋等，2009）。另一方面，PPP项目是基础设施和公共服务的供给，涉及公共切实利益的领域如桥梁、道路、能源、医院、学校等，是为了满足公共需求和提高社会福利，因此企业参与PPP项目也是其勇于承担社会责任的表现，有助于树立良好的企业形象，与公众、社区形成良好的关系，改善企业生产经营的外部环境。并且

PPP项目对社会资本的资质要求较高,如具备专业的证书、无信用不良记录、资金运营良好等,企业最终能够参与PPP项目也表示该企业本身具备雄厚的资金实力,能够积累无形的声誉,向市场传递出社会资本实力雄厚、发展前景较好的积极信号,提振投资者信心。

但是,PPP本身是涉及基础设施的项目,实践中政府部门更多地考虑公共需求和社会福利,而社会资本则以追求企业自身经济利润最大化为目标,双方的目标和效用函数不同,在利益诉求上存在差异(Ameyaw和Chan,2013;李永强和苏振民,2005;王雪青等,2007;陈红等,2014;胡改蓉,2015;白德全,2018)。随着PPP在公共项目中被广泛采用,这种利益冲突会逐渐成为制约PPP健康发展的重要瓶颈。与此同时,PPP项目中政府与社会资本过度"紧密"的关系,使政企边界更加模糊,为政府干预企业提供了便利(龚强等,2019)。处于强势地位的政府利用掌握的权力干预企业经营生产(Schaeffer和Loveridge,2002),使其承担旨在减小公众使用成本、提高社会福利的公共品负担和政策性负担,从而导致企业生产经营偏离最大化自身利益的目标,损害企业利益和价值。这种模糊的政企边界和非市场化的关系,容易导致地方政府与企业在PPP项目中的投融资行为异化,诱发系统性金融风险。

此外,项目中还存在诸如市场需求变更、建造风险、技术风险、公众反对等多种风险和不确定性,尤其是在实践中存在政府违约或政府拒绝履行合约而导致PPP项目失败、社会资本无法收回投资的情况(如泉州刺桐大桥PPP项目,地方政府的违约导致社会资本收益不足),从而加大了企业承担的潜在成本。

根据上述分析可知,首先,参与PPP项目对企业的影响和在微观主体层面的经济后果如何,尚不清楚。PPP中企业收益和价值的实现不仅取决于项目的运营效率,还取决于政府与企业的职责能否正确地履行。尤其是项目风险和政企利益诉求之间的矛盾,容易导致政企行为异化，进而造成系统性金融风险。而PPP的重要性已经得到了理论界的关注和认可，但是对于从企业视角探究参与PPP项目经济后果的研究相对匮乏。其次，在我国PPP实践中，对社会资本与政府间关系的探讨较少，而双方的伙伴关系是PPP项目可持续发展以及企业实现价值的重要前提。对于近年来我国企业为何热衷于参与PPP项目，参与PPP项目为其带来何种经济后果和影响，成为亟待研究的问题。最后，政府和社会资本间长期紧密的合作关系是PPP项目得以存在和发展的关键前提，并且政企关系在中国是普遍存在的现象，也是理论和实践一直关注的话题，PPP项目为研究政企关系、考察政府行为对企业的影响提供了新场景和新视角。

企业参与PPP项目的经济后果包括宏观层面和微观层面的诸多方面。在宏观层面的经济后果包括对国民经济发展、社会效益创造、政府采购、资本市场资源配置效率等的影响。微观层面的经济后果则是从企业角度考察参与PPP项目对企业本身的影响，包括投资效率、股价崩盘风险、资本成本、盈余质量、企业价值、政策资源获取等。本书主要聚焦于微观企业层面，强调参与PPP项目对企业在财务和金融方面产生的经济后果。政府和社会资本间长期紧密的合作关系是PPP的显著特征，政企合作必然涉及双方利益关系的博弈，尤其是在中国独特的政治和制度环境下，企业在与政府的合作过程中其利益一方面可能会受到由于政府干预而带来的损害，另一方面也可能依赖政治关联而获得非市场化的利好。并且这种政企关系也是目前中国普遍存在的现象，而PPP进一步为研究这一问题提供了新场景，本书利用这一契机深入考察政府关系对企业市场化以及非市场化的影响。

具体而言，根据公司契约理论，企业参与者包括了股东和债权人，而标准的财务理论指出有利于降低企业权益资本成本的决策和行为才有利于实现企业的价值最大化，并且投资者的必要报酬率与企业风险紧密相关。因此本书首先检验了参与PPP项目对企业权益资本成本的影响，考察企业参与PPP项目在市场化层面的经济后果。而债务融资作为企业目前融资的重要渠道，债务资本成本也是企业融资成本的重要部分，因此在探讨了权益资本成本的基础上，本书进一步检验了企业参与PPP项目是否能为其带来债务资本成本的便利。另外，在我国特殊的经济和制度环境下，企业面临着经营活动的极大不确定性，包括政策变化、行政管理不规范等（罗党论和唐清泉，2009），政府作为企业所处的重要外部环境，其行为对企业及经济有着重要作用（La Porta等，1999）。李维安和徐业坤（2013）也指出政府行为是探究企业行为的重要因素，地方政府其经济发展和财政压力会对企业行为产生直接影响。关于PPP的研究也指出，政府行为包括政府信用、政策稳定性、持续良好的伙伴关系会显著影响PPP项目的成败（Estache和Serebrisky，2004；Hirschhausen等，2004；Xu等，2010；石世英，2018）。以政府和社会资本的关系为纽带将政府行为和企业行为结合起来，探讨参与PPP项目在微观企业层面的经济后果必不可少。因此，本书在市场化的融资成本的基础上，进一步选取政府补助和税收优惠，考察参与PPP项目对企业政策资源获取的影响。总体而言，本书从企业角度出发，从PPP项目中的风险、政府干预、政治关联等视角，以企业市场化的融资成本和非市场化的政策资源为对象，主要考察了企业参与PPP项目在金融和财务层面的经济后果，以期为PPP的理论研究进行有益的补充，为政府选择社会资本、企业参与PPP项目和投资者决策提供参考依据。

1.1.2 研究意义

本书介绍和对比了PPP项目的国际经验并梳理了中国PPP项目实践，在系统归纳和总结PPP相关研究的基础上，借鉴理论模型探讨PPP项目中社会资本的激励问题和契约关系，并利用手工搜集的上市公司参与PPP项目数据，从权益资本成本、债务资本成本、税收优惠和政府补助等方面实证检验了企业参与PPP项目在金融和财务方面的经济后果，试图丰富和拓展已有PPP的相关研究。本书可能的研究贡献主要体现在以下几个方面：

第一，通过对比典型国家PPP应用的历史和经济差异，梳理中国PPP项目的发展历程，对PPP项目经验的研究更为全面，拓展了研究的动态感，有助于加深对我国PPP项目的认识。

国内学者关于介绍PPP国外发展经验和对中国借鉴启示的研究仅停留在介绍和叙述各国PPP发展概况的层面，并没有对各国间的PPP兴起背景、发展特点等进行深入剖析。而中国由于其特殊的政治、经济和制度背景与西方国家存在显著差异。本书选取具有代表性的三个国家：英国、日本和印度，归纳对比其PPP项目发展经验，有助于充分理解各国PPP应用的历史和经济差异，是对已有国际PPP项目经验研究的有益拓展。并通过梳理中国PPP项目的发展历程，提炼出中国PPP的独特特征，有助于加深对我国的PPP项目的理解。

第二，立足中国独特的政治和经济环境，将政企契约关系纳入分析，从市场化的融资成本和非市场化的政策资源获取，系统考察了参与PPP项目对企业在财务和金融层面产生的经济后果，为PPP和政企关系后续研究的发展提供了突破方向。

尽管我国PPP项目发展已有30余年，理论界对于PPP项目的后果已经作出一些探讨，但相关研究主要集中在社会和政府两个层面，鲜有对参与PPP项目的企业或社会资本的分析。并且国外已有研究对PPP的分析对象主要集中在PPP应用较成熟的国家，国内的PPP研究限于数据也主要集中在理论和定性分析层面。因此，本书立足中国PPP实践，利用手工搜集的上市公司参与PPP项目数据，结合政府和企业的契约关系，从企业角度出发，从权益资本成本、债务资本成本、税收优惠和政府补助方面深入考察了企业参与PPP项目在其财务和金融层面产生的经济后果,是对已有PPP相关文献和政企关系研究的有益拓展,也为后续研究的发展提供了突破方向。

第三,为完善PPP项目制度如社会资本筛选、政府尊重企业正当利益,以及厘清政企合作中两者的权责边界提供了参考。

本书通过区分产权性质,分别检验了参与PPP项目对国有企业和非国有企业的影响后发现,参与PPP项目会显著增加企业的权益资本成本,降低债务资本成本,有助于企业获得更多的政府补贴及税收优惠,但是上述结果仅在非国有企业中显著。既然参与PPP项目并没有给国有企业带来显著的资源优势,那么国有企业参与PPP项目的动机是什么?进一步的研究发现,地方政府晋升压力是导致该地国有企业参与PPP项目的重要原因。这一发现为企业和投资者决策以及政府提供了更可靠的经验证据,也对政府筛选社会资本合作方和监管PPP项目具有重要的现实意义:一方面要警惕企业尤其是非国有企业"醉翁之意不在酒",企图将PPP项目作为寻租工具的行为;另一方面政府也不应将晋升压力或政治目标强加于企业尤其是国有企业身上,应尊重社会资本的合法权益,这也为PPP项目中政府和企业权责边界的划定提供了参考。

1.2 研究思路和研究内容

本书基于企业的视角,在PPP相关文献、理论基础和模型分析的基础上,立足中国独特的经济和政治环境,对参与PPP项目在微观企业层面产生的经济后果进行系统分析。基本的研究思路是,首先介绍PPP项目在国际的发展概况和在典型国家的发展经验,并阐述PPP项目在中国的发展历程,厘清中国PPP的发展脉络和制度背景。其次,通过国内外文献梳理和回顾已有PPP研究进展，识别已有研究的空白；进一步地，通过介绍和分析PPP项目及其经济后果的相关理论，借鉴理论模型探讨PPP项目下的激励问题和契约关系，为下文奠定理论基础。再次，利用手工搜集的上市公司参与PPP项目数据，从企业权益资本成本、债务资本成本、税收优惠和政府补助方面分别对企业参与PPP项目在其财务和金融方面产生的经济后果进行实证分析。最后，归纳和总结所得研究结论。根据这一思路，本书内容安排如下：

第1章 绪论。该章介绍了研究选题背景和研究意义，对全书的研究内容、研究方法和研究框架进行总结、归纳和介绍。

第2章 PPP项目发展：世界经验与中国实践。该章首先介绍了在世界范围内私人部门参与公共物品供给的现状，以英国、日本和印度为例，围绕PPP项目的兴起背景、发展特点、实施效果等方面介绍其经验，对比归纳他们的异同点，以期为中国的PPP项目发展提供思路和见解。并详细阐述了中国的PPP发展历程，梳理中国PPP发展脉络，厘清PPP在中国的特点和制度背景。

第3章 文献综述。该章系统梳理和回顾了PPP的国内外研究现状，归纳总结了已有PPP相关文献，包括PPP的内涵及其契约关系、PPP项目的经济后果、影响PPP项目经济后果的因素。通过对现有文献的梳理，识别已有研究的空白和本书的研究问题。

第4章 PPP项目及其经济后果的理论基础。该章介绍了PPP项目及其经济后果的相关理论，包括委托代理理论、政府干预理论、寻租理论、政治关联以及声誉理论，并将其与本书研究问题相结合，阐述企业参与PPP项目产生的经济后果及内在机理。

第5章 PPP项目中企业激励模型与契约关系。该章在已有理论基础上，借鉴Iossa和Martimort（2015）的研究，针对制度、机构，特别是监管机会主义讨论了PPP项目中的激励问题以及适用的最优条件，并介绍了在中国制度环境下PPP项目中的契约关系。

第6章 企业参与PPP项目对权益资本成本的影响。该章实证检验了企业参与 PPP 项目对权益资本成本的影响,并进一步从企业产权性质、地区法律环境和投资者保护水平、环境不确定性、融资约束强度、企业风险和信息披露质量等角度深入分析两者间的影响机制和结果。

第 7 章 企业参与 PPP 项目对债务资本成本的影响。该章实证检验了企业参与 PPP 项目对债务本成本的影响,并进一步从企业产权性质、银行产权性质、企业稳健性和绩效等方面深入分析两者间的影响机制和结果。

第 8 章 企业参与 PPP 项目对政府补助和税收优惠的影响。该章实证检验了企业参与 PPP 项目对政府补助和税收优惠的影响,并进一步从企业产权性质、制度环境、政府晋升压力等角度深入分析两者间的影响机制和结果。

第 9 章 结论。该章对上述章节的研究结论进行归纳总结,并提出相应的对策建议,指出本书可能存在的不足以及未来的研究展望。

1.3 研究框架和研究方法

1.3.1 研究框架

本书研究框架如图 1-1 所示。

1.3.2 研究方法

(1) 文献研究法

本书就 PPP 项目的国内外研究进行了长期追踪,收集并整理了相关的重要论文,试图全面把握已有研究在理论及实证方法上的发展趋势,试图在归纳和总结前人文献的基础上找到空白和局限,进而提出本书研究问题并找到可能的研究贡献。此外,这些文献也

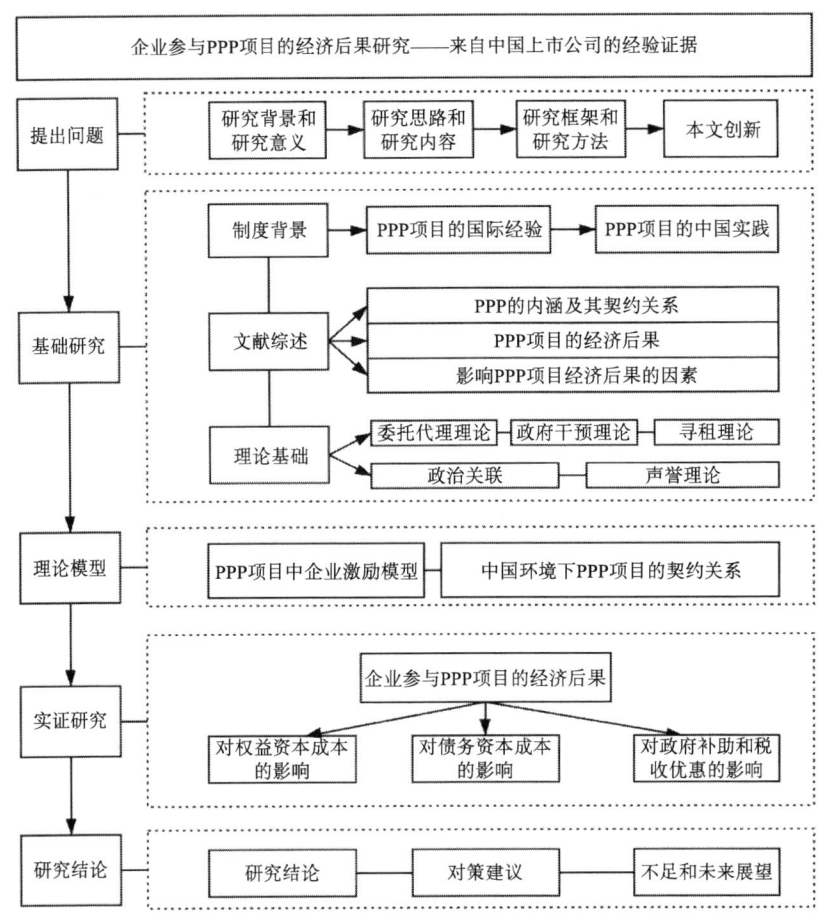

图1-1 研究框架图

为本书的分析提供了启示和基础理论。

(2) 规范分析法和实证分析法相结合

本书通过对国际PPP项目的成功经验和中国PPP项目的实践历程及现状进行的规范研究,厘清了本书研究的政策和制度背景;利用手工搜集的上市公司参与PPP项目数据,运用实证分析法,从权益资本成本、债务资本成本、税收优惠和政府补助方面系统检验了企业参与 PPP 项目的经济后果。

（3）定性分析法和定量分析法相结合

本书在 PPP 的文献梳理、制度背景及理论分析的基础上，对国际 PPP 项目的经验、我国 PPP 项目的发展现状和发展特征进行了定性分析；在定量分析法上，本书运用多种计量方法如 OLS 估计、Probit 估计、倾向匹配得分配对、双重差分法、主成分分析法等方法对企业参与 PPP 项目的经济后果进行了实证分析，并进行了稳健性检验，以保证本书结论的可靠性。

1.4 创新点

本书立足中国独特的政治和经济环境，利用手工搜集的上市公司参与 PPP 项目的数据，试图在当前 PPP 项目制度背景下，研究企业参与 PPP 项目的经济后果。本书可能的创新之处有以下几个方面：

第一，从国际视角对比归纳典型国家的 PPP 发展异同，提炼出 PPP 在中国独特的发展特征。

通过对 PPP 已有文献的梳理可以看到，国内外学者均较早地实现了对 PPP 项目他国经验的关注和研究，但是已有文献尤其是国内学者对国外经验的借鉴和指导文献仅限于简单阐述和介绍的初级阶段。而中国的制度和经济环境与西方国家存在显著差异，这些国家的 PPP 兴起原因、行业应用、模式选择以及所处的 PPP 项目发展阶段与中国的 PPP 项目也会存在明显不同。因此本书通过归纳对比典型国家 PPP 项目发展特点，提炼中国 PPP 项目发展特征，这有助于我们更好地了解 PPP 项目在国际和中国的发展，并能够更好地借鉴国外成功经验。

第二，率先立足中国实践，将政企关系纳入分析，从企业角度探讨参与 PPP 项目的经济后果，为 PPP 的相关研究提供了新视角、为政企关系的研究提供了新场景。

已有关于 PPP 项目的经济后果的研究主要从政府和社会福利角度进行探讨，鲜有从实证方面考察企业参与 PPP 项目的经济后果，尤其是金融和财务层面的经济后果，难以全面把握 PPP 项目的真正影响。本书站在企业的角度，从权益资本成本、债务资本成本、税收优惠和政府补助考察了参与 PPP 项目对企业在财务和金融层面的影响。本书发现，PPP 项目对企业的影响并不是单纯的正面或负面，而是一种多因素综合作用的结果。通过探讨企业参与 PPP 项目的经济后果、将政府和社会资本关系纳入理论分析，不仅是对现有政治关联和政府干预研究的有益创新，也为 PPP 的相关研究提供了新视角。

第三，使用手工搜集的企业参与 PPP 项目数据进行系统规范的实证研究，实现了对 PPP 研究数据和研究方法的创新。

限于 PPP 项目数据的可得性和实践的发展，现有研究主要采用案例分析、文献回顾、调查问卷、建立模型等方法。虽然也不乏关于 PPP 项目影响因素的实证研究，但是这些研究的数据均来自世界银行私人基础参与设施（Private Participation in Infrastructure，简称 PPI）数据库，虽然 PPI 能够与 PPP 互相通用，但是已有实证文献对私人参与基础设施建设数据的使用依然为本书提供了研究空间。本书根据政府采购网、财政部 PPP 综合信息平台以及上市公司公告等公开披露的信息，手工搜集了上市公司参与 PPP 项目的数据，这一数据直接捕捉到了企业参与 PPP 项目的具体信息，突破了以往研究方法和研究数据的使用局限，为 PPP 的实证研究提供了更直接的证据。

第2章

PPP项目发展：世界经验与中国实践

PPP 在世界范围内的萌芽较早，如早在 16—17 世纪的法国就已经在桥梁和运河的建造维护领域采用特许经营模式并取得较好的效果，以及 1992 年英国提出利用私人资本提供公共产品和基础设施等，随后 PPP 在世界范围得到了发展，成为基础设施领域主要的应用形式（IMF，2006；Engel 等，2013；Iossa 和 Martimort，2015）。Blanc-Brude 等（2007）发现，过去 15 年间欧盟国家签署了 PPP 项目逾 1000 个，总投资规模达 2000 亿欧元。世界银行发布的 2017 年 PPI 数据年度报告统计了 2017 年全球中低收入国家私人参与基础设施情况。PPI 由世界银行提出，能够与 PPP 互相通用（刘晓凯和张明，2015），但是 PPI 更多地用于开发性的融资行业。根据报告显示，从投资规模来看，2017 年全球 PPI 项目共 304 个，总投资达 933 亿美元，平均单体项目投资金额为 3.07 亿美元，PPI 投资约占各国 GDP 的 0.34%（见图 2-1）。从区域发展来看，东亚和太平洋地区的 PPI 总投资位列全球第一，投资金额达 490 亿美元，约占全球总量的 53%。其中中国和印度尼西亚的表现最为突出，它们也是 2017 年全球范围内 PPI 投资最多的两个国家。拉丁美洲及加勒比海、南亚、中东和北非、欧洲和中亚各地区在 2017 年的 PPI 投资分别为 194 亿美元、117 亿美元、59 亿美元和 53 亿美元。从行业分布来看，2017 年全球的 PPI 投资主要集中在能源、交通和水务领域。其中能源行业的 PPI 项目共计 203 个，总投资金额达 519 亿美元；交通行业 PPI 项目共计 66 个，总投资 365 亿美元；水务领域有 PPI 项目 30 个，投资金额为 19 亿美元。在融资渠道方面，PPI 的项目资金主要来源于私人股权融资、债务资金、政府支持以及开发金融机构，各类渠道分别占总投资金额的 45%、25% 和 30%。

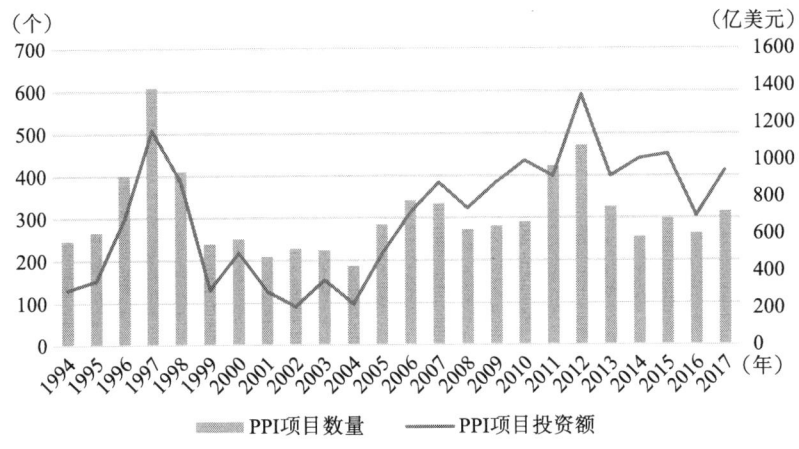

图 2-1　1994—2017 年全球 PPI 发展概况

资料来源：本书图表资料由作者自行整理，下同。

由上述数据可以看到，私人部门参与基础设施供给在全球范围内是普遍且日益重要的现象，国内也随之出现了大量介绍 PPP 项目国外发展经验和对中国借鉴启示的研究。但是这些研究仅停留在介绍和叙述各国 PPP 发展概况的层面，并没有对各国间的 PPP 项目兴起背景、发展特点等进行深入剖析。而国外一些发达国家如英国、美国和加拿大其市场化程度较高、PPP 起源较早，中国由于其特殊的政治、经济和制度背景与西方以及亚洲等国家存在显著差异，这些国家 PPP 的兴起原因、行业应用、模式选择以及所处的 PPP 项目发展阶段与中国的 PPP 也会存在明显不同。Darrin 和

Mervyn（2016）指出 PPP 项目涉及一系列复杂的执行和监督过程，国情的不同会导致 PPP 项目实施效果的不同。因此为了更好地指导 PPP 项目，使 PPP 项目在中国健康持续发展，学习各国的成功经验固不可少，但是充分理解各国 PPP 项目应用的历史和经济差异、提炼中国 PPP 项目的独特特征显得十分必要。

鉴于英国是应用 PPP 最早的国家之一，也被认为 PPP 发展最为成熟的国家，日本作为发达国家与中国同处东亚区域且 PPP 发展较好，印度与中国的国情相似且 PPP 发展也在逐步兴起，因此本章围绕上述三个国家 PPP 的兴起背景、发展特点、实施效果等方面阐述其经验、对比归纳他们的异同点。通过对这些国外典型国家 PPP 发展的系统梳理，并结合中国 PPP 最新发展概况，以期对我国的 PPP 发展有所启示和借鉴[①]。

2.1 英国、日本、印度 PPP 发展的对比分析

2.1.1 英国、日本、印度 PPP 发展概况

英国被认为是 PPP 历史较悠久、发展较成熟的国家之一，最初萌芽于 20 世纪 30 年代的保障性住房领域。从 1992 年正式提出私人融资计划（Private Finance Initiative，以下简称 PFI）至 2008 年金融危机之前，PFI 在英国一直处于稳步上升的态势。据英国财政部统计，1997 年至 2010 年间，平均每年新签订 55 份 PFI 合约。2010 年 5 月至 2017 年 3 月累计新签订 PFI 合约 84 份，平均每年 12 份。直到 2012 年，英国使用的 PPP 主要类型是 PFI。随后由于 PFI 存在着诸如成本费用高、透明度较低、合约纠纷等种种问题遭遇审

---

① 在英国和日本，PPP 主要以 PFI 形式出现，下文出现的 PFI、PF2 均属于 PPP。

查。最终2012年英国在改进PFI的基础上推出了PPP新模式——PF2（Private Finance 2，简称PF2），以弥补PFI的不足、提振投资者信心，更好地利用私人资本进行基础设施建设。PF2同PFI一道逐渐成为英国PPP的主要模式，为全国范围内的基础设施和公共产品提供服务。截至2017年3月31日，英国在建PFI和PF2项目共计715个，被广泛应用于学校、医院、住房和监狱建设等多个领域，其中已有699个项目投入运营，16个项目正处于建设阶段。其中，2016—2017年度PPP项目的总资本价值为591亿英镑。

1997年日本借鉴英国PFI理念，正式提出采用PFI模式以刺激经济发展，并设立专门机构研究英国PFI实践、探讨PFI在日本的可行性，鼓励国有企业引入民营资本。日本PPP的官方机构为1999年成立的PFI推广委员会，根据PFI推广委员会的统计，2009年至2017年间，每年新增PFI项目40个左右，呈现出稳步增长的态势。截至2017年3月，日本在建PFI项目共609个，项目累计金额达54686亿日元。此外，PFI涉及的行业范围也在逐年扩张，涉及社会福利、安全、环境、城镇开发等。日本PFI项目年限较长，大部分在17年和22年左右，很少有项目超过30年或者低于10年，能够保证民间资本的长期经营权。日本PFI发展主要依赖于地方政府，约77%的项目由政府负责开发和执行。

印度的PPP萌芽于殖民时代，据印度经济事务部（Department of Economic Affairs，简称DEA）官方资料显示，自19世纪50年代开始，印度半岛铁路公司就采取特许经营模式参与交通供给。20世纪90年代以前印度私人参与基础设施仅限于小规模的开发和应用，主要集中于公路和桥梁行业，整体呈现出项目数量较少、发展较分散的特点。90年代自由化改革以后，PPP在印度才得以真正的广泛发展。根据世界银行统计，1994年至2017年间印度的PPP项目数量和金额呈现稳步增加的状态，到2017年共计PPP项目955个，总投资金额达2530.17亿美元，增长速度从21世纪开始加快。其中增长最快的年份为2011年，从2010年的508个项目增加到2011年的628个，投资金额从上一年的1624.60亿美元增加至1984.40亿美元。PPP在印度有多重运作模式以满足不同行业和投资者的需求。

2.1.2　英国、日本、印度PPP发展的相同点

纵观英国、日本和印度的PPP发展，虽然所处的历史背景、制度环境和面临的国情不同，但是在PPP的实践中也都存在着诸多相同点。

第一，行业和区域发展不平衡。由于经济发展程度、基础设施需求程度以及管理者公共服务观念的差异，PPP在英国、日本和印度的发展均呈现出行业和区域不平衡的特点。具体而言，英国截至2017年3月共有PFI和PF2项目715个，其中从行业分布来看，项目数量最多的行业分别为健康、国防以及交通，投资规模最大的行业前三位分别为教育、健康和交通，占全国PFI/PF2总投资规模的一半以上；从地理区位来看，PFI/PF2项目投资在苏格兰最多，其次是英格兰，威尔士和北爱尔兰的PFI/PF2投资则最少。

日本截至2017年3月共有PPP项目609个，项目累计金额达54686亿日元，其中投资数量前三名的行业分别为：文化教育、城市建设和环境健康，分别占总项目数量的32.8%、21.7%和16.3%，其中基础设施领域的投资规模最小。从区域分布来看，日本PPP的发展呈现出严重的地区失衡，其中项目数量最多的地区为大阪、东京都和爱知县。

印度截至2017年底共有PPP项目955个，总投资金额达2530.17亿美元。从行业分布来看，印度PPP主要集中于交通和能源行业，项目数量分别占总体的50.6%和44.4%，投资金额达1014.69亿美元和1468.47亿美元。印度的PPP在区域发展上也存在严重失衡，呈现出两极分化的局面。根据DEA统计，1994年至

2017年间PPP项目数量前三位的地区分别为马哈拉施特拉邦、中央邦和卡拉塔克邦，项目金额最高的区域分别为北方邦、马哈拉施特拉邦和古吉拉特邦，其余地区的PPP项目数量和规模远不及上述地区。

第二，实行严格的风险识别和风险控制机制。PPP项目包含了多种风险，并将项目风险在政府部门和私人部门间进行分配，准确识别项目风险及严格控制风险直接影响着PPP项目的成败，因此在英国、日本和印度的PPP中均对项目风险实施了严格的识别和控制机制。具体而言，英国政府在项目前期规定PFI/PF2项目需要经过三轮财政部的审批，并制定了明确的标准，严格按照标准筛选合作的私人部门，确立合作伙伴后政府将明确公私双方的风险责任，建立相应地合作组织或协商机制，就未来可能出现的纠纷预先制定解决方案；在项目中期，政府规定相关的部门必须定期将PFI/PF2实施和营运情况提交给财政部，对项目的进展情况进行详细说明；在项目后期，英国政府对项目进行全程监督，以产出为基础实行绩效监控和支付机制，即在PFI/PF2完成以后，政府根据私人部门在项目中的实际表现和合约义务履行状况进行支付，在项目完成之前或者项目完成但没有达到预定标准的，政府有权利延迟或者拒绝支付。

日本对PPP的风险识别、评析和风险分担等进行了明确的规定，如公私部门在项目初期要尽可能全面预测潜在风险和原因，量化风险导致的成本，并规定双方具体的承担范围和办法，对于不同类型的风险给予了不同的详细应对方案。在项目实施过程中从信息收集、项目会谈等多角度对PPP项目监督进行规定，如定期提交报告书以确认项目履行情况和市场满意度；通过信访、抽查、设备检测等手段了解项目质量和实施情况。

印度政府也制定了关于PPP项目进展、质量监督、营运管理和绩效评估等机制，并为可能存在的风险制定了风险预案和补救措施。以风险管理为例，印度政府出台了 PPP 风险识别、分析和评估文件（如印度财政部颁发的《PPP 项目投资指南》，审计署颁发的《PPP 项目审计指南》等）。此外在 PPP 合约中印度政府针对风险问题制定了详细的分担和规避条款，并根据不同类型的风险制定了不同的风险分配模式，对项目实施的严格监督和风险管理能够有效降低 PPP 的失败风险。准确的风险识别能够从源头降低整体项目风险，完备的风险控制则能够将损失降低至最小，做到将项目风险在政府部门和私人部门间进行合理的适当分配，这不仅能够维护项目参与各方的正当利益，更能保证 PPP 项目最终顺利完成。

第三，建立了完善配套的法律和组织制度。PPP 所在地的制度质量如法治水平、腐败程度会显著影响 PPP 项目成败。因此良好的法律和制度环境是 PPP 项目成功的重要前提，英国、日本和印度在这一方面均作出了努力。具体而言，从法律体系来看，虽然英国目前尚未出台关于 PPP/PFI 的专项法律，但是相配套的法律体系比较完善，整体框架分为 PFI 配套通用法律、PFI 相关政策、PFI 项目指南以及 PFI 合约四个方面，其中主要以政策和指南的方式对 PFI 进行规范和推广。从组织机构来看，目前英国的 PFI 主要由英国基础设施局负责。以该机构为中心，英国建立了涉及各种行业和区域的 PFI 管理组织，此外财政部与地方政府联合成立了地方伙伴关系机构，负责为地方 PFI 提供项目的技术支持和评估以及合约的制定。多层级全方位的管理组织体系为 PPP 项目的发展提供了坚实支撑。

日本政府颁布了一系列 PFI 的法律法规，极大地鼓舞了投资者热情并降低了项目的风险，为 PFI 在日本的发展提供了法律保障，如 1999 年颁布的 PFI 促进法，并根据形势发展对其进行多次完善和修改；日本还成立专门的 PPP 机构，1999 年成立的 PFI 推广委员会是日本的官方 PPP 机构，由经验丰富的专家和学者组成，负责监管 PFI 的实施情况、民意调查、国外 PFI 信息搜集、分析和调研项目、向内阁总理和其他PFI机构建言献策等。

印度从中央到地方的各级政府都正式成立了PPP的相关组织和管理机构，负责PPP的审查、招投标、实施等事宜。如2006年建立了隶属财政部管辖的PPP中心以推进PPP在印度的应用，并建立了PPP评估委员会以负责PPP的审核和授权。对于政府和公共部门而言，良好的法律和组织制度体系能够建立可持续和有效率的公私合作伙伴关系，并保证资源合理配置和社会福利的一致；而对于企业而言，完善法律和组织制度体系能够提供对自身正当利益和资产的保护，防止政府违约行为的发生。

第四，多样的融资渠道。PPP项目周期较长，投资规模大，对资金的需求较高。沉重的融资压力往往由私人部门/社会资本承担。为了保证项目的顺利进行，英国、日本和印度均创新了多种融资渠道。具体而言，英国政府颁布了多种针对PFI/PF2融资的支持政策，如在PFI/PF2推广的初级阶段，政府成立PFI/PF2基金旨在为地方层级的项目提供资金，这一举措极大地提高了地方政府参与PFI/PF2的积极性。同时英国政府还成立了以养老基金为主体的投资平台，举办吸引保险公司投资的基础设施论坛，设立政府股权基金，对重大PFI/PF2项目提供政府担保等。从金融机构来看，英国国内的绿色投资银行、国外的欧洲投资银行为英国的PFI/PF2项目提供贷款；英国的金融市场发展程度较高，为PFI/PF2提供了成本低期限长的融资渠道，债券成为英国PFI/PF2项目的融资渠道之一，如2007年的庄园医院PFI项目通过33年期政府担保债券和可变债券完成了项目融资。

日本政府为了保证PFI项目资金对其提供诸如前期调研费和补助费用，并通过财政投融资制度为PFI项目提供财政资金支持。除政府部门外，PFI项目还能够从政策投资银行获取低息贷款，同时能够通过产业性基金、养老基金等获得融资。如2013年日本修改PFI法，提出政府部门和民间机构合作成立公司，对独立核算类型的 PFI 提供金融支持。同年 10 月,日本政府和民间资本合作成立了"日本民间资本推广公司"(即 Private Finance Initiative Promotion Corporation of Japan,简称 PFIPC),双方各出资 100 亿日元,主要通过优先股和次级债券的形式为独立核算类型的 PPP 项目提供金融支持。截至 2015 年,PFIPC 已为 15 个 PPP 项目提供了超过 47 亿日元的资金支持。多样的融资渠道有助于日本 PFI 项目降低对政府资金的依赖。

印度各级政府也针对 PPP 出台了一系列优惠政策,包括提供贷款利率优惠和政府补贴等,并采取了多种措施拓宽 PPP 融资渠道以保障 PPP 的项目资金,如 2005 年建立的 PPP 适应性缺口补偿基金旨在为 PPP 项目提供政府补贴;2006 年成立了基础设施金融公司,由印度政府持股 60%,主要负责为 PPP 提供长期贷款。2007 年印度财政部成立基础设施发展基金,通过无息贷款的方式向 PPP 提供资金支持。

2.1.3 英国、日本、印度 PPP 发展的不同点

第一,PPP 兴起的背景和原因不同。历史背景和经济发展状况的不同使各国使用 PPP 的原因存在差异,就英国而言,PPP 的兴起主要来源于两个原因:巨额的政府债务以及落后的传统基础设施供给模式。一方面,在第二次世界大战后英国经济持续低迷,公共支出主要来自政府债券和政府贷款。1990 年英国公共支出不断攀升的同时经济却发展疲软,在有限的政府资本预算下,政府逐渐考虑利用私人资本进行公共物品和服务供给,即 PFI。另一方面,传统的政府采购方式发展落后,即使是在英国市场制度高度完善的环境中也经常发生无法按时交付项目、成本超支等问题,英国政府需要利用私人部门专业的技术和丰富的管理经验来控制这些风险,保证项目按质按量按时完成,因此 PFI 的引入显得十分必要。

就日本而言,PFI 兴起的主要原因在于面临的财政困境和社会

问题以及为了刺激经济发展。20世纪90年代经济泡沫破灭导致日本经济持续低迷，公共基础设施建设的资金压力加剧了政府赤字。为了刺激因经济泡沫破裂导致的经济下行、政府预算入不敷出以及国债膨胀等一系列财政问题，日本政府开始借鉴和参考英国的PFI模式大力推进体制改革，鼓励国有企业引入民营资本。另外，人口老龄化和基础设施老旧对日本政府的公共物品供给提出了巨大挑战：人口老龄化的加深提高了对公共服务的需求，设施的老旧急需维护和更新，进一步加大了政府压力。因此日本政府开始PFI实践，将私人资本引入公共服务供给领域以缓解财政压力，刺激经济发展，满足不断攀升的公共服务需求。

就印度而言，PPP兴起的主要原因在于弥补基础设施建设的资金缺口，满足社会发展需要，提高政府管理效率。1964年的印度宪法规定，政府承担着为社会民众提供基础设施和公共服务的责任，然而发展到20世纪90年代，印度政府远远无法满足社会日益增长的对公共产品和服务的需求，国家面临着基础建设资金的巨大缺口。因此作为公共产品和基础设施的供给者，政府将目光转向私人部门，慢慢将私营资本引入基础设施建设领域以弥补资金缺口，满足社会发展需要。此外，20世纪80年代国外掀起了一场影响深远的新公共管理运动，新公共运动倡导将企业的管理理念和方法、专业的技术以及市场竞争机制纳入政府行政管理中，以提高政府管理效率。新公共运动为印度PPP的兴起和发展提供了经验借鉴和理论基础，印度政府在新公共运动的影响下开始利用私人部门的专业技术进行公共服务供给，加快基础设施供给速度，提升供给效率，并于20世纪90年代开始进行PPP实践。

第二，PPP项目主要应用模式不同。PPP项目在实践中包含多种典型模式，其中在英国以PFI和PF2模式为主，日本以BTO模式为主，印度以BOT和DBFO模式为主。具体而言，2012年以前PFI是英国最广泛应用的PPP项目模式，在PFI模式下，私人部门能够参与到基础设施的设计、融资、建造以及营运管理各个阶段，对于免费的基础设施和公共产品及服务，政府对私人部门按年支付相应费用。1992 年至 2011 年间累计完成 PFI 项目共 700 余个，投资金额达 547 亿英镑，涉及医院、交通、污水处理、学校等多个行业。但是，在实践中 PFI 也存在诸如成本浪费、缺乏灵活性、风险收益错配等问题。鉴于此，2012 年英国政府推出 PF2 作为 PPP 的一种新模式以弥补 PFI 的不足。与 PFI 相比，PF2 主要在股权结构、服务购买、合约条款灵活度、项目信息披露、风险分担以及债务融资等方面进行了改进。目前 PF2 同 PFI 一道逐渐成为英国 PPP 的主要模式，为全国范围内的基础设施和公共产品提供服务。

日本的 PPP 项目以 BTO 模式为主。日本的 PPP 项目主要有 BOT、BTO、BOT 和 BTO 相结合、BOO 四种模式。根据 PFI 推广委员会数据显示，日本采用 BTO 模式的项目占总项目数量的 70% 以上。在 BTO 模式下，民间资本负责项目的融资和建造，随后将项目所有权移交给政府部门，民间资本通过政府部门授予的特许经营合约进行运营和管理以回收资本并获取利益。在日本 PPP 项目中，投资规模越大、独立性越弱以及竞争性较差的项目更倾向于选择 BTO 模式，其他项目类型则更偏好 BOT 和 BOO 模式。BTO 的广泛应用与日本"强"政府密不可分，一直以来日本十分重视政府的社会责任，政府严格控制着 PFI 项目所有权以保证对项目的监督和管理。

印度的 PPP 项目以 BOT 和 DBFO 模式为主。截至 2015 年 10 月 31 日，印度 PPP 项目总量为 936 个，其中 BOT 和 DBFO 模式分别为 607 个和 223 个，占到总量的 64.8% 和 23.8%。很大一部分原因在于，印度政府承担着为社会民众提供基础设施和公共服务的责任，需要严格把控 PPP 的实施和运作，故选择政府参与程度较高的 BOT 和 DBFO 模式。

第三，PPP 项目主要应用行业重点不同。英国 PPP 由于发展时间较长，涉及行业范围较广，但主要集中在基础设施投资领域，其中以健康、国防以及交通数量最多；日本 PPP 主要集中于公共服务领域，以文化教育、城市建设和环境健康最多，而基础设施领域的投资规模最小；印度 PPP 主要集中在基础设施领域，其中电力、公路和港口行业投资规模最大。造成这一差异的原因在于各国历史背景和宪法规定的不同。就英国而言，在 PFI 提出之初，由于多数政府部门和民间投资者的观望态度，PFI 仅在部分行业如电力、自来水等公共产品和服务中使用，然而由于民众对于社会福利领域的反对，交通、医院和学校等行业仍然由政府负责。1997—2008 年英国工党执政后开始从法律制度和机构等方面大力支持 PFI 模式，为 PFI 的大范围推广奠定了法律和政策基础。此后，PFI 模式几乎覆盖了英国的所有基础设施和公共服务领域，积累了丰富的成功经验。

而日本的 PPP 则主要集中于公共服务而不是基础设施领域，究其原因在于：首先，日本社会的老龄化程度高，对社会和公共服务的需求不断增加，政府财政压力随之攀升；其次，由于特殊的地理位置，地震等自然灾害对公用设施如学校、医院、养老和防震设施的损害较大，老旧程度严重，需要进行维护和扩建；最后，经济类基础设施的基本层面建造工作在过去已经完成，整体较完善，新建需求较低。

印度作为一个新兴的发展中大国，自 1990 年以来人口迅速增加，公众对基础设施和公共服务的需求逐步攀升，而历史和发展模式的原因导致交通行业的基础设施建设成为印度社会及经济发展的关键，是每届政府的工作重点。印度公路总里程较长，如 2014 年已达 469 完公里，但路网不连续；而发电设备的老旧和落后导致印度电力供应不足，时有大规模停电发生，对工业生产和公众生活带来极大影响。因此基础设施和能源尤其是电力行业集中了大部分的 PPP 项目。此外，将 PPP 主要应用于基础设施领域则能集中有限的资源，减少资源的过度分散导致供给效率低下的情况，有助于优化资源配置。此外，印度还在公共服务领域进行了PPP实践的开发性尝试，如在农村合作医疗、远程医疗和偏远地区急诊等领域实现了成功试点。

第四，PPP项目成功率不同。从直觉和实践来看，PPP不可能总是成功，多种因素如项目经验、政府效率等都会直接影响PPP项目的成败，英国、日本和印度在PPP项目的成功率方面也存在显著差异。就英国而言，初期使用的PFI取得了一定效果，从1992年正式提出PFI模式至2008年金融危机之前，PFI在英国一直处于稳步上升的态势，在2006年达到最高峰。随后PFI在项目数量和投资金额方面都逐渐下滑，并且出现一批终止或失败的项目。究其原因在于经过多年发展，PFI存在着诸如成本费用较高、易引发合约纠纷等种种不足。2012年英国在改进PFI的基础上推出了PF2以弥补PF1的不足，目前英国被认为是世界上PPP发展较成熟的国家，项目成功率极高，为英国公众提供了高效优质的公共物品。

日本的PPP发展呈现由小到大的稳步发展趋势，项目失败率较低。日本在PPP应用中较为谨慎，整体呈现出由小型项目向大型项目发展的特征。20世纪90年代以前，限于政府部门和民营部门的能力和资源，PPP处于探索阶段，其应用主要集中于小学宿舍、图书馆等小型公共设施领域。随着实践和经验的积累，90年代以后PPP逐步进入高速公路、机场和桥梁等大型基础设施建设，发展到现在，大型公共基础设施的PPP项目正逐渐增加。日本鲜有失败的PPP项目，主要就在于它的发展遵循由小到大、稳步推进、保质保量的原则，避免了盲目上马PPP项目带来的风险和失败。目前日本PPP项目的推广在减轻政府财政压力、满足公众需求、提高社会福利等方面均起到了积极作用。

而印度PPP的失败率达5%，远高于发展中国家2%的平均标准，其中外资参与的PPP失败率更高。项目程序冗杂、政府腐败、官僚作风盛行以及宗教问题都是导致印度PPP项目失败率较高的原因。据统计显示，印度的清廉指数位列全球第76位，印度政府的执行效率和规范意识较弱，管理效率低下和腐败现象严重；潜在的民族主义和宗教主义也对企业尤其是外国企业的经营活动产生严重影响。此外，盲目上马、激进推进PPP项目的做法也是导致项目失败的重要原因，2009年至2012年间印度开发了大量基础设施PPP项目，但是由于实践经验的缺乏导致后续出现多种风险和问题，如征地拆迁争端、政府审批拖延等，最终导致大部分项目被终止或取消。

英国、日本、印度三国PPP发展的对比如表2-1所示。

表2-1　　　　英国、日本、印度PPP发展对比

相同点	不同点
行业和区域发展不平衡	PPP兴起的背景和原因不同
实行严格的风险识别和风险控制机制	PPP项目主要应用模式不同
建立了完善配套的法律和组织制度	PPP项目主要应用行业重点不同
多样的融资渠道	PPP项目成功率不同

2.2　PPP的中国实践

2.2.1　中国PPP的发展历程

国际范围内的PPP项目发展历史悠久、实践经验丰富，与国外相比中国的PPP发展历史较短，但在政府的大力推动下我国PPP也发展迅猛，已成为公共项目建设的重要资金来源，中国也成为全球PPP规模最大的市场。尤其是2013年以来，以国务院、财政部及发改委为代表的政府部门出台了一系列规范和鼓励PPP的相关政策文件，在基础设施和公共服务领域大力支持和推动PPP。在中

国,国家发改委将PPP定义为政府为增强公共产品和服务供给能力、提高供给效率,通过特许经营、购买服务、股权合作等方式,与社会资本建立的利益共享、风险分担及长期合作关系[①]。PPP涉及国有企业和非国有企业,国有企业在我国的PPP中也被视为社会资本[②]。Thieriot和Dominguez(2015)以及财政部提供了有关PPP流程的详细信息(参见图2-2)[③]。

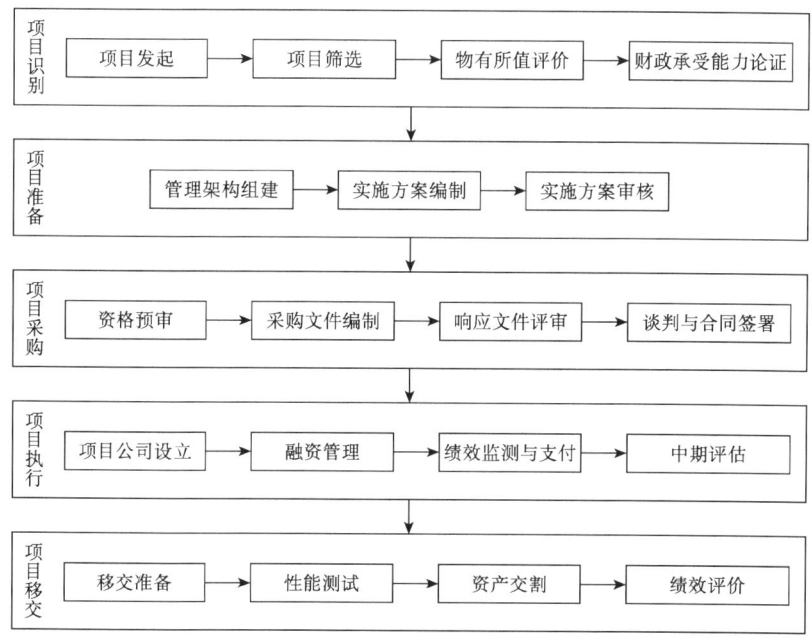

图2-2 PPP项目流程图

---

① 《国家发展改革委关于开展政府和社会资本合作的指导意见》(发改投资〔2014〕2724号),http://www.ndrc.gov.cn/gzdt/201412/t20141204_651014.html。
② 2015年5月19日,《国务院办公厅〈转发财政部、发展改革委、人民银行关于在公共服务领域推广政府和社会资本合作模式指导意见〉的通知》中规定"鼓励国有控股企业、民营企业、混合所有制企业等各类型企业积极参与提供公共服务"。
③ 本图来自Thieriot和Dominguez(2015)中国的公私合作伙伴关系:里程碑意义的2014年,过去和未来的挑战。https://pdfs.semanticscholar.org/2873/c2a2cec9e1c5dbafec659c1ed1c1f26ba7c5.pdf。

自深圳沙角 B 电厂项目以来，PPP 在中国的发展也已历时 30 余年，在这一过程中从"摸着石头过河"的探索阶段到逐步完善，形成了具有中国特色的 PPP。根据各时期 PPP 的发展特征以及国家政策导向，本章将我国 PPP 发展大致划分为六个阶段：探索阶段（20 世纪 80 年代—1993 年）、试点阶段（1994—2002 年）、推广阶段（2003—2008 年）、波动阶段（2009—2012 年）、加速阶段（2013—2017 年）、规范阶段（2017 年至今）。

(1) 探索阶段（20 世纪 80 年代—1993 年）

1978 年改革开放政策的实施为国内经济建设引入了大量外国资本，在改革的深入发展下其中有一部分资金参与基础设施行业，境外资金逐步成为我国基础设施建设资金的重要来源之一。1992 年的邓小平南行及同年的十四大后，我国开始进行投融资制度改革以逐步建立社会主义下的市场经济体制，奠定了公共物品领域下投融资改革的理论基础。我国这一阶段尚未正式确立 PPP 的概念，实践中以 PPP 的典型模式——BOT 为主，并且也没有出台 BOT 的专项法规。BOT 的实施效果和前景如何尚无定论，从政府到社会大众对这一模式持观望和疑虑态度，地方层面 BOT 项目的发起往往向中央相关部门直接汇报，得到中央的审批后才能进行后续程序。这一阶段的 BOT 项目数量不多，其中最为典型的是深圳沙角 B 电厂项目，该项目于 1985 年开始动工，在 15 年的特许经营期完成后于 2000 年成功移交给当地政府，得到了国内外的一致认可和好评。这一阶段的 PPP 项目规模小、数量少；从项目发起方来看，主要由投资人或者地方政府发起，中央政府尚未重视 PPP 的推广，呈现出"自下而上"发展的特点。并且项目缺乏招投标环节，投资人主要通过谈判的形式与政府进行协商，尚未形成规范的、标准化的 PPP 项目流程和合作协议书，整体处于"摸着石头过河"的探索阶段。

(2) 试点阶段（1994—2002年）

1994年在原国家计委的组织和推动下筛选了成都第六水厂、武汉军山长江大桥、广西来宾B电厂、广东电白高速公路和长沙望城电厂五个项目作为BOT试点，以评估社会资本参与基础设施建设的真实效果及后续推广可行性。这一举措意味着BOT试点工作的正式展开，1994年由此也被认为是中国PPP元年。1995年出台了关于外商投资特许经营类项目的文件，该文件为试点项目提供了法律依据。除了上述五个由国家政府机构推出的试点项目外，地方层面也由政府牵头推出了BOT项目，较典型的如沈阳水厂、上海黄浦江大桥以及北京市第十水厂等项目。这一时期的BOT项目数量较上一阶段有了明显的增加，涉及包括电力、区域开发、燃气、桥梁、道路等多个行业，但主要集中在交通、能源和水务领域。从政策文件也可以看出，前期的项目资金主要来源于外商投资，外国资本的参与不仅带来了国外的经验和技术，也在一定程度上促进了我国PPP的本土化发展。这一阶段的项目经验为BOT的发展积累了宝贵的经验和教训。此外，这一时期国内的学者和专家逐步将目光转到PPP，开始从事PPP的专业研究。

(3) 推广阶段（2003—2008年）

2002年召开的十六大进一步强调了市场在资源配置中的基础性作用，鼓励广大的国内外投资者通过特许经营等方式参与公共事业，为PPP在全国范围内的推广提供了制度和理论基础。为了响应十六大精神，2002年出台了《关于加快市政公用行业市场化进程的意见》、2004年推出《市政公用事业特许经营管理办法》，这些政策文件成为当时PPP发展的指导性文件。这一阶段包括国有企业、民营企业和外资企业在内的多种资本类型同台竞争，社会资本在经济中发挥的作用逐渐增加，也为PPP的推广提供了土壤。在国家的大力推动下，PPP逐步在全国范围内兴起，涉及污水处理、能源、道路、桥梁、城区开发、自来水等行业，这一阶段较为典型的项目有北京国家体育场、南京长江二桥、合肥王小郢污水处理厂等,其中第一个官方采用 PPP 这一概念的是 2004 年 8 月动工的北京地铁四号线项目。这一时期的 PPP 项目特征,首先主要集中在市政公用领域如水务、垃圾处理等,其中在当时全国处于污水处理厂建设高峰期的背景下,这一阶段以污水处理的 PPP 项目最多。其次在政府的推广和支持下,国有企业和民营企业逐渐取代外国资本,成为 PPP 项目资金的主要来源。最后,社会资本筛选从谈判发展为公开招标,逐步形成了较规范和成熟的项目程序以及合约协议,能够有效避免徇私舞弊现象的发生,有助于降低成本、提高效率、保证公共利益。

(4)波动阶段(2009—2012 年)

2008 年的金融危机极大地影响了我国的经济,政府于 2008 年底推出了四万亿计划旨在缓解金融危机带来的冲击、刺激经济发展。由政府支持的巨额财政和信贷资金源源不断地流入基础设施和公共事业领域,许多尚处于前期环节的 PPP 项目直接放弃采用这一模式转而采用政府投资,这一举措使社会资本几乎完全丧失了投资环境和条件,PPP 生态受到了破坏。随着四万亿计划的深入发展,一些弊端也逐步显现,政府重新将目光转向了民间资本并颁布了鼓励社会投资的相关政策,但是由于四万亿计划的挤出效应和金融危机的冲击,导致民间资本观望犹豫、外国资本投资不足,PPP 项目的发展一时陷入困境。在这一局面中,国有企业尤其是央企逐渐成为我国基础设施改革的重要力量,他们凭借政治关联能够获得高额的银行授信和高壁垒行业准入资格,发起和主导了很多 PPP 项目。因此,这一阶段 PPP 的发展特征,首先是政府的财政资金对私人资本产生了严重的挤出效应,而国有企业凭借自身优势逐步成为基础设施建设领域的中坚力量,国有企业和地方政府对接合作成为 PPP 运行的主要模式。其次,在这一阶段出现了多样化的融资渠道如 IPO、信托和企业债券等,有利于满足逐渐攀升的 PPP 项目资金需求。

（5）加速阶段（2013—2017年）

为了治理环境问题，缓解地方政府财政压力，提高基础设施和公共服务质量，从2013年起政府开始大力支持PPP。2013年11月12日党的十八届三中全会明确提出要"允许社会资本通过特许经营等方式参与城市基础设施投资和运营"。为贯彻落实十八届三中全会精神，2014年9月23日财政部颁发（财金〔2014〕76号），要求积极推动PPP项目试点，尽快形成有利于PPP发展的制度体系，这被称为我国PPP的总动员。这份文件极大地促进了PPP在中国的蓬勃发展。随后，财政部和发改委通过连续发布的一系列政策文件，基本上确定了PPP的实施和管理机制，并逐渐出现专门的PPP管理机构和研究中心。由于PPP中不同行业有较强的特殊性，因此具体到各行业的PPP应用与发展需要"因地制宜"。自2015年以来，交通、市政、养老、教育、污水处理等行业的行政主管部门分别发文，主要关注如何在本行业鼓励和推广PPP，为PPP项目的落地创造了有利条件。此外，PPP的应用和发展也从基础设施领域逐步拓展到公共服务领域。2015年6月1日起施行的《基础设施和公用事业特许经营管理办法》是在PPP立法之前级别最高的PPP行业指导文件，由发改委牵头，会同财政部等其他部委一并发文，将PPP的应用范围在基础设施特许经营的基础上增加了公用服务领域。

这一阶段PPP的特征，首先无论是从项目数量还是投资金额来看都呈现逐年大幅攀升的趋势，截至2017年12月31日，全国PPP综合信息平台项目库的入库项目共计14424个，累计投资额达18.2万亿元，PPP呈现出加速发展的态势。其次，政府引导是PPP加速发展的主要推动器。政府从管理机构、政策框架、法律法规等多个方面不断完善，为PPP提供了良好的制度和法律环境。最后，虽然PPP在一定程度上缓解了政府的财政和债务压力，但是有些地区为了搭上PPP的"顺风车",出现了虚假PPP、利用PPP作为政府融资新渠道等问题,因此PPP是否能够真正意义上减轻政府负担、提高效率还需要实践的进一步检验。此外,这一阶段的PPP逐步完善和规范,出台了一系列相应的PPP指导性文件和政策法规,如财政部关于印发财金〔2014〕113号文件,对PPP项目具体环节进行了规定;2014年12月2日,国家发改委下发发改投资〔2014〕2724号文件,明确了PPP项目的范围、操作模式、工作机制及政策保障。其余如财金〔2014〕156号、财库〔2014〕214号、财库〔2014〕215号等文件进一步从PPP项目合同和预算管理、政府采购程序作出相应规定。PPP在中国的制度和法律环境逐渐成熟。

(6) 规范阶段(2017年至今)

从2013年起PPP虽然一路高歌猛进,但是由于项目经验的缺乏、相关法律体系尚不完善、地方政府意识不到位等因素,PPP也逐步暴露出诸如政府违约、社会资本收益回收困难、重建设轻运营等弊端,不仅阻碍了项目的后续运作,也不利于PPP的可持续发展。此外根据国际货币基金组织统计,2017年中国地方显性债务高达16.7万亿元,而隐性负债更高。国际清算银行(Bank for International Settlements,简称BIS)数据显示,如果将地方政府融资平台承担的隐性债务计入中国政府债务杠杆,中国政府债务超过2017年GDP的65%,远高于国际公认的风险警戒线。而地方政府大量通过PPP项目的方式,将其作为融资途径,变相扩大了隐性债务规模,推高了地方财政风险。随着多项监管和整改政策的颁布,2017年以来PPP整体经历着从"狂欢"到"规范"的变化,逐步进入以提质增效为目标的规范发展新阶段。这一阶段的主要特点在于:

第一,从项目设计、社会资本选择、融资途径和回报机制等方面对PPP进行了严格规定,以保证项目的效率和质量。针对PPP

中存在的问题，包括财政部、发改委等在内的政府机构相继发布了一系列监管文件加强PPP项目的规范性指南，表明了政府整治PPP"乱象"、规范PPP发展的决心。其中，2017年11月财政部下发的《关于规范政府和社会资本合作（PPP）综合信息平台项目库管理的通知》（简称92号文）被称为PPP史上最严禁令，一系列不宜继续采用PPP、不符合规范运作要求、信息公开不透明的项目被大规模清退。如湖南省政府下发"建议退库和整改"类文件，清理不合规范项目的同时加大整改力度，保证PPP质量；江苏省也停止一大批无收益性质的增量PPP项目等。仅2018年第一季度管理库退库项目共609个[①]，退库投资额6114.39亿元；储备库退库项目共1798个，退库投资额1.78万亿元，到2018年底两库退库数量分别上升至2137个和4217个。

第二，PPP项目数量和规模保持增长，但增速放缓；鉴于已有项目库的体量和数量规模大，退库工作并不会严重影响近两年的落地数量。并且随着退库工作的结束，各地政府陆续出台鼓励PPP的相关政策，社会资本、银行及其他金融机构对PPP的态度逐步回升，迎来新一轮投资增长。截至2019年一季度末，管理库项目累计8843个、投资额13.4万亿元，总体呈现增速放缓、稳中有升、规范发展的态势。

第三，PPP仍然是基础设施和公共服务供给的重要手段，也是地方政府进行投融资活动的重要途径。在政府的严格要求和规范整治下，我国PPP项目的实施环境得到了显著提升。世界银行对全球135个国家在2018年的PPP项目发展情况进行评估，发布了2018年度《PPP基础设施采购报告》指出，PPP在中国的实践与制度环境处于全球中上水平，政策法规和制度体系建设总体良好，

---

① 管理库项目指处于准备、采购、执行和移交阶段的项目，已通过物有所值评价和财政承受能力论证的审核。

与2017年相比取得了明显进步。如"项目准备"一项，中国得分从2017年的54分上涨至61分，主要就是得益于包括财政部在内的政府机构旨在防范重大风险和规范PPP发展而出台的一系列监管文件，以及加强对PPP入库项目的财政承受能力监控和管理，对于超过10%警戒线的项目按照相关要求进行退库处理或停止新项目入库等，加强了PPP规范性。如根据财政部数据显示，截至2019年第一季度，管理库中2519个财政本级PPP项目在财政承受能力10%红线以下，对于超过10%红线的5个项目已按照有关规定停止新项目入库。总体看，PPP项目潜在财政风险得到了有效监测和防控[①]。因此，PPP仍然是我国基础设施和公共服务供给的重要手段，在有效监控地方债务风险的前提下为地方政府进行投融资活动。

值得声明的一点是，92号文的颁布对PPP市场产生了冲击，因此为了消除PPP项目退库的影响，本书后续实证检验将研究区间划分截至2017年。

2.2.2 中国PPP的特征

PPP在中国的发展是经济、政治、制度和文化等因素综合影响的结果，这一过程虽有曲折，但总体来看项目数量和金额逐年增加，呈现出波动上升的趋势，主要有以政府引导为主、行业和区域发展不平衡、社会资本参与多样化的特点。由于2014年以后是政府大力推广和支持PPP的加速发展阶段，PPP由此在2014年之前和之后的发展特征存在差异，因此本章不仅从整体描述中国PPP发展的特征，也对比了2014年增速前后的特征变化，试图从一个动态的角度更全面地把握PPP在中国的发展。

---

① 全国PPP综合信息平台项目管理库2019年一季度报，http://www.cpppc.org/zh/pppjb/8367.jhtml。

第一，PPP 在中国的发展呈现出以政府引导为主的特点。根据手工搜集的数据统计，整体来看我国的 PPP 在项目数量和投资金额上呈现小有波动但逐年增加的趋势（见图 2-3），尤其是 2003 年至 2012 年间，PPP 项目的发展受到国家政策以及宏观环境的影响表现出较强的波动性，随后加速发展，这与政府的推动密不可分。最直接的一点就是 2014 年在政府连续出台了多项鼓励和支持 PPP 的政策文件后，PPP 项目无论是数量还是投资金额都呈现出了显著的增长。纵观 PPP 在中国发展的 30 余年，其发展和波动都与政府紧密相关，如 1994 年在原国家计委的组织和推动下正式启动 BOT 试点项目，PPP 迎来了第一个小高峰期；2002 年国家出台了《关于加快市政公用行业市场化进程的意见》等鼓励和引导民间资本进入基础设施领域的政策文件，PPP 在政府的推动下逐步在全国范围内兴起，迎来了又一个发展高峰期；2008 年美国金融危机对中国经济产生巨大影响，政府为了应对这一危机推出了四万亿经济刺激计划，巨额的财政和银行信贷资金流入基础设施和公共服务领域，对社会资本造成了冲击，大量 PPP 项目被转化为直接政府投资或被迫中止，这一时期的 PPP 项目呈现出波动上升的特点；随着实践的深入发展，四万亿计划以及由政府建设基础设施的弊端逐渐显现，如效率低下、成本超支、政府财政压力大等，政府重新重视起社会资本和 PPP，自 2013 年末起连续发布了一系列鼓励和支持社会资本采用 PPP 参与基础设施和公共服务供给的文件，PPP 由此在中国得到了前所未有的发展。

第二，PPP 在中国的发展呈现出行业和区域不平衡的特点。从行业来看，2014 年以前 PPP 项目数量前三名的行业分别为：水务（约占总 PPP 项目数量的 55%）、市政工程（约占总 PPP 项目数量的 27%）以及交通运输（约占总 PPP 项目数量的 15%）。2014 年以后市政工程、交通以及生态环境逐步成为 PPP 项目数量最多的行业，从投资金额来看交通运输、市政工程和城镇综合开发的投资规模最大。从区域分布来看，2014年以前PPP项目主要集中在东部地区，约占全国总项目的49%，西部和中部地区的PPP项目数量分别占到全国总量的24%和22%，东北地区PPP项目数量最少，仅占全国项目总量的5%，整体呈现出东部地区多、中西部地区少的特点；2014年以后地区失衡的现象仍然存在，但是变成了东西部地区多、中部地区少的局面，具体而言东部地区集中了全国38%的PPP项目，西部地区逐渐发展其PPP项目占总体的比例上升至35%，而中部和东北部地区的PPP项目分别占全国总项目的22%和5%。这种区域发展差异主要原因在于西部财政实力较弱，且基础设施和公共服务发展相对滞后，需要采用PPP项目来缓解政府财政压力，弥补基础设施支持资金缺口，提高基础设施和公共物品质量；而东部地区经济发展程度高，政府部门服务理念先进，能够接受和实施改革的意愿更强，因此这一区域的PPP项目应用较多；而东北部地区其投资环境较差，对社会资本的吸引力欠佳，故PPP的应用相对较少。

第三，PPP在中国的发展呈现出社会资本参与多样化的特点。包括国有企业、民营企业、外资等多种类型的社会资本参与到中国PPP的实践中，但是各方参与的比重具有显著的阶段性。2014年以前社会资本以国有企业、民营企业、外资企业、混合所有制企业等为主，尤其是2000年以前外资企业是社会资本中的主要力量，约占全国总项目的56%，而同一时期的国有企业和民营企业的PPP项目较少；2014年以后国有企业和民营企业，尤其是前者，迅速崛起，而外资企业作为社会资本参与PPP项目的比例则急剧下降。以2017年为例，2017年总成交PPP项目3269个，投资规模达4.7万亿元，其中国有企业中标的PPP项目数量超过1800个，约占总成交项目数量的55%，中标项目金额达3.6万亿元，约占总成交规模的76.6%，从项目数量和项目金额来看国有企业都是社会资本当之无愧的主力军；民营企业作为PPP的重要参与者也表现不俗,成交 PPP 项目共计 1435 个,投资规模达 1.1 万亿元,中标项目数量和金额分别约占总体的 43.9% 和 23.4%;相比之下外资企业在 PPP 项目数量和中标金额方面远远落后。究其原因可能在于,政府在 PPP 不同发展阶段筛选社会资本的偏好差异导致的:在 PPP 项目发展初期我国经验不足、基础设施建设资金缺乏,包括国有企业和民营企业在内的国内企业在管理经验、技术水平和资金实力等方面与外资企业相比都存在一定差距,因此这一阶段中国政府吸引和利用外商参与我国的基础设施建设以达到促进经济发展、借鉴经验和技术的目的,外企处于社会资本的主导地位。而随着实践的深入和经验的积累,国内企业尤其是国有企业在项目资金实力和管理以及技术方面不断提高,且更熟悉本土化运作,因此,在政府的支持下逐步取代外商,成为社会资本的主要力量。因此中国 PPP 呈现出以国有企业为主体、民营企业为重要力量、外资企业积极参与的社会资本多样化特点(见图 2-3)。

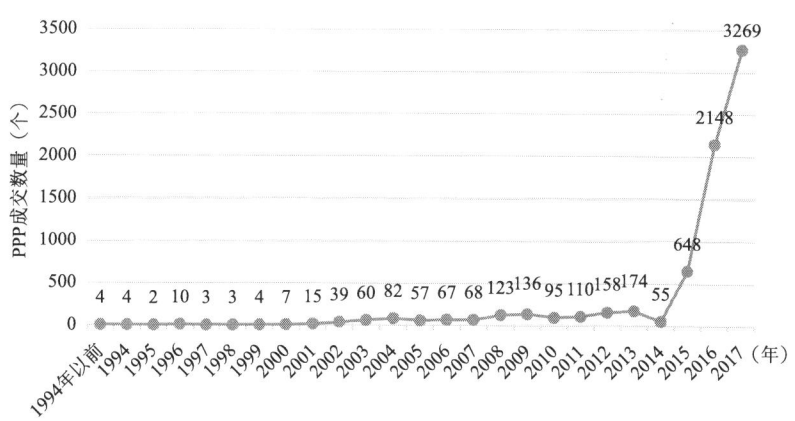

图 2-3 中国 PPP 项目成交数量时序图

2.2.3 国外经验与中国 PPP 发展

可以看到，PPP 不仅是中国特有的基础设施供给方式，它在世界范围也得到了普遍和快速的发展，但是限于各国的国情差异，PPP 的发展受制于制度、文化等特征的影响，因此深入考察这些特征对于认识 PPP 的发展规律具有一定特殊意义。虽然我国 PPP 项目逐渐步入规范发展阶段，整体呈现稳中上升的趋势，但是目前 PPP 的发展仍存在许多问题和不足。例如 PPP 在中国的发展得到了政府的大力推动，在政策支持的大背景下，参与 PPP 项目的企业与地方政府间的利益关系可能会产生变化，因为 PPP 不仅是市场化的项目，还是在特定利益关系和契约背景下发展起来的；还有其他如社会资本融资难融资贵、新官不理旧账等问题。因此在借鉴国际成功经验的基础上，以中国为背景研究企业参与 PPP 项目有助于找到其实践过程中的规律，对于立足国内实践合理利用 PPP，提高社会福利、促进政府职能加快转变、完善财政投入及管理方式也具有重要意义。通过借鉴英国、日本和印度等国 PPP 项目的实践经验，本节对中国的 PPP 发展提出了几点建议。

第一，PPP 的发展要稳扎稳打、循序渐进，切勿激进冒进。如火如荼的 PPP 市场中不乏激进主义者，为了眼前的利益"饮鸩止渴"，导致 PPP 逐步偏离初衷，甚至出现了反向效果，大幅增加了地方政府的隐性债务，而政府官员更是急功近利地催生出大量"伪 PPP 项目"、明股实债、违规融资担保以及跨越其财政可承受红线等违规行为，进一步加剧了政府财政风险。这些乱象都被92号文踩了一脚"急刹车"①。现实情况是我国的 PPP 项目逐步进入规范发展阶段，但尚不成熟，包括尚未建立保护 PPP 项目各方平等合作关系的法制环境、政府层面的诸多问题导致 PPP 项目存在

---

① PPP 大清理收官，http://www.sohu.com/a/228388226_100053329。

较大的不确定性、社会资本供应市场尚不完善等。因此，PPP在中国的发展应该稳扎稳打、循序渐进，不能急功近利，防止为了蹭政策和时事的热度、追逐私利而盲目推广PPP的行为。在这一方面，日本的PPP实践提供了良好的借鉴。日本PPP在学校、医院、养老院等领域经验丰富，相比之下大型基础设施建设方面的PPP应用起步较晚，PPP整体呈现出由小型项目向大型项目发展的特征，在PPP的推广和实践中比较谨慎，因此其失败率较低。而反观印度，在实践经验缺乏的前提下盲目上马和推进了大量大型PPP项目，导致大部分项目以失败告终。

第二，创新PPP项目融资渠道，鼓励社会多种融资支持。PPP项目周期往往长达20至30年，投资规模大，并且由社会资本承担巨大的融资压力。目前我国PPP仍然面临着"融资难、融资贵"的问题，严重阻碍了PPP的可持续发展。具体而言，银行作为PPP融资的主要来源在92号文以后态度更加谨慎，严格把控潜在风险，如要求PPP项目要纳入国家的项目库、要求地方政府的财政收入达到一定标准、社会资本类型以央企优先等，这些虽然能够缓解银行的放款担忧，但是严格的条件也将大多数PPP项目拒之门外。此外，政府机构也尝试开发更多的融资渠道保证PPP项目资金，如2016年12月发改委和证监会出台关于PPP项目资产证券化的文件，鼓励符合条件的项目发行资产证券化融资；2017年5月，发改委颁布文件鼓励发行PPP项目专项债券，引导社会资本投资PPP等。但是这些举措的效果不尽如人意[1]。因此，政府应该大力创新融资机制，鼓励开发金融创新产品等渠道为PPP项目提供资金，

---

[1] 从专项债来看，2018年7月，广州珠江实业集团有限公司成功发行10.2亿元社会领域产业政府和社会资本合作（PPP）项目专项债券，为国内发行的首只也是唯一的PPP项目专项债。从证券化产品来看，据中国资产证券化分析网统计，截至2019年4月，PPP的资产证券化产品数量仅为19单，总规模为177.09亿元，与PPP的巨额项目投资规模相比，证券化的比例依然较小。

以保障项目顺利推进。如参考英国、日本和印度对 PPP 的融资支持，政府利用财政资金建立 PPP 项目基金，或以养老基金为主体的投资平台为符合要求的项目提供无息或低息贷款；举办吸引金融机构投资的 PPP 论坛；成立政企合作公司通过发放债券和优先股的形式为独立核算类型的 PPP 项目提供金融支持。另外，要逐步完善 PPP 项目融资操作，出台相关的融资鼓励和指导文件，从法律角度规定政策性金融机构在风险可控、流程规范的前提下为 PPP 项目提供资金保障以缓解社会资本的融资压力；另一方面也要注意规范金融机构的融资行为，防止融资行为异化，逐步建立健康的、多元化、可持续的 PPP 项目融资机制。

第三，完善 PPP 法律体系，创建良好的制度环境。理论和实践已经证明 PPP 所在地的法律和组织环境如政府机构质量、腐败程度会显著影响 PPP 的最终绩效。因此健全的法律和组织制度是推广和成功实施 PPP 项目的重要前提。目前我国已经出台多项 PPP 的相关政策法规，对实践有一定的指导意义，但是尚未形成统一的 PPP 专项法律体系，甚至在监管部门间也存在制度和政策冲突。如当面对争议和诉讼问题时，财政部颁布的《PPP 法（征求意见稿）》将 PPP 划定为民事法律范围，而发改委出台的《特许经营管理办法》则将特许经营认定为行政法律范围，如果没有针对争议解决机制的专项政策则容易导致项目的再谈判、诉讼甚至终止。此外现实中不乏地方政府为了吸引社会资本而做出过于慷慨的保证但事实上并未付诸实施的情况，这种"重承诺，轻践行""新官不理旧账"以及官员腐败违约的现象成为阻碍 PPP 项目成功的重要因素。而我国在社会资本的风险分担及利益保障机制层面的政策法律也存在缺失，不仅极大地打击了社会资本参与 PPP 的热情，而且加大了项目建造和运营风险。因此为了保障 PPP 的可持续发展，我国应尽快推动 PPP 的立法进程，形成国家层面的 PPP 专项法律体系；对财政部和发改委的指导文件进行协调，以防止监管部门的文件"打架"而影响PPP的效率；完善社会资本的风险和利益机制，以立法形式尊重和保证社会资本的正当利益，减轻社会资本参与PPP的顾虑和担忧，提高参与PPP的积极性；加强政府信用建设，颁布政府信用的法律文件，并通过信息披露机制提高PPP市场的开放度和透明度，以约束政府行为、防范政府违约风险，确保PPP的实施能够有法可依、有法必依，为PPP在中国的发展提供良好的法律和制度环境。

2.3　本章小结

本章介绍了PPP项目的制度和实践背景。PPP被认为是缓解基础设施建设资金压力的有效方式，从20世纪70年代开始，部分西方国家逐步尝试将私人资金引入基础设施领域，PPP随之成为主要的应用形式。西方国家在PPP的实践历史较久，经验丰富，取得了显著的成效，尤其是英国的PPP项目被认为是成功的典范，发展中国家在西方经验的基础上也陆续将PPP作为本国基础设施和公共服务供给的主要模式。PPI年度报告指出2017年全球PPI项目共304个，总投资达933亿美元，PPI投资约占各国GDP的0.34%，范围遍布东亚、太平洋、拉丁美洲、中东和北非、欧洲和中亚等世界各地区。

本章首先在国际视野下介绍了PPP项目的国际实践，从PPP的兴起背景、发展特点、实施效果等方面阐述了英国、日本和印度的经验、对比归纳他们的异同点，了解在PPP发展较为典型的发达国家和发展中国家的制度状况；其次强调PPP在中国的制度背景，系统梳理了中国PPP的发展阶段，提炼出中国PPP的发展特征；最后将国际经验与中国PPP发展相结合，从融资渠道、法律体系、制度优化和政企边界等方面为中国PPP项目实践提供了有益参考。如英国在 PFI 完善至 PF2 模式中,重新明确了政府在 PPP 中应该承担的责任和扮演的角色:政府不应该充当"甩手掌柜",PPP 项目的发展离不开政府的发起、采购和监管。因此为了保证政府对 PPP 整个项目周期的有效管理,PPP 中政府和企业的关系将会更加紧密;PPP 在日本的稳步发展也为中国 PPP 项目提供了良好的榜样,应该要循序渐进,不能急功近利,保质保量地稳步推进 PPP 项目发展;而 PPP 在印度的高失败率也为中国敲响了警钟——政府腐败和官僚主义作风会严重阻碍 PPP 项目发展。因此,清晰的政企边界、明确政府和企业双方在 PPP 项目中的职责、减少政府机会主义和官僚主义行为是影响 PPP 成功的重要因素。

PPP 项目在政府和社会资本间重新分配了责任和义务,并且建立了长期合作关系。但是双方在利益诉求上存在差异,容易引起各参与方的矛盾,导致合作冲突,最终不利于 PPP 的顺利实施和可持续发展。我国目前处于对 PPP 大力支持和鼓励的阶段,虽然从 2017 年开始逐步加大了对 PPP 的规范性管理,但是实践中仍不乏存在由于政府和企业边界模糊、政企行为异化而损害社会资本效益,甚至导致项目失败的案例。如北京地铁 4 号线项目中,政府利用行政权力强行压低地铁票价的行为,严重损害了社会资本的正当权利。因此,在中国环境下,加强对 PPP 项目客观经济后果的研究,分析 PPP 各参与方的动机和行为特征、契约结构与经济后果显得尤为重要,为促进中国 PPP 项目的风险监管,以及可持续的健康发展提供证据。

文献综述

从上一章关于 PPP 项目的制度和实践背景来看，PPP 作为私人部门参与基础设施供给的新模式在全世界范围内已经成为趋势且发挥着日益重要的作用，理论界关于 PPP 的相关研究也由来已久。国外关于 PPP 的探讨在实践的基础上已经十分丰富，而国内 PPP 的研究随着政府众多鼓励和支持文件的出台及实践的蓬勃发展开始在学术界如火如荼地开展。现有国内外对 PPP 的研究主要集中于 PPP 的内涵及其契约关系、PPP 项目的经济后果，以及影响 PPP 项目经济后果的因素。总体来看，已有相关文献以论述类型居多，实证类型较少；着眼宏观层面居多、聚焦微观企业层面较少；研究国外实践居多、立足中国背景较少。

3.1 PPP 的内涵及其契约关系

3.1.1 PPP 的内涵

关于 PPP 的定义和契约性质国内外的机构和学者已经有了详细的探讨，形成了对 PPP 内涵的基本框架。在中国，国家发改委将 PPP 定义为政府为增强公共产品和服务供给能力、提高供给效率，通过特许经营、购买服务、股权合作等方式，与社会资本建立的利益共享、风险分担及长期合作关系。其他各国专业机构针对本国国情也给出了 PPP 的定义。加拿大 PPP 委员会（1999）指出 PPP 是公共部门和私人部门在各方经验的基础上，在资源、风险和利益适当分配的机制下建立的合作关系以满足公共需求。联合国（2000）规定 PPP 的含义包括两个方面，一是政府部门和私人部门为了满足公共产品或服务而建立的合作关系，二是合作关系是针对大型公共物品或项目的实施。美国 PPP 委员会（2002）则认为 PPP 是结合了私有化和外包特点，利用私人资本进行基础设施建造和运营的公共产品供给模式。欧盟委员会（2003）将 PPP 定义为公共部门和私人部门为了提供公共产品或服务而建立的合作关系。2014 年世界银行推出《PPP 参考指南 2.0》，指出 PPP 是政府部门和私人部门为了公共产品和服务而进行合作，并以此为目标签订长期合约，其中由私人部门主要承担风险和管理责任，所得利益与绩效挂钩。

除了专业机构对 PPP 的定义外，诸多学者也对 PPP 内涵进行了有益探讨。Davis（1986）指出 PPP 是企业、社会杰出代表以及地方官员为了改善区域状况而建立的正式合作；Stiglitz 和 Wallsten（1999）则认为 PPP 是一种委托代理关系下的团队生产形式，能够激励私人部门按照公共部门的要求提供服务。Savas（2000）认为 PPP 尤指多方参与的复杂民营化基础设施建设项目。Parker 和 Hartley（2002）认为包括 PFI 在内的 PPP 是一种新型的"承包关系"，它们涉及政府边界的变化，模糊了公共和私人供给之间的区别，旨在降低成本、加快供给时间和促进创新。Broadbent 和 Laughlin（2003）将 PPP 定义为一种新型的公共管理模式，是私人部门和政府部门以合作伙伴关系的形式进行公共产品供给的组织。

国内的贾康和孙洁（2009）从管理角度将 PPP 定义为政府部

门与民营资本进行合作,私人部门利用自身资源和优势提供公共服务和产品,在实现政府职能的同时给私人部门带去收益。他们梳理了国内外 PPP 的产生和发展,在此基础上总结出 PPP 的三个特征:伙伴关系,即政府部门和社会资本为了某一共同目标形成合作并建立伙伴关系;利益共享,即政府部门和社会资本共同享受 PPP 带来的社会效益,同时社会资本也获得合理的投资回报;风险分担,即 PPP 中政府部门和私人部门合理分担风险,这是形成二者伙伴关系的重要基石。赖丹馨和费方域(2010)将 PPP 定义为公私部门双方在政府发起的公共项目基础上而建立起的一种长期合约关系,指出 PPP 有助于提高私人部门资源的利用效率和管理效率,政企间风险和收益的合理分配是实现效率提升的关键。王俊豪和付金存(2014)认为 PPP 作为政府公共治理改革的重要途径,是公私部门间的长期合作关系,这种关系是以合约为依据,围绕公共服务供给而形成,并提炼出 PPP 的四个重要内涵,即长期合作关系;合约监督是 PPP 顺利实施的基本保障;风险分担和管理是 PPP 的核心;明确责任和制度透明是 PPP 实施的关键。刘薇(2015)指出 PPP 的特点在于:风险转移(即政府将建设、融资等风险从自身转移到了社会资本)、风险分配(即政府和社会资本对 PPP 中的风险进行分配)、社会资本是项目融资运营的主体、社会资本在PPP 中寻求合理收益、政府能够终止 PPP 合约以及提高公共产品供给效率。郑传军等(2016)归纳和总结了国内外对于 PPP 的定义和政策,在风险分担、利益共享、长期合作的基础上进一步提炼出项目融资、全寿命周期成本和激励创新三个 PPP 特征。

此外,在探讨 PPP 内涵时不可避免的一个问题是其与政府采购模式的区别。在 PPP 之前基础设施和公共服务的供给主要采用传统政府采购模式,那么相较于传统政府采购模式,PPP 的独特之处在哪里?二者之间的区别是什么?回答这一问题对于深入理解PPP,并在实践中因地制宜、优化资源配置具有重要的现实意义。

总体而言，在政府采购模式下，项目阶段是分开的，即政府分别与一个或多个企业在各项目阶段签订合约，基础设施建造和运营由不同的企业负责，政府进行监督（宋小宁等，2014）；而 PPP 下政府将全项目周期捆绑交付给一个企业或一个联合体，由同一个企业或联合体负责项目建造和运营等所有环节。

Hart（2003）在 HSV（1997）模型的基础上建立了一个不完全合约下的 PPP 分析模型，认为私人部门在 PPP 下有生产性和非生产性两种投资类型，所谓生产性投资是指在 PPP 下私人部门用于提高生产效率的投资；非生产性投资是指私人部门为了减少成本而进行降低项目质量或损害用户和使用者效益的投资行为，如高速公路建立收费站虽然会引起交通堵塞，但是能够使私人部门以低成本迅速获得收益。在 PPP 下私人部门有动机采取上述两种投资方式，容易引起过度的非生产性投资，造成项目质量低下、损害公共效益。

Bentz 等（2005）在委托代理理论的基础上建立理论模型，讨论了 PPP 和传统政府采购模式的区别。该模型的其中一个含义是，PPP 的特征是政府购买服务，而在传统采购模式下政府是购买或建造实物资产，二者的简单横截面比较可能存在样本选择偏差。Bentz 等（2005）的研究还发现，在建设阶段提高效率的成本和在运营阶段提供服务的成本较低的情况下，PPP 是最佳的项目供给模式；相反，当这些成本较高时，传统采购要么是最优的供给模式，要么至少和 PPP 一样好。

Bennett 和 Iossa（2006）认为 PPP 项目各阶段之间存在正外部性和负外部性，如创新在提高项目社会效益的同时降低了管理阶段的成本（这是正外部性），或创新带来管理阶段的成本增加（这是负外部性）。Bennett 和 Iossa（2006）指出当生产阶段存在正外部性时，应该采用 PPP，因为捆绑任务能够内化正外部性；而如果当生产阶段存在负外部性时，则更应该采取传统供给模式，将各阶段任务分拆给不同的私人部门负责。

同 Bennett 和 Iossa（2006）一样，Martimort 和 Pouyet（2008）指出建设和管理公共物品之间会产生外部性，这种外部性包括正外部性和负外部性，所谓正外部性是指私人部门在建造环节的努力能够提高基础设施质量并降低运营成本；而负外部性是指私人部门努力提高基础设施质量并不能减少运营成本，或者私人部门出于各种目的而学习新技能由此增加了运营成本。而 PPP 将建造和运营捆绑交付给私人部门能够更好地将这种外部性内化，并在外部性为正时提高激励，从而增加福利。相反，当外部性为负时，政府采购模式下的任务分拆降低了代理成本，使其得到社会各方的青睐。但是总体来看采用 PPP 进行公共服务的供给和管理能够激励私人部门的努力，降低代理成本，较传统模式下将建设和运营分拆给不同主体的做法更受欢迎。

而早在 20 世纪 80 年代中国就已经出现 PPP 的初步实践，因此厘清 PPP 在中国的发展实践有助于把握 PPP 的发展脉络，指导未来的 PPP 应用。关于中国 PPP 发展的研究包括理论研究发展和实践应用发展两个方面。关于中国 PPP 的理论研究发展，伍迪和王守清（2014）从国家自然科学基金中与 PPP 相关的研究项目出发，在项目数量、项目金额、项目范围年度变化的基础上，归纳总结了中国 PPP 在理论界的三个发展阶段。关于中国 PPP 的实践发展，陈志敏等（2015）梳理了 PPP 在中国的产生和发展情况，将 PPP 在我国的发展划分：对外开放背景下的探索阶段（1984—1992年）、党的十四大与分税制改革背景下的试点阶段（1993—2002年）、党的十六届三中全会及我国经济快速发展背景下的推广阶段（2003—2007年）、四万亿刺激计划背景下的调整阶段（2008—2012年）、十八届三中全会和经济新常态背景下的规制阶段（2013年以来）。这些文献都有助于我们全面认识和了解 PPP，为进一步的研究奠定了理论基础。

3.1.2 PPP 项目的契约关系特征

(1) PPP 项目存在多样的风险类型

PPP 涵盖全项目周期，包括项目设计、融资、建造、运营和维护等多个环节，各个环节内和环节间都存在多类型的项目风险，在 PPP 的契约关系中最显著的特征之一即为风险类型的多样性，而项目风险直接影响着项目成败，因此正确的风险识别及风险评估是 PPP 成功的关键环节（Carpintero 等，2014）。国内外关于 PPP 风险类型的研究已经十分丰富，主要以问卷调查和案例分析法为主。

PPP 项目涉及公共部门和私人部门，不同的主体面临的主要风险存在差异。Akintoye 等（1998）通过调查问卷的形式识别出对英国 PFI 项目参与主体最重要的风险类型，其中私人部门关注威胁其利润水平的风险，包括设计风险、施工成本风险和成本超支风险等。而政府部门主要关注威胁资产可用性和质量的风险，如项目调试风险和质量风险等。Grimsey 和 Lewis（2002）以苏格兰一个典型的废水处理 PPP 项目为分析对象发现，投资者风险偏好是公共部门面临的主要风险因素；而对于私人部门而言，建设成本是其面临的主要风险因素。

Xu 等（2010）以中国数据为基础建立了一个模糊综合评价模型，用于评估特定 PPP 项目的总体风险水平。在第一阶段，根据以往文献和德尔菲问卷调查，Xu 等（2010）共确定了 37 个风险因素。在第二阶段从中筛选出最关键的 17 个风险因素，并进一步分析了它们之间的相关性，将其分为六个风险大类，根据接受调查的受访者对于风险重要程度的排序从高到低依次为：①政府干预风险；②政府成熟度风险；③经济风险；④市场环境风险；⑤建设和运营风险；⑥宏观经济风险。模型结果表明，中国 PPP 公路项目的总体风险水平介于"中等风险"和"高风险"之间。因此在中国对 PPP 公路项目的投资可能被视为具有风险。他们认为，政府干预和腐败可能是中国 PPP 项目成功的主要障碍，这可能是由于 PPP 项目的立法和监督系统效率低下以及公共决策程序不完善造成的。

Ameyaw 和 Chan（2013）采用文献调查和案例研究相结合的研究方法，以加纳水务部门的六个 PPP 案例为研究对象，对加纳供水 PPP 合约的具体风险进行了识别和分类，以提高人们对可能损害供水部门潜在利益的 PPP 风险的认识。根据风险来源及详细 PPP 合约，最终确定了包括政治和监管风险如政治干预、操作风险如操作运行成本高、市场风险如市场需求低、融资风险如融资可得性低、关系风险如 PPP 经验不足、项目联合体风险如流程缺乏透明度、社会风险如工期延误、第三方风险如供电方不可靠等在内的八个风险大类共计 40 个风险因素。其中 PPP 参与人员应该关注的常见风险包括监管和监督机制薄弱、融资可得性低、缺乏风险分配机制、缺乏 PPP 经验、公众反对、项目延迟和不支付票据等。通过对实际案例研究的回顾和分析，进一步加深了对供水行业风险的认识，为加纳水 PPP 实践的实证研究奠定了基础。

案例分析是国内学者较常用的 PPP 风险识别方法。亓霞等（2009）选取了 16 个典型的 PPP 失败案例，分析了这些项目失败的原因和涉及的风险因素，据此对 PPP 在中国的发展提出了相应的风险规避和管理建议。他们提炼出的 13 个导致 PPP 失败的风险因素为：法律变更风险，即由于项目涉及的法律法规变化引起的 PPP 中止或失败；审批延误风险，即由于复杂的项目审批程序导致的时间过长和成本过高，且项目性质和规模的商业调整会影响 PPP 的正常运营；政治决策失误或冗长风险，即由于政府决策环节的不规范、PPP 实践经验的匮乏或者前期准备不足等导致 PPP 决策失误或过程冗长；政治反对风险，即由于各种原因造成公共利益受损，进而导致政治或公众反对 PPP 项目的实施；政府信用风险，即政府不承担或者拒绝承担 PPP 合约中的责任，进而损害项目运行；

不可抗力风险，即事前无法预知且无法回避的事情影响 PPP 实施，如自然灾害或战争等；融资风险，即由于 PPP 融资结构不合理、融资可得性等带来的风险；市场收益不足风险，即 PPP 实际运营后的收益无法覆盖成本或达不到预定值的风险；腐败风险，即由于政府官员腐败引起的 PPP 企业成本增加、政府违约风险增加；项目唯一性风险，即同质项目带来的商业竞争进而引起市场需求变化、收益减少等风险；市场需求变化风险，即唯一性风险之外的、由于各种原因引起的预期市场需求与实际情况不符的风险。此外，还存在配套设备服务提供风险，即 PPP 配套的基础设施不完善而产生的风险；收费变更风险，即 PPP 收费不当导致的实际收入低于预期的风险。

杨宇和孙艳（2008）认为 PPP 融资模式的组织框架、项目运作模式、项目金额投资大、持续时间长是引起 PPP 融资风险的主要原因，将 PPP 项目风险归类为建设开发风险、合作风险、运营风险和政治风险，并从各类风险角度提出了相应的风险规避措施。周和平等（2014）选取 12 个 PPP 典型案例，总结了 PPP 中的风险因素：政策风险即政策变化带来的风险、PPP 中风险分担不公平即 PPP 中政府和社会资本承担的风险程度存在显著差异、市场风险即市场需求变化带来的风险、配套不完善风险即相应的配套设施不完善带来的风险、项目唯一性风险即同质项目增加带来的 PPP 收益损失风险、政府信用风险即政府违约带来的风险、技术风险即社会资本建设和运营技术不达标带来的风险、民众反对风险即由于群众抗议和反对带来的项目中止风险，以及环保风险即项目存在环境污染而导致的中止或搁置风险。

（2） PPP 项目风险的政企分担

PPP 项目中契约关系的另一个显著特征是将项目风险在政府部门和私人部门间进行分配，双方承担风险的类型和比例直接关系着整体项目的风险和实际运营效果，如 Tiong 和 Alum（1997）指出

PPP 项目中若政府部门向私人部门转移了过多风险如利率和汇率风险，会超出私人部门的风险承受范围，容易导致 PPP 项目的失败。因此面对复杂多样的项目风险，公共部门和私人部门双方如何进行风险分配？各自相应承担何种风险？承担多大的风险？这些问题一直是 PPP 研究的热点。在风险分配原则研究方面，总体来看，已有文献认为 PPP 中的风险分担应该遵循风险与收益相匹配（Loosemore 等，2006）、由风险管理能力最强的主体承担原则（柯永建和王守清，2011）。PPP 中私人部门效率的发挥以及公共效益的实现都离不开各种风险的有效分担，对于政府部门而言，并不是简单地通过 PPP 将风险转移给私人部门，而是要根据具体情况进行有效的风险配置，在确保激励私人部门的同时保证社会利益。

许多观点都指出 PPP 的风险应该在政府部门、私人部门以及用户使用者之间进行合理分配，公私双方以合约的形式确定各自的权益与义务，承担相应的风险和责任（Lam 等，2007）。但是 PPP 中涉及各种各样的风险，政府和私人部门如何选择承担的风险类型显得十分重要。Li 等（2005）采用问卷调查法探讨了英国 PPP/PFI 项目的风险分配问题。他们将 PPP 风险分为了宏观风险、中观风险和微观风险三个类别，宏观风险来源于项目边界之外包括政治和政策风险、宏观经济风险、法律风险、社会和自然风险等；而中观风险则是与项目性质直接相关包括项目前期的选择和融资风险、项目中期的设计和建造风险以及项目后期的运营风险等；微观风险涉及项目主体关系包括组织和合作风险、缺乏 PPP 经验风险、第三方风险等。调查结果进一步确定了公共部门、私人部门以及需要双方共同承担的风险类型，他们认为宏观风险应该主要由公共部门或公私部门双方共同承担：如政治反对风险、政府稳定风险、政治决策风险等的宏观风险由公共部门负责，而不可抗力风险以及立法变更等宏观风险则需要双方共同承担；与项目直接相关的大部分中观风险应主要分配给私人部门；公共部门支持程度风险、项目审批和许可风险、合约变更和经验不足这四类风险的分配则需要根据当时的具体情况决定；其余风险如权限分配、第三方关系等应该由双方共同承担。因此，公共部门和私人部门在整个项目生命周期内正确评估和分配所有潜在风险是非常重要的。Li 等（2005）的研究有助于公共和私人部门更好地了解风险及其分配，并能够在项目开发的早期阶段建立更有效的风险分配框架，是目前关于 PPP 风险认可度较高的研究之一。

  Shen 等（2006）也指出 PPP 中的政府部门应该承担政策风险、项目审批风险、法律变更风险以及土地可得性风险，而私人部门承担设计风险、施工建造风险以及运营管理风险，其余的风险如利率和汇率风险、第三方风险和不可抗力风险等应该由公共部门和私人部门共同承担。Chung 等（2010）调查表明，大多数风险应该由公共部门和私人部门共同承担，即使这些风险可能被认为属于某一部门的专业领域。他们对澳大利亚 PPP 公路的主要利益相关者的风险感知进行了定性评估。调查结果发现，积累的 PPP 经验有助于优化公私合作伙伴之间的风险分担，私人部门能够更好地管理涉及经济决策的商业风险，而涉及无法量化的社会和公共价值以及公共治理领域的风险最好由政府部门承担，公众的风险感知则需要由两个部门共同管理。他们认为收费公路最突出的商业风险是交通风险、财务风险和所有权风险。私人部门应对这些风险的能力体现在他们具备交通行业的专业知识、融资便利性以及运营灵活性，能够推动项目向前发展并最终实现成本效益。另外，私人部门最关心的是网络风险、主权风险、不可抗力、媒体风险和公众误解风险。他们认为，这些风险超出了他们的专业知识范围，公共部门应处理这些风险以确保私人投资部门的正当权益。因此，真正的伙伴关系需要各级政府和私人部门之间持续的多方面沟通，以相互促进每个部门的风险管理能力。

  国内学者也意识到合理的风险分配在 PPP 项目中的重要作用，

相关 PPP 风险分担的研究主要从文献、案例和建模分析层面展开。刘新平和王守清（2006）从理论层面探讨了 PPP 中风险分担原则：风险控制能力最优的主体分担和控制相应的风险、风险与收益相匹配、风险承担有上限。从风险分担的初步分配环节、招投标及谈判环节、项目建设及运营环节三个阶段提出了对应的风险分摊框架，对 PPP 的风险管理有一定的指导意义。徐飞和宋波（2010）在委托代理理论的框架下，分析了 PPP 中与政府激励有关的私人部门风险承担、最优努力水平、公共部门监督及合作关系的预期收益，并结合 PPP 的长期合约特征建立了 PPP 在基础设施领域应用中公共部门和私人部门的合作激励机制。该理论模型发现，公共部门和私人部门间的风险分担比例应与私人部门的风险规避程度、收益的风险程度、成本系数呈现负向关系，而与社会效益呈现正向关系。研究还指出，PPP 中私人部门最优的努力水平与当前阶段的资源投入、政府部门制定的奖励和惩罚因子、下一阶段的预期总收益呈现正向关系。

王雪青等（2007）认为 PPP 包含着宏观（决策效率低下、法律变更等）、中观（项目延期、费用超支等）和微观（缺乏合作、经验不足等）三种水平的风险，在此基础上建立了合作博弈的风险分担模型，以使政府和社会资本双方在这一模型基础上通过博弈规则达到合理的风险分配。该模型强调由于各项目主体风险偏好的系数存在差异，因此 PPP 的各种风险应该由对应的能力最强和最适合的部门承担，并对政府部门和私人部门应该承担的风险进行了分类：政治和公共风险、法律和社会风险由政府部门承担最合理，经营风险、项目设计和建造风险应该由私人部门承担，其他的风险如剩余风险、第三方风险等应该根据具体项目情况通过双方谈判协商确定承担主体。

何涛和赵国杰（2011）指出政府部门和私人部门间的风险分担是 PPP 的主要问题之一，合理的风险分担有助于降低投资成本，推动 PPP 的顺利实施。在随机合作博弈理论的框架下，从共担风险的承担比例角度出发，建立了政府部门和私人部门间的最优博弈模型。该模型指出，私人部门和政府部门之间最佳的风险分摊比例为 0.703:0.297，如果政府部门转而要向私人部门转移风险则需要提供一定价值的担保。因此，风险规避的私人部门向政府部门适当转移部分风险，不仅能够降低 PPP 总体风险还能够提高项目的实施效率。李林等（2013）指出 PPP 的风险分担在于各个主体间的博弈，而博弈的其中一个关键的因素在于信息。如果每个项目参与方都完全掌握了其余参与主体的特征、收益函数、策略等信息，在这种状态下的博弈称为完全信息博弈；反之如果掌握的信息不准确或者被掌握的主体不完全则称为不完全博弈。上述两种情况在现实的 PPP 实践中是经常发生的，因此李林等（2013）在这两种情况下建立了风险分配的博弈模型，确定了公私双方承担的风险比例。该模型指出，政府部门和私人部门的风险博弈结果与信息对称程度紧密相关，在完全信息博弈下，双方的信息不对称程度较低，政府部门能够利用其强势地位将额外风险转移到私人部门；而在不完全信息博弈下，双方的信息不对称程度较高，政府部门无法掌握私人部门的强弱信息，因此在这一条件下政府部门向私人部门转移额外风险的比例较完全信息博弈下更低。

（3）PPP 项目中的政企目标差异

PPP 涉及政府部门和社会资本两个项目主体，已有研究针对双方的利益和目标冲突进一步探讨了 PPP 契约关系中存在的目标差异和矛盾。

Ameyaw 和 Chan（2013）指出 PPP 实践涉及私人资本和地方政府间复杂的动态博弈（追求经济利益和政治目标的冲突）、私人运营商和国际捐助者间的博弈以及公共行为，这些主体都有自身追逐的目标进而产生大量风险。李永强和苏振民（2005）指出政府部门和私人部门在 PPP 中追求的目标不一致，政府部门追求社会效益而私人部门更看重经济效益,因此双方的风险分配实际上是社会和经济效益的博弈结果。王雪青等(2007)指出 PPP 的实践包括营利性和非营利性组织,有复杂的组织结构,各方由于利益和责任的不同容易产生分歧和冲突,因此需要在求同存异的原则下明确各参与方承担的责任与义务。

胡改蓉(2015)认为政府部门与社会资本间存在利益冲突:一方面 PPP 中的合作双方坚持利益共享,但是政府和公共部门追求的是公共利益而社会资本更看重经济利益,利益诉求差异造成了两者截然不同的价值目标,容易导致双方的合作冲突,不利于 PPP 的顺利开展;另一方面,政府更加在意 PPP 的成功与否,尤其是涉及大额投资的工程建设类项目,而社会资本是 PPP 落地和实施的重要主体,因此一旦社会资本以退出 PPP 为威胁,要求双方对合约进行更改以减少自身风险,政府部门为了形象和保证 PPP 的顺利进行,容易在谈判中妥协和退让,满足社会资本的要求。陈红等(2014)认为政府和社会资本在 PPP 的参与动机、预期收益、风险承担和识别以及参与程度上存在显著差异,因此两者在参与 PPP 过程中的决策相应地存在高度不确定性和主观性。如社会资本的目标往往是自身利益最大化,而政府更关心公共利益最大化,这种利益目标的不一致必然导致双方的冲突。

因此,根据上述研究,政府和社会资本在 PPP 项目的契约关系中存在利益诉求和目标差异,而这种差异容易对双方合作和政企关系产生影响。

3.2 PPP 的经济后果

目前关于 PPP 项目经济后果的研究主要立足于宏观角度,集中于社会公众和政府两个层面,考察了 PPP 对公共物品供给的影响以及对财政的影响。

3.2.1 PPP对公共物品供给的影响

(1) PPP有助于提高公共物品供给效率

首先,PPP通过将社会资本引入公共物品供给,能够使用其高水平的技术和管理经验,有助于弥补传统政府采购模式下的不足和缺陷,提高公共物品的供给效率。在政府采购模式下进行资源配置和公共服务供给时很可能存在诸如监管缺失、搭便车、缺乏激励等问题,而社会资本或私人部门进行公共产品服务供给能够产生有效的激励和约束,提高供给效率。Zhang和Kumaraswamy(2001)认为大型的基础设施项目在"纯粹的"自由市场和完全中央计划经济体中往往都未能达到利益相关者的预期,而PPP通过将传统的项目供给模式改为将财务、设计、施工和运营整合在一起的伙伴关系来改善项目采购环境,能够有效解决政府和市场的低效问题;Fourie和Burger(2000)也指出,政府在传统采购模式下的能力不足是南非应用PPP的重要理由之一;Grimsey和Lewis(2004)从政府管理角度分析,认为PPP能够提供激励、解决传统政府采购模式下的成本超支和工程超期的现象。Aziz和Ahmed(2007)则认为私人部门专业的技术、丰富的管理经验以及创新能力是政府大力推广PPP的重要原因,以利用私人部门的优势提高基础设施建设和运营效率。

Parker和Hartley(2002)对英国国防部PPP合约进行研究以评估PPP的使用是否必然会提高经济效益。研究发现,与传统模式相比,PPP能够节省5%—40%的成本费用。Raisbeck等(2009)认为PPP在成本方面的表现明显优于传统模式下采购的项目,能够有效减少传统模式中存在的成本超支现象。他们基于澳大利亚自2000年以来21个PPP项目和33个传统项目的公开数据,采用实证研究将澳大利亚PPP市场上观察到的项目时间和成本结果与政府通过传统采购方法交付的项目进行比较后发现，PPP 比传统采购具有更高的效率，包括更低的成本和更快的交付时间，尤其适用于公共财政有限且项目规模巨大的情况。总体来看，PPP 在成本和时间方面都提供了优势，而且这一优势随着项目的规模和复杂性而增加。National Audit Office（2003）的调查研究也得到了相似的结论：78% 的 PPP 能够在预算成本和项目期限内完成，相比之下采用传统模式的项目只有 27% 能够在预算内交付。Grimsey 和 Lewis（2005）以英国、澳大利亚、荷兰、南非、加拿大和日本等 20 多个国家的 PPP 实践为研究对象，指出与其他采购方式相比，PPP 确实能够对私人部门产生更强的激励效果，合理分配了项目各主体间的风险。如在采用 PPP 以前，英国约 75% 的基础设施项目都出现了延误和超出预算的情况，但是采用 PPP/PFI 后，英国 75% 的项目都能够按时按预算进行交付。

Moszoro 和 Gasiorowski（2008）发现 PPP 提供的公共服务成本可能比单独由私人或公共部门提供下的成本更低，且公私混合的资本结构在固定成本较低的情况下将比单独的公有或私有所有制更有效率。公共部门融资成本低于私人部门，而私人部门的专业技术能够降低项目开发成本，因此公共部门和私人部门均作为项目公司的股东能够实现 PPP 资本结构的最优化，降低总项目投资成本。公用事业的所有权不一定非得是公有或私有的。在特定情况下，对公共基础设施的有效投资需要公私混合所有和项目治理。PPP 能够使公共部门的财务优势和私营部门的管理优势内化，降低公共部门的融资成本，公共和私营部门作为 PPP 的项目主体都能实现帕累托高效资本结构，即在相同成本费用下提供质量更高的项目质量，或者在相同项目质量下提供更低的成本费用（Moszoro，2014）。

PPP 捕捉规模经济的能力也表明私人部门能够带来更高水平的项目绩效和效率。Meduri 和 Annamalai（2012）通过对比印度 1996—2010 年 521 个 PPP 和公共部门公路项目，考察了 PPP 参与对公路成本的影响后发现，PPP公路项目与公共部门公路项目之间在成本方面存在显著差异。具体而言，与公共部门项目相比，PPP公路项目的里程更长，项目总成本更高但单位成本更低，这是由于PPP能够利用规模经济的优势，降低单位项目成本。他们认为PPP通过引入私人资本显著提高了项目创新能力和效率，对印度公路的发展作出了重大贡献。Willoughby（2013）通过对一些主要PPP应用地区（波哥大、圣地亚哥、圣保罗、首尔、中国和印度）的实际PPP情况进行全面的对比分析，探讨了PPP在这些地区的实施效率，他指出，与传统模式相比，PPP最重要的优势在于创新、技术和管理，尤其是提高了私人部门和公共部门间的能力建设和互动效率。Willoughby（2013）对PPP的优势进行了具体分析：第一是融资优势，是指PPP利用私人投资对缓解地方政府资源约束的意义。私人参与比其他方式可能更具有地方主动性，并且PPP对降低北京地铁等大规模项目的成本作出了贡献。第二是效率优势，是指PPP通过长期特许权所获得的效率如寿命周期成本等。中国、印度、圣保罗和首尔的地铁运营特许权表明PPP能够在效率方面产生积极影响。第三是创新优势，是指PPP通过公私双方之间的长期合作带来的包括技术和实践创新。在所研究的六个案例中，实际经验表明PPP带来的创新成果相当丰富，如绩效监测、用户意见调查设计或与公众协商，以及用于正确引导收据的电子会计和通信系统等。

而PPP将项目全过程捆绑交付给私人部门的特征也能够在项目中实现有效的风险分配。Li等（2005）也指出英国的PFI作为PPP的典型模式能够将竞争性招标和灵活谈判的优势结合起来，降低项目风险。Zheng和Tiong（2010）认为BOT模式能够从采购、融资和风险管理等方面实现公共部门和私人部门在风险配置和收益方面的双赢。Iossa和Martimort（2012）假定在一个动态的多任务道德风险环境下，工作和绩效之间的映射预先是不确定的，但在操作过程中可能会不断出现新的信息。在存在信息不对称、道德风险和重新谈判的可能性下，建立理论模型以分析PPP捆绑计划和实施可能带来的成本和收益，以及多重任务下风险厌恶的公司在成本和质量间的权衡。研究指出，在传统项目供给模式下负责建造和运营的部门不同，政府与他们分别达成协议进行合作。对负责建造的部门而言其根据事先约定好的固定任务进行执行，得到的报酬与努力程度无关，因此建造部门不会做出额外的努力；而运营部门则会最大化项目中的期望收益。而PPP将项目的设计、建造和运营捆绑交付给同一个私人部门承担，能够激励私人部门的努力程度、提高项目质量、更好地防控项目风险。此外，贷款者为了应对可能存在风险，会利用专业知识评估项目风险、制定应急措施、提高项目计划质量等，进行更全面和更完善的风险管理。

此外，PPP的融资特性能够降低项目融资风险。首先，传统的观点认为公共部门在融资方面较私人部门更具优势，但这一情况也并不是绝对的（Bettignies和Ross，2004），私人部门或社会资本多样的融资渠道能够提高项目融资的可得性。其次，融资作为PPP的一环与其他任务是互补的关系，私人部门的参与能够提高激励和努力水平，进而提高成本和时间使用效率，私人部门的专业技术和管理经验通过转移的方式进一步促进项目的投资和运营效率（Moszoro和Gsiorowski，2008）。并且PPP能够通过硬化项目约束和终止决策防止项目的无效延续，避免资源浪费（Bettignies和Ross，2009）。最后，外部融资能够提高PPP的风险管理和水平，为项目的实施提供支持并能够提高政府部门和私人部门的执行效率（Estache，2004；Galilea和Medda，2010）。

国内现有文献主要集中于理论定性分析。李秀辉和张世英（2002）分析了PPP的组织机构和各方的运作流程，指出PPP通过加强公共部门和私人部门间的交流与合作从而实现双方的共赢，解决政府或者企业单独承担项目而造成巨大融资压力的局面，公私双方通过 PPP 能够建立目标一致的长期关系，进而为社会提供质量更好、效率更高的服务。郭沛源和于永达（2006）以中国光彩扶贫项目为例详细阐述了政府和私人部门的合作关系，探讨了公私合作中企业的社会责任承担问题，指出合理的合作模式及各参与主体的努力是该扶贫项目成功的重要前提，光彩扶贫各参与主体在公共部门和社会部门合作的模式下能够发挥自身比较优势，有助于企业践行社会责任。胡静林和周法兴（2006）强调 PPP 将社会利益与私人部门利益结合起来能够有效缓解农村地区基础设施投资不足的困境。此外 PPP 将任务捆绑交付给私人部门的特点能够有效利用其专业的技术和丰富的经验，提高项目建设和管理效率。

（2）PPP 会降低公共物品供给效率

与上述发现不同，不少机构和学者持截然不同的意见，认为 PPP 在公共物品供给方面存在缺陷，会造成项目成本增加、项目质量降低以及项目延期等问题。尤其是发展中国家由于其较差的宏观经济条件和制度环境，在吸引外国资本方面存在困难，因此政府尤其是有金融问题的政府会直接控制高利润的行业项目，而将利润较低的项目交付给私人部门（Auriol 和 Picard，2006）。Lindqvist（2008）也指出，政府认为私人部门提高服务质量的行为存在风险，因此只会将质量要求较低或公共部门没有兴趣的项目交付给私人部门。因此 PPP 并不会带来公共物品质量和社会福利的改善。北爱尔兰的公共事务协会甚至于 2008 年提出 PPP/PFI 的使用存在诸多问题如加重了政府资金压力等，建议暂停 PPP 项目并对公共事务投资政策进行评估。

Engel 等（2010）研究发现，事实上由于私人融资成本显著高于公共部门的融资成本，因而 PPP 的成本反而较政府供给模式下更高。Sánchez 等（2010）采用英国、爱尔兰、葡萄牙、荷兰、法国和意大利五个国家 21 个竞争性谈判 PPP 项目和 14 个公开招标 PPP 项目数据，对交通基础设施 PPP 项目的交易成本进行了实证研究。他们发现，采用竞争性谈判的 PPP 其交易成本约为公开招标 PPP 项目的三倍，公开投标存在很大的节省空间。具体而言对于中等规模的道路项目，与竞争性谈判相比，采用公开招标能够降低总项目资本价值 7% 左右的成本。鉴于其高昂的交易成本，为什么竞争性谈判程序还被如此广泛地使用？Sánchez 等 (2010) 认为历史习惯是导致这一现象的主要原因：当刚开始使用 PPP 时，大多数国家在基础设施项目领域缺乏长期合约方面的经验，大家普遍认为有必要通过协商程序来规定合约的各个方面，这种谈判协商的做法逐步被广泛用于实践并被当作习惯或者"理所当然"的程序。而事实上，在大多数国家不管给定 PPP 项目的复杂性如何，政府部门往往会选择竞争性谈判（或竞争性对话）而不是公开招投标。虽然竞争性谈判在 PPP 项目的创新方面提供了一定的优势，但是这种优势原则上也可以在公开程序中通过在招标文件中设计适当的规范来实现。例如，技术创新可以通过技术授予标准或质量指标定义来实现。因此，考虑到私营部门和公共部门必须承担的高昂投标成本，PPP 中的竞争性谈判程序并不总是合理的，它阻碍了竞争，由此产生的高交易成本也损害了 PPP 项目的整体利益。

虽然 PPP 在一个不完整的承包框架中将建造和运营等任务捆绑交付给私人承包商会提供强有力的激励，使项目在运营阶段具有成本效益，并且能够对未来不断变化的需求和新技术作出有效的响应，但是从另一角度来看，在 PPP 情况下，私人部门与政府以契约的形式建立了长期合作的关系，而这种伙伴关系就可能为私人当事人从事寻租行为创造空间。Hoppe 等 (2011) 在这一理论的指导下通过实验研究比较了 PPP 和传统政府采购模式两种不同的供给方式。通过随机筛选来自不同专业的 400 名大学生，模拟了 Hart (2003) 提出的生产性和非生产性两种类型的投资理论。在实验中，PPP 将基础设施的建设和运营委托给一个私人部门（或联合体），而在传统采购下，这些任务被委托给单独的私人部门，这两种供给模式在激励创新和收集未来成本信息方面有所不同，政府部门在选择应用的供给模式时主要取决于信息收集成本和创新成本。实验发现，PPP通过提供更强有力的激励措施降低了成本，但是这种成本来自非生产性投资并且损害了公共物品的质量，即在PPP下私人部门确实会进行过度的非生产性投资行为，并且指出PPP会增加社会成本和信息搜集成本。PPP下私人部门在完成设施建造后会努力搜集未来改造成本的信息以便在后续签订合约时取得信息优势，但是在实际签订合约时获取这些信息并不需要花费代价，因此PPP中私人部门信息搜集产生的成本会增加社会成本。Hoppe等（2011）的研究是第一篇正式模拟私人部门在建造施工阶段付出努力以搜集信息的激励措施，以便能够在运营管理阶段获得信息租金的文章。

PPP已被用于许多公共服务项目，大部分观点认为由于私人部门的高超技能，预计公共项目的成本、时间和风险表现将得到改善。然而到目前为止，对PPP项目生命周期绩效的实证研究还很有限，特别是不同行业之间的PPP绩效对比研究较匮乏。理论和直觉而言PPP也不可能总是成功的，现实中也可能存在较严重的期限和成本超支问题。Henjewele等（2014）对英国PFI项目进行调查，分析比较了不同行业和阶段下项目成本、时间和客户需求的变化，并探讨了行业特定因素、项目规模和PFI成熟度对这些变化的影响。研究结果表明，在项目开发和早期使用过程中，医疗行业和运输行业的PFI项目仍然存在相当大的成本和时间超支以及需求变化风险。尤其是在一些医疗项目中，由于在运营阶段增加了更多的设施和服务，导致这些项目的成本大幅增加。另外，医疗行业的PPP其产出规范和设计更为详细和复杂，因此在项目范围和交付单位中更容易反复出现修订和改造的情况，从而导致成本超支或时间超期。

3.2.2 PPP 对财政的影响

已有研究发现，PPP 在缓解政府资金压力（Hammami 等，2006）方面表现良好；Spackman（2002）、Maskin 和 Tirole（2008）认为 PPP 通过利用私人资本有助于隐藏政府债务；Grimsey 和 Lewis（2002）也指出有限的公共建设资金是政府将私人部门引入基础设施和公共服务领域的主要原因；Zhang 和 Kumaraswamy（2001）指出，PPP 中的私人资金能够弥补基础设施建设中的资金缺口、缓解政府巨大的财政压力。Hammami 等（2006）发现，政府债务更沉重的地区 PPP 应用更加普遍；Brand 等（2012）以巴西圣保罗地铁项目为例认为 PPP 有助于节省政府开支，缓解财政压力；Percoco（2014）指出 PPP 能够有效应对一系列的公共债务危机和政府支出的限制，提高基础设施投资和效率。

上述文献经常提到 PPP 能够缓解政府资金压力，认为 PPP 的财务优势是其受欢迎的主要原因之一（Hammami 等，2006；Maskin 和 Tirole，2008）。然而 Engel 等（2010）没有发现证据表明采用 PPP 具有明显的财政优势，他们认为 PPP 对政府跨期预算的影响与公共供给的影响大致相同。政府通过 PPP 节省了当期投资支出，但是，它要么放弃未来的使用者付费收入（如果 PPP 是使用者付费类型），要么放弃未来的税收收入（如果 PPP 是用政府付费类型），政府资金可用性的增加也只在非常特殊的条件下才会发生。因此，从长期来看，PPP 并不能起到缓解政府财政压力的作用。Irwin（2007）指出政府部门对私人参与基础设施的担保容易加剧财政风险；Sousa 和 Abrantes（2011）也发现无序的 PPP 使用会产生较高的财政风险，并指出 PPP 只是政府企图绕过预算约束的手段。

国内的白德全（2018）探讨了 PPP 对政府债务的作用机制和影响路径，发现 PPP 是一把"双刃剑"，对政府的债务风险同时产生了正面和负面影响。首先，PPP利用社会融资机制（即政府利用自身信用从市场上吸引社会资本以减轻债务压力）、市场选择机制（即 PPP 中的政府购买服务是以招投标方式优先选择效率最高的企业，因此有助于提高政府债务资金的使用效率）和跨期调度机制（即 PPP 能够实现政府资金的跨期分配，有助于提高资金利用率并解决债务期限错配的问题），从短期来看能够通过融资减轻政府的财政压力，从中期来看能够抑制政府的非理性行为，进而促进政府转变职能，从长期来看有助于优化政府资源配置，有助于降低政府的债务风险。因此，从这一方面来看 PPP 有助于减少政府的债务风险。但是 PPP 在成本收益机制（即 PPP 的收益有限且存在不确定性并且成本高，一旦社会资本由于项目破产退出，那么债务最后仍然由政府承担）、债务隐藏机制（即 PPP 实现了政府债务从表内到表外的转移，但没有真正解决债务问题）以及目标分化机制（即政府的目标是公共利益最大化，而社会资本更看重自身利润最大化，两者的目标存在冲突）的作用下，也可能从短期来看引起政府的财政风险，从中期来看引发一系列隐藏债务风险，以及从长期来看导致系统性金融风险。因此，应该大力发挥 PPP 的积极作用，完善配套设施和制度，加强对 PPP 的监管等以约束和抑制 PPP 对政府债务风险的不利影响。

3.3　影响 PPP 经济后果的因素

从以上文献梳理可以看到，已有文献对 PPP 项目产生经济后果的影响尚未达成一致结论。而由于项目主体及目标的多样性、环境的复杂性以及伙伴关系的长期性，无法轻易判断和评估 PPP 的经济后果，它是一个综合因素作用下的结果，如 PPP 所在国家的制度如腐败程度以及经济发展水平（Banerjee 等，2006；Panayides

等，2015）、PPP项目融资渠道（Estache，2004）、政府机构（Jyh-Bin等，2010）等都会对PPP的经济后果产生影响。总体来看，已有文献对于影响PPP经济后果的因素大致可分为三类：PPP项目本身的因素、政治因素以及经济因素。其中，PPP项目本身的因素主要包括以往PPP的成功经验、项目特征、项目股权比例等；政治因素主要指PPP所在国家的政局稳定性、法律环境和制度质量、政府机构质量及治理能力、政策连续性等；而经济因素则主要包括PPP所在国家的宏观经济和金融环境、相关金融机构的支持等。

3.3.1 项目本身因素

（1）项目经验

丰富的PPP项目经验不仅能够吸引新的PPP投资项目，而且能为现有在建项目的成功树立更大的信心，这也意味着过去经验不足或根本没有经验的国家在试图成功完成PPP项目方面则更加困难（Galilea和Medda，2010）。Hammami等（2006）利用世界银行PPI数据库1990—2003年发展中国家数据实证检验了PPP的决定因素，发现在以往有过PPP经验的国家PPP的应用更加普遍。从行业层面来看，研究表明不同行业的PPP其决定因素存在差异，这主要取决于公共基础设施的性质、资本密集度和所需技术，而私人参与PPP项目取决于预期的适销性、管理经验、技术水平以及商品或服务的"杂质"程度。因此PPP是多种因素下综合影响下的结果，这一研究是第一篇利用发展中国家PPI数据分析基础设施项目PPP决定因素的文章。Iossa和Martimort（2012）也指出以往PPP的成功经验能够完善项目设计并降低项目运营成本。Schepper等（2015）基于比利时172个公共基础设施项目数据，发现以往的PPP项目经验不仅影响在建PPP项目的成功，而且是降低采购阶段交易成本的主要因素之一。

罗煜等（2017）选取"一带一路"沿线46个发展中国家

2002—2013年共计2485个PPP项目数据，实证检验了影响PPP成败的关键因素，以及影响私人部门参与PPP意愿和程度的因素。研究也发现以往PPP的成功经验能够提高未来PPP成功的概率。因为私人部门会优先选择有经验的合作者，PPP的成功经验意味着私人部门与政府部门的合作更加顺利，而如果PPP失败或没有PPP实践经验可能代表着较高的风险。这一研究为PPP在"一带一路"的应用和发展提供了经验证据。

(2) 项目特征

PPP的项目特征如风险结构、投资规模、项目周期等也会对PPP的后果产生显著影响（如Li等，2005；Galilea和Medda，2010）。Daniels和Trebilcock（1996）研究指出PPP的合约框架会显著影响PPP的实施效率，而这其中的挑战是流程的设计和合约缔约。Percoco（2014），Lopes和Caetano（2015）以葡萄牙上市公司从事公私合作—服务特许协议（PPP/SCA）为研究对象发现，私人投资者的数量、风险结构、项目周期和投资规模会显著影响PPP的供给效率。巴曙松等（2018）以财政部PPP项目库中的12803个PPP项目数据为研究对象，选取项目属性、规模、期限、实施环境以及外部评价五个指标，考察了PPP项目质量与融资约束、政企杠杆转移的关系。研究发现，PPP项目质量越高、其面临的融资约束越小，更容易付诸实施，且项目周期更短。提高PPP落地率、缓解面临的融资约束，最根本的还应提高项目质量，并建造有利于PPP发展的市场环境。因此，合理的PPP项目及其设计会对项目的实施产生显著影响（Guasch，2004；巴曙松等，2018）。

(3) 项目股权比例

此外，项目中政府和私人部门的股权分配比例也会产生影响（Moszoro和Gasiorowski，2008）。PPP项目的主要优势之一来自将公共部门的融资和私人部门的专业优势相结合，实现了私人部门的技术转让，但是这一转让的程度取决于双方在项目中的股权比例，在 PPP 中应该针对政府部门和私人部门的比较优势、能力、动机和目标等方面选择最优股权结构。罗煜等（2017）也指出项目中公共部门和私人部门的风险承担比例显著影响 PPP 成败，具体而言，私人部门的风险承担比例与 PPP 成功概率负相关，即 PPP 中私人部门承担的风险比例越高，PPP 成功的概率越低。私人部门存在为了获得更高的收益而主动承担更多风险的倾向，但是私人部门风险承担的比例提高会增加 PPP 失败的可能性。郭威和郑子龙（2018）指出随着私人部门在 PPP 项目中持股比例的上升，其拥有的剩余收益控制权也随之增加，实现技术转让的动力增强，进而有助于降低 PPP 的开发成本，但是私人部门持股比例的提高容易造成 PPP 融资成本的增加。在实证层面，他们选取世界银行 PPI 数据库中 1998—2008 年的项目数据，检验了理论模型分析的结论，考察影响 PPP 中私人持股比例的因素。研究发现，公共部门与私人部门间的融资成本差异显著影响了 PPP 中的私人持股比例，二者呈现显著的负向关系，即双方的融资差异越大，私人持股比例越低，承担的风险更少，因而 PPP 整体项目融资成本会降低。

3.3.2 政治因素

（1）PPP 所在国家的政局稳定性

世界范围内的 PPP/PPI 项目数量和投资规模呈现上升趋势，但是各国间的投资水平却存在差异，导致这一局面的主要原因之一在于各国国家风险的差异，宏观的政治稳定和国家安全是 PPP 能够顺利推进并且成功实施的重要条件。Araya 等（2013）利用世界银行 PPI 数据库，选取 1990—2010 年共 130 个发展中国家的 PPI 数据，以欧洲货币组织的国家风险评级指数作为国家风险变量，检验了国家风险与 PPI 投资间的关系，结果表明国家风险能够显著影响发展中国家的 PPI 投资水平，具体而言，国家风险下降 1 个标准差，缔结 PPI 合约的概率上升 27%，PPI 投资水平随之上升 41%。

国家风险这一因素会影响基础设施的所有行业，也会影响绿地 PPI 合约和特许经营权 PPI 合约。平均而言，能源行业的 PPI 投资对国家风险的敏感性高于运输、电信和水资源行业投资；而特许经营权形式的合约其 PPI 投资对国家风险的敏感性高于绿地形式的合约。最后通过对国家冲突和 PPI 及私人投资基础设施的分析发现，受冲突影响的国家通常需要花费 6 至 7 年的时间来重新吸引私人资本投资基础设施建设。因此国家风险和国家冲突显著降低国家对私人资本参与基础设施的意愿，降低 PPI 的投资水平。

（2）法律环境和制度质量

对于政府和公共部门而言，良好的制度体系能够建立可持续和有效率的公私合作伙伴关系，并保证资源合理配置和社会福利的一致；而对于私人部门而言，制度体系能够提供对自身正当利益和资产的保护，防止政府违约行为的发生（Pongsiri，2002）。Galilea 和 Medda（2010）使用 Logit 模型对 72 个国家共计 856 个 PPP 项目的数据进行分析，探讨了各国政治特征对 PPP 成功实施的影响，尤其是腐败和民主问责制的影响。研究发现，一个国家腐败程度和民主问责制与 PPP 项目的最终实施后果紧密相关，被视为腐败的国家或政府很难找到国际投资者（而这些投资者往往是那些在 PPP 中经验最丰富的国家）。Percoco（2014）以世界银行发展中国家的 PPI 为样本，探讨了私人参与交通基础设施项目程度的决定因素。研究发现，PPP 项目所在地的制度质量会显著影响私人部门的参与积极性，即在腐败程度低、公民自由程度高和监管框架更好的地区 PPP 更活跃，私人部门能够更多地通过 PPP 参与基础设施建设。此外公共部门行动质量的提高，如治理效率和有效性的提高，能够在公私合作经营中形成更为便利的合约结构，从而降低风险，最终降低 PPP 未来或有负债率。Meduri 和 Annamalai（2012）研究发现，国家特定变量显著影响 PPP 项目成本：外国投资者在私人财团中的存在和腐败的盛行会增加 PPP 项目的单位成本，而改革和更严格的监督可以降低腐败水平从而降低项目成本，故PPP在腐败程度较低、较发达的国家更为成功。尽管制度因素很重要，但有许多关键变量也是PPP成功的根本必要条件，如"监管质量""市场开放性""创业容易性"和"执行合约"等也是PPP成功的重要决定因素，这些因素的完善最终有助于PPP项目的发展（Panayides等，2015）。因此，发展中国家为了提高PPP项目的数量、规模和效率，政府必须保证实行严格的政策纪律、建立强有力的治理和稳定的监管体系，从而鼓励更多的私营企业通过PPP项目参与基础设施建设。

　　Chen和Hubbard（2012）认为制度环境和资源依赖关系决定了PPP项目各方的权利关系，进而决定了项目风险分配并影响PPP的成功与否。他们在这一理论下以中国浙江省金龙PPP收费公路为例，对PPP治理中政府、私人部门、公民/用户间的权利关系和风险分配进行了分析。Chen和Hubbard（2012）建立了一个分析框架，在这个框架中，各方的相对权利建立在其在制度环境中所支配的资源上，研究发现，权利关系会扭曲风险分配而有利于强势一方，因此实践中并不会像PPP理论那样将风险分配给最有能力管理风险的主体，拥有更多权利的政党能够将风险转移到他人。Chen和Hubbard（2012）认为国家主导地位对PPP项目具有双重影响。一方面，它可以通过政府支持如担保书或支持政策来确保PPP的成功。另一方面，国家主导地位和薄弱的法院制度迫使合约走向非正式化，从而降低了PPP合约条款的可执行性。因此在中国的制度环境下，改善风险分配的实际手段应该是减少政府、私人投资者和公民之间的不平等权利。为了确保公共利益和防止政府和私人投资者之间的勾结，需要在整个项目过程中为公民的声音提供途径。从长远来看，增强中国公民权利，以及更有效的法院制度能够减少地方政府过度依赖与私人投资者的合约。

　　随着PPP在中国的深入发展，近年来国内也陆续出现了一些影响PPP成功因素的实证研究。国内对于PPP的影响因素主要落脚于政府层面，认为政府治理能力是除却经济因素外，影响社会资本参与PPP意愿和项目成败的关键因素之一。凤亚红等（2017）以我国28个PPP项目为研究对象，发现完善的制度环境显著影响着PPP项目的成败。宋夏子和王言（2018）研究发现，腐败现象会阻碍私人尤其是国外投资，增加交易成本进而降低资源配置效率。

（3）政府机构质量及治理能力

PPP作为政府公共产品和服务供给的新方式并不总是成功的，在实践中也存在诸如再谈判、成本超支、项目延误等问题（Guasch，2004）。但是如上所述PPP效果是综合因素下的产物，而且公私双方缔结合约的具体内容属于私人范畴，外部投资者无从得知，因此PPP失败的具体原因往往很难考究。Jyh–Bin等（2010）通过两次问卷调查征求了BOT参与者的回复意见，评估了BOT项目在具体实施阶段的延误原因。研究结果表明，BOT项目通常涉及政治风险，其中"政治问题以及政府责任的不确定性"是导致项目延误的重要原因。政府机构质量对BOT项目的成功有着深远的影响，因为它在PPP项目开发中起着领导作用，因此参与的公共机构通过提前全面的研究和规划能够解决或缓和这些可能的问题/风险。

政府部门的自利倾向也会对PPP项目实施和融资效率产生负面影响，不仅在建项目的融资成本会提高，甚至其他项目的成本也会随着上涨，并且使项目在应该结束的时候受私利驱使而无效率地选择继续进行。因此，在公共融资和私人融资均可行的条件下，PPP可以通过对不良项目更有效的终止决策、硬化预算约束等手段终止无效项目。但传统的观点一致认为政府具有较强的信用和风险分散水平，因此公共部门的融资成本应该低于私人部门。Bettignies和Ross（2004，2009）指出PPP合约的不完整性和外部性容易引起策略性违约、私人部门忽略消费者剩余等问题，进一步导致私人部门在PPP中承诺偿还债务的资金和可融资项目受到限制；而政府作为私人部门的合作伙伴凭借自身强大的信用能够弥补私人部门融资的不确定性，因此公私合作的长期合约有助于私人部门以优惠的利率获得贷款。然而，如果政府本身就存在金融问题或者政府信用较低、渎职和腐败现象严重，那么即使有政府作为担保也无法获得优惠利率贷款，如何最大限度地发挥政府部门融资便利的同时降低其带来的融资障碍成为影响 PPP 项目成败的重要问题。

国内的郑子龙（2017）从理论和实证层面综合分析了政府治理对企业参与 PPP 意愿、PPP 投资规模的影响。通过建立了政府部门和社会资本间的双重道德风险模型，从 PPP 建造和运营阶段描述了政府部门的道德风险问题对社会资本参与 PPP 意愿的影响作用：如 PPP 运营阶段中政府存在更改项目收费价格标准的可能，容易损害社会资本的利益，进而降低其参与 PPP 的意愿。因此在双方拟订和签署 PPP 合约中，社会资本预期到政府部门未来的道德风险时，会要求政府提供担保以弥补由于政府不确定性行为导致的利益受损，并且政府的道德风险越高，社会资本参与 PPP 的意愿越低、参与投资的规模越小，相应要求的担保条件越高。他选取世界银行 PPI 数据库中 108 个发展中国家的项目数据，以 1998—2013 年为研究区间，考察了社会资本参与 PPP 的决定因素、PPP 投资金额决定因素，以及政府治理对 PPP 投资的影响。研究发现，社会资本参与 PPP 的意愿以及 PPP 投资规模与政府治理水平呈现显著正相关关系，即：政府治理水平越高，社会资本更可能参与 PPP，投资 PPP 的金额越多，投资信心越强。因此，政府应在完善法律和制度环境的基础上，努力提高自身治理水平，降低道德风险，提升社会资本信心，以进一步推广 PPP 在我国的实践发展。

宋夏子和王言（2018）指出政府在 PPP 中的角色会直接影响到项目的成败，因此以世界银行数据库的发展中国家 PPP 详细记录为研究对象，以 1990—2017 年为研究区间，探讨了政府治理对私人部门参与 PPP 程度的影响因素。基于社会资本参与 PPP 的程度与当地政府部门的质量是正向关系的假定条件，研究发现，政府部门管制（如价格上限限制）会损害社会资本的收益，从而降低其参与基础设施建设的 PPP 的意愿。此外，如果社会资本面临较高的政治环境风险，则私人部门的利益和资产容易受到损害（如政府征用带来的资产损失），那么社会资本参与 PPP 和基础设施建设的意愿会随之降低。

（4）政策连续性

PPP 在中国的发展离不开政策的引导和支持，因此政府对 PPP 的态度深刻影响着中国 PPP 的实践。而政府行为的不确定性会影响社会资本的正当利益，严重影响着 PPP 的持续发展（Hirschhausen 等，2004）。PPP 项目持续时间长、投资规模大，因此政策的稳定性和持续性会显著影响项目的成本，这也是社会资本参与 PPP 的重要考虑因素之一。如 Estache 和 Serebrisky（2004）指出，可靠的政府承诺与 PPP 的可持续发展密切相关，政府态度变化和政策的不连贯性会引起 PPP 项目的再谈判甚至提前终止项目。

实践中匈牙利的私人特许经营公路项目由于政权更替带来的政府态度变化和制度安排变更，其推广和实施受到严重阻碍，最终特许经营模式也被政府支付替代。从微观角度来看，政府作为权力的主体容易产生缔约纠纷（Daniels 和 Trebilcock，1996）。在中央政府鼓励和推动 PPP 的大背景下，政策制定的初衷与实际实施效果间是否存在出入？地方官员和政府是否能够公平对待非国有企业、实现当初签约时的承诺或担保？现实中不乏地方政府为了吸引社会资本而做出过于慷慨的保证但事实上并未付诸实施的情况，这种"重承诺，轻践行""新官不理旧账"以及官员腐败的现象成为 PPP 成功的阻碍（IMF，2004；Xu 等，2010）。因此政策的连续性是 PPP 项目成功的重要前提。

周常春和伍梦月（2018）以 2014—2016 年国务院、发改委和财政部等颁发的三项重要 PPP 政策文件为外部冲击，采用事件研究法分析了 PPP 政策对 PPP 板块上市公司估计及公司价值的影响。

研究发现，PPP 板块的上市公司对三大 PPP 政策有着积极响应，PPP 政策显著提高了企业股价的异常收益率，增强了企业的营利能力、成长利益以及运营能力，从长期来看有助于公司价值的提升。因此，政府部门管制、腐败以及民主（即政治环境）、宏观调控对 PPP 的发展产生了重要影响：政府部门的质量越高那么社会资本参与 PPP 意愿相应地越高；颁布的刺激行业发展政策能够为 PPP 投资者带去收益。政府充分履行在 PPP 中应承担的责任，在进行严格监管的同时尊重私人部门或社会资本的正当利益，提高行政能力、做好政策扶持，发挥好引导作用以有助于 PPP 顺利实施。

3.3.3 经济因素

PPP 所在国家的宏观经济和金融环境以及金融机构的支持力度等经济因素也显著影响着 PPP 的实践。Hammami 等（2006）利用世界银行 PPI 数据库 1990—2003 年的发展中国家数据实证检验了 PPP 的决定因素，发现较大的总需求和市场规模、稳定的宏观经济、较低的通货膨胀率这些因素能够促进 PPP 的应用，PPP 在上述因素国家和地区中的实践更加普遍。Banerjee 等（2006）采用 1990—2000 年 40 个发展中国家的 PPI 数据检验不同经济发展条件对私人基础设施投资的影响，发现宏观经济整体稳定性增强、有效汇率提高、国内生产总值增长加快、人均国内生产总值提高，既吸引了更多的外国投资，也吸引了更多的国内私人投资。

Galilea 和 Medda（2010）使用 Logit 模型对 72 个国家共计 856 个 PPP 项目的数据进行分析，探讨了各国的经济特征对 PPP 成功实施的影响，研究发现，GDP 增长和宏观经济条件对 PPP 的成功有显著影响。Sharma（2012）通过使用 1990—2008 年 22 个发展中国家的 PPI 数据，分析了决定基础设施中 PPP 的因素，研究发现，规模大、收入相对较高的市场吸引了更多的 PPP 项目。实证证据还表明，经济稳定特别是与通胀相关的宏观经济稳定是决定 PPP

的重要因素。此外，国外的非营利性金融机构为 PPP 提供项目资金能够提高对 PPP 的监管力度，进而提高 PPP 成功的概率（Estache，2004；Galilea 和 Medda，2010）。

国内学者凤亚红等（2017）指出健全的 PPP 金融体系有助于 PPP 项目的成功。刘穷志和芦越（2016）指出 PPP 项目效率得以保证的前提是较好的经济发展水平和较高的财政承受能力。时秀梅和孙梁（2017）也认为，良好的宏观经济环境、发展程度较高的金融市场能够更好地吸引社会资本参与 PPP 项目。杨丽花和王喆（2018）通过实证研究指出市场需求和经济发展程度是影响社会资本参与 PPP 最关键的因素，同时指出多边开发银行参与 PPP 能够提高社会资本的积极性。沈梦溪（2016）以"一带一路"沿线国家 2011—2016 年的 PPP 数据进行实证发现，多边金融机构的参与和支持能够显著提高其他社会资本方的参与度，提高项目杠杆率，保障项目资金、确保 PPP 的顺利完工。罗煜等（2017）的研究也指出 PPP 中如果国际金融机构能够为项目提供融资，则私人部门更倾向于承担更高的风险。因为 PPP 的多边合作能够对政府进行有效的监督，降低了私人部门参与 PPP 的风险，为项目的顺利实施提供保障。

3.4　文献述评

PPP 在世界范围内尤其是 2013 年以来在中国得到的关注和发展引起了理论界的广泛探讨，已有文献从 PPP 的内涵及其契约关系特征、PPP 项目的经济后果、影响 PPP 项目经济后果的因素等方面进行了广泛的研究，得到了丰硕的研究成果。国外的 PPP 研究中除了定性的理论分析外，也不乏定量的实证分析，而国内早期的 PPP 研究往往集中于概念定义、特征阐述等理论层面。但随着中国

PPP 实践的深入发展，近年来关于 PPP 的研究话题和视角逐渐出现多样化趋势，如利用 PPI 和"一带一路"数据进行实证分析等，这些研究不断丰富着我们对 PPP 的认识，是对 PPP 的有益探讨，也为本书提供了一定的理论基础和研究经验。然而已有研究尚存在一定局限，它们主要集中于政府和社会层面，鲜有聚焦企业微观角度，因此需要进一步的分析和探索，以丰富对 PPP 项目经济后果的研究积累。

第一，企业参与 PPP 项目产生的后果和影响尚不清楚。PPP 项目涉及政府和企业间的风险和利益配置，而企业是 PPP 项目最终的实践者，也是 PPP 项目得以存在和发展的必要前提，参与 PPP 项目会对企业产生何种影响、项目风险类型和可控程度都决定了企业是否选择参与 PPP 项目以及参与 PPP 项目中的行为。如果企业直接选择不参与 PPP 项目，那么项目无法落地，政府试图引入社会资本、提高公共物品供给效率的目的也就无法达成；而如果企业选择以异化的行为方式参与 PPP 项目也会损害社会福利，不利于 PPP 和资本市场的健康稳定发展。尤其是项目风险和政企利益目标的冲突和矛盾，容易产生风险外溢进而引起产生系统性金融风险。因此，企业参与 PPP 项目的经济后果是在进行项目设计和实施过程中不可回避的关键问题，只有深入理解企业参与 PPP 项目的经济后果，才能更好地调动社会资本积极性、激发其投资公共领域的活力，对于政府而言也能够更好地指导和监督项目实施过程，保证项目的顺利落地。近年来我国企业为何热衷于参与 PPP 项目，参与 PPP 项目为其带来何种经济后果和影响，成为亟待研究的问题。但是目前对于这一问题主流研究尚未得出清晰的结论，对于参与 PPP 项目在微观企业主体层面的经济后果如何尚不清楚。

第二，鲜有文献考察参与 PPP 项目对企业层面的影响。已有研究对 PPP 经济后果及影响因素的研究主要集中在社会和政府两个层面，一方面对于社会大众而言，PPP 作为基础设施和公共服务供给的新模式能够提高基础设施质量、有效解决项目成本超支或工期延误等问题,并且通过捆绑式多任务目标实现技术转移和创新。然而也有学者指出 PPP 会增加项目成本、降低项目质量以及造成项目延期等问题。另一方面对于政府而言,PPP 通过引入私人部门能够节省政府开支、缓解其紧张的资金压力等,但是也存在加剧政府财政风险的可能。此外,项目因素、政治和经济因素等都会显著影响 PPP 项目的成败。

可以看到已有文献在 PPP 影响因素和后果方面的探讨偏重于国家、政府和社会等宏观角度,鲜有对参与 PPP 项目的企业的分析。尤其是 PPP 中的合作双方坚持利益共享,但是政府和企业间利益诉求的差异,容易导致双方合作中的冲突,不利于 PPP 的顺利开展。因此,企业参与 PPP 项目会产生何种影响?双方的目标冲突是否会扭曲企业经营决策?此外,中国的 PPP 实践涉及国有企业和非国有企业两类,参与 PPP 项目的经济后果是否会对不同产权性质的企业产生差异?回答这一系列问题不仅有助于我们更深入和全面地了解 PPP,更有助于企业及投资者的决策制定,也为 PPP 在中国健康有序发展提供恰当的经验证据。

第三,缺乏针对中国 PPP 实践的深入分析。国外已有研究对 PPP 的分析对象主要集中在 PPP 应用较成熟的国家以总结和借鉴它们成功的经验,对于包括中国在内的发展中国家的 PPP 分析侧重于案例分析、文献梳理等层面,相关的实证分析也仅限于探讨造成 PPP 数量和规模存在国别差异的原因,如制度环境、政治稳定和经济发展水平等,结合国情深入分析 PPP 影响因素和实践后果的研究较少。而国内的 PPP 研究也主要集中在理论和定性分析层面,鲜有关于 PPP 项目影响及经济后果的实证研究。但是 PPP 在中国的发展也不容小觑,尤其是 2013 年以来,以国务院、财政部及发改委为代表的政府部门出台了一系列规范和鼓励 PPP 的相关政策文件,在基础设施和公共服务领域大力支持和推动 PPP,世界银行

PPI 年度报告也指出中国是 2017 年全球范围内 PPI 投资最多的两个国家之一，PPP 在中国得到了前所未有的快速发展。

PPP 项目涉及一系列复杂的执行和监督过程，国情的不同会导致 PPP 项目实施效果的差异，更重要的是，在中国不能简单地将 PPP 看作一个基础设施供给新模式，它还是政府为了实现地方基础设施和经济建设的手段。尤其是在中国独特的"政治锦标赛"制度下，PPP 甚至会成为地方官员追逐个人政治目标的工具。而作为权力和资源的掌握者，政府在 PPP 中的行为和角色直接影响着企业的利益。同时，PPP 作为涉及社会大众利益项目的合作关系，建立了政府和社会资本的纽带，这种纽带能够带来政府干预和政治关联，如政府干预会影响参与 PPP 企业的决策，而政治关联为参与 PPP 的企业带去资源优势，无论最终结果如何，PPP 带来的这种政治干预和政治关联对企业的影响可能会超过 PPP 项目本身。因此在借鉴国外 PPP 理论和实践经验的基础上，立足中国国情进行 PPP 的相关研究是非常必要的。

第四，研究方法和研究数据的使用局限。限于 PPP 数据的可得性和实践的发展，现有研究主要采用案例分析、文献回顾、调查问卷、建立模型等方法，虽然也不乏关于 PPP 影响因素的实证研究，但是这些研究的数据均来自世界银行 PPI 数据库，虽然 PPI 能够与 PPP 互相通用，但是已有实证文献对私人参与基础设施建设数据的使用依然为本书提供了研究空间。本书根据政府采购网及财政部 PPP 综合信息平台的公开披露信息，手工搜集了上市公司参与 PPP 的数据，这一数据直接捕捉到了企业参与 PPP 的具体信息包括项目时间、项目规模、项目期限、发起项目的公共部门、所在行业和地区、中标企业性质等，利用这一独特数据分析上市公司参与 PPP 的影响。PPP 而非 PPI 数据的使用保证了研究结论的可信度，为 PPP 的实证研究提供了更直接的证据，试图更好地为政策制定和实践发展提供有价值的意见和建议。

3.5 本章小结

本章首先系统梳理和回顾了国内外 PPP 的相关研究，重点分析了 PPP 的内涵及其契约关系特征、PPP 项目的经济后果以及影响 PPP 项目经济后果的因素。总体而言，已有文献主要从社会福利和政府的宏观角度出发，鲜有文献聚焦企业微观层面，企业参与 PPP 项目产生的后果和影响尚不清楚。其次，国外已有研究对 PPP 的分析对象主要集中在国外实践，缺乏针对中国 PPP 实践的深入分析，PPP 的相关研究缺乏中国的制度背景。最后，在研究方法和研究数据上存在局限，缺乏参与 PPP 项目的企业数据。基于此，本书从企业角度出发，立足中国独特的经济和政治环境，利用手工搜集的上市公司参与 PPP 项目的数据，对参与 PPP 项目在微观企业层面产生的经济后果进行系统分析，以厘清参与 PPP 项目对企业的影响，试图为 PPP 项目相关利益方提供决策参考。

在中国 PPP 的发展受到了政府的大力推动和支持，与社会资本建立长期紧密的合作伙伴关系。这种合作必然涉及政企双方利益关系的变化，而企业在项目过程中受制于强政府的制度背景，其利益一方面可能会受到损害，另一方面也可能获得非市场化的利好。这种政企关系也是目前中国普遍存在的问题，而 PPP 进一步为研究这一问题提供了新场景，考察政府关系对企业在市场化、制度内的影响，以及在非市场化、制度外的影响。因此，本书将政府和社会资本的合作伙伴关系纳入分析，在接下来的实证研究中，分别从企业的权益资本成本、债务资本成本以及政府补贴和税收优惠等方面深入研究 PPP 对中国企业的影响。此外，中国资本市场的 PPP 项目发展离不开社会资本的参与，但仍然有部分企业尚未加入其中，这就为本书控制内生性的影响提供了绝好的研究契机。

第4章 PPP 项目及其经济后果的理论基础

由于 PPP 是包括政府和社会资本在内多方参与的项目,其内部具有复杂的契约结构和博弈关系。因此研究 PPP 项目及其经济后果的理论较为丰富,对于本书研究而言主要包括委托代理理论、政府干预理论、寻租理论、政治关联以及声誉理论。本章梳理和回顾了上述理论,并将其与本书研究问题相结合,阐述企业参与 PPP 项目产生的经济后果及内在机理。

4.1 委托代理理论

Jensen 和 Meckling(1976)以所有者和经营者的两权分离为基础,提出了委托代理分析框架,经过数十年的深化和拓展,委托代理理论(Principal – Agent Theory)成为公司金融和公司治理领域最为经典和主流的标准分析理论之一。委托代理理论是以非对称信息博弈为基础建立,旨在存在信息不对称的情况下,考察委托人与代理人面临的风险和利益分配以及激励间的关系,以进行合理的产权结构安排,提供激励机制设计的基本原理,减少委托代理问题,最大化委托人效用(Nash 和 Pardo,2013)。委托代理理论的基本假设有三点:第一,代理人直接参与经济活动,双方存在信息不对称；第二，与委托人相比，代理人享有信息优势，委托人难以直接观测其努力和行为；第三，代理人作为经济人，以最大化自身经济利益为目标。本质上双方的委托代理关系是具有交换性的契约关系，即委托人由于知识、管理经验的缺乏以及技术水平的限制，需要委托代理人进行某种活动，通过他们的努力和行动最大化委托人的利益，而代理人从中获得自主决策权和相应的回报。

委托代理理论认为，一方面委托人和代理人双方存在巨大的利益目标差异，对于作为委托人的所有者而言，他们追求的是最大化股东财富和企业经济效益，而作为代理人的经理者而言，他们更看重个人利益如职位晋升、薪酬等，双方存在利益冲突；另一方面，委托人和代理人之间还存在着信息不对称，即代理人掌握着更多和更全面的私人信息，而委托人很难直接观测和监督代理人真实的行为和努力，只能通过外部的监督激励机制来规范和约束代理人的行为，以减小或消除双方目标的差异及由此产生的行为偏离。因此，由于利益冲突、契约的不完全性以及信息不对称，代理人和委托人的效用目标函数不一致，在约束和激励机制缺位的情况下，代理人很有可能会将自己的利益置于委托人利益之上，甚至不惜牺牲委托人利益，进而产生道德风险和逆向选择等委托代理问题，由此产生的成本也直接降低了企业的经营效率和价值。那么如何解决这种委托代理问题、减小契约不完全性产生的成本也成为公司治理研究领域的核心问题。

委托代理理论与PPP项目具有高度的相关性，是社会资本和公共政府合作的理论基础之一。在以往由政府负责公共物品供给的模式下，资源配置和供给效率较低，并且承担着巨大的财政压力，也无法较好地满足公众需求，而PPP项目中政府和社会资本针对基础设施和公共服务供给以正式契约的形式缔结了合作伙伴关系，政府利用社会资本专业的技术和丰富的管理经验，并通过激励和惩罚机制进行宏观监督，以提高公共物品的供给效率，满足社会公众需要，提高社会福利（Fourie 和 Burger，2000；Parker 和 Hartley，2002；Brand 等，2012）。因此，PPP 的本质即是政府作为委托人将公共物品供给的任务交付给作为代理人的社会资本，双方以法律合约的形式缔结契约关系，其中社会资本具体负责项目的实施，而政府部门承担监督和指导的责任以确保社会资本行为符合公共目标和社会利益，是委托代理关系的一种。尤其是基础设施领域大多为政府管制行业，进入门槛较高，而 PPP 项目让企业根据项目特征、自身实力以及预期收益进行报价，政府根据竞争性磋商或招投标选择中标的社会资本，这种方式将企业尤其是部分民营企业纳入其中，有助于将自然垄断性的行业从政府任命逐步转变为市场化模式，在满足社会资本合理预期收益要求下实施 PPP，不仅能够使企业进入管制性行业、扩大市场份额，还能提高资源配置效率、项目供给效率以及企业经营效率。

但是在进入 PPP 项目后，社会资本是项目的实际负责人和实践主体，政府则通过抽查或要求不定期汇报等方式负责监督和指导，相较于政府，社会资本对于基础设施运营和管理享有自主决策权，因而其具有明显的信息优势，政府很难直接观察社会资本的努力程度和行为。而政府和社会资本参与 PPP 项目所追求的利益目标存在差异，这种双方间的信息不对称以及利润目标不一致，可能产生道德风险和逆向选择等委托代理问题，进一步导致社会资本寻租、机会主义行为以及政府监管成本过高等问题。已有研究指出政府和社会资本在 PPP 项目中存在利益诉求差异（李永强和苏振民，2005；陈红等，2014；胡改蓉，2015）。具体而言，PPP 项目中的合作双方坚持利益共享，但是政府作为经济活动的参与者和管理者承担着促进经济发展、维护社会稳定的责任，尤其是在公共事业领域如道路、桥梁、医院、环保等行业更加看重公共需求和社会福利。因此参与 PPP 项目过程中，政府以最大化社会福利为首要目标，将公共利益放在第一位，优先考虑满足公众需求和公共利益。

而社会资本则更追求最大化自身经济利润，双方在项目中的目标和效用函数不同，在利益诉求上存在不一致（Ameyaw 和 Chan，2013；李永强和苏振民，2005；王雪青等，2007；陈红等，2014；胡改蓉，2015；白德全，2018）。

再加上 PPP 项目合约的不完全性和政企间的信息不对称，社会资本容易在参与 PPP 项目过程中将自身利益置于项目利益和公共利益之上，作出与政府价值目标相偏离的行为，损害公共福利，如 Hoppe 等（2011）指出的私人部门在 PPP 中过度的非生产性投资行为，由此产生的成本和损失最终也会影响企业和项目的可持续发展。而政府也可能为了满足官员个人政治目标和实现政府职能、满足公众利益、打造良好的政府形象，而对社会资本进行干预如利用合约的不完全性使企业承担公共品负担（龚强等，2019），损害社会资本的利益。

因此，综合上述分析，PPP 项目中政府和社会资本这种利益目标的不一致、公共利益与企业利益的诉求差异必然会导致双方在项目过程中的行为和合作冲突，而在中国特殊的经济政治环境下，政府处于绝对的强势地位，能够使用行政权力直接干涉社会资本的经营活动和项目实施，或者利用政策倾斜进行"利益诱导"引导企业行为。因此政府和社会资本的利益冲突和代理问题所带来的成本可能最终将由社会资本来承担，这可能主要体现在政府干预方面。

4.2 政府干预理论

政府与市场的关系一直是理论界关注和讨论的重点，学者对双方应该如何进行有效分工，政府在经济中应该发挥何种作用、扮演何种角色等问题进行了大量的探讨。Smith（1776）在其《国富论》中提出了"看不见的手"观点，指出市场能够达到最优资源配置。但凯恩斯主义下的"政府干预"理论指出,由于不完全市场和不完善信息的存在,市场并不是万能的,尤其是公共物品、垄断和外部性等方面无法进行有效的资源配置,很难实现社会福利最大化,即存在市场失灵,这也决定了政府在某些领域干预的必要性。在理论层面来看,如果政府的行为对经济主体产生了影响(不论积极的还是消极的),都被认为存在政府干预(Government Intervention)。政府的扶持之手和掠夺之手被认为是政府进行经济干预的两种方式,其中扶持之手认为政府对宏观和微观经济的积极干预有助于实现社会福利最大化,而掠夺之手认为政治家或官员并不总是以最大化社会利益为目标,往往会追求个人利益,并且利用行政权力强制从企业和社会中攫取财富和资源,因此政府干预行为会降低社会福利和市场效率。两者在政府干预动机上存在差异,但均为政府干预的动机和经济后果提供了理论解释,有助于理解在不同社会制度下存在的运营机制。本书所指政府干预主要强调的是后者。

在我国特殊的经济和制度环境下,政府作为市场中的强势主体,掌握着企业生存发展的关键资源,政府行为构成了企业最重要的外部环境。而政府在进行干预时往往会综合考虑多方的利益:公共需求、社会福利、公共利益如充分就业、社会秩序、财政收入,以及自身政治目标。他们往往会将这些目标置于企业利益之上,当以最大化自身利益为目的的企业行为偏离上述政府目标时,政府会利用权力或政策进行干预(Fan等,2007),使企业经营活动与政府目标一致。由于政府掌握大量资源,其进行干预的方式也具有多样性,如影响银行贷款(Rajan和Zingales,1998;Debray和Wei,2004)、通过税收优惠和政府补助予以政策引导(程仲鸣等,2008)、直接干预企业行为(唐雪松等,2010)等途径。

政府不仅是国家主权者,同时还是经济和公共事务的管理者,需要参与经济活动、促进经济发展、保障就业、维护社会稳定等,因此政府会将自身的社会目标转移给社会资本，这种额外的社会目标则成为企业的政策性负担，使其承担更多的社会责任、更多地考虑社会福利（林毅夫和李志赟，2004），从而造成企业亏损（Fan等，2007）。具体到PPP项目中社会资本的政策性负担主要是指社会资本在参与PPP项目过程中除了本身的项目建造和运营责任外，还需要综合考虑社会福利和公众需求而导致的企业经营活动受到影响或收益受损。这主要是由于政府和社会资本在PPP中的利益目标和诉求不一致造成的，龚强等（2019）提出公共品负担即是政府干预下的一种形式。根据不完全契约理论，由于交易成本（Coase，1937）、信息不对称（Akerlof，1970）和有限理性（Simon，1972），契约主体在事前试图明确所有权责并以清楚、明晰的合约语言和具有实践可行性的条款进行确定的成本非常高，几乎无法实现。这也为PPP项目后期政府利用PPP合约的不完全性赋加给社会资本过多的公共品负担提供了可能（龚强等，2019），即地方政府为了保障社会利益最大化，在不违反合约的前提下将PPP项目利润转移给公共福利，严重损害了社会资本的正当利益，加大了其参与PPP项目的风险和成本。

尤其是在我国政治晋升锦标赛下，经济增长和社会稳定逐渐成为地方官员晋升的主要考核指标，地方官员为了拉动经济增长、获得政治晋升，往往会过度干预企业的生产经营活动，甚至损害社会整体福利，如为了GDP而进行盲目投资和拆迁。而PPP投资规模大，能够在短期内迅速拉动区域GDP增长，并且涉及关系国计民生的行业能够满足社会公众对物质文化的需求，可以同时实现辖区的经济增长和社会福利两大目标，因此政府在政治、经济和社会目标的激励下，有动机对社会资本进行干预，使其能够满足利益目标。更为重要的是，PPP项目中社会资本和政府建立了长期合作关系，这种良好甚至"过度紧密"的合作伙伴关系使得政企边界也更加模糊，政府容易在经济活动和权利行使的过程中出现职能越位的情况（龚强等，2019）。因此政府最大化社会福利的目标会导致存在政府干预社会资本经营活动的可能，而这种非市场化的关系为政府干预提供了空间，容易引起地方政府与企业在 PPP 项目中的投融资行为异化。

但是这种政府干预会影响企业经营活动，显然增加社会资本参与 PPP 项目的潜在风险和成本。已有研究发现政府干预会降低企业效率和绩效（Boardman 和 Vining，1992）。Chen 等（2004）发现政府通过企业实现了自身政治目标，但是降低了其 IPO 后三年的股票收益率。Bertrand 等（2006）发现，在政治竞争激烈的地区的企业会增加雇员数量以争取对其支持的政客的民众支持，但是这一做法降低了企业的收益率。Cheung 等（2006）研究发现企业中的国有控股比例越高，国有控股股东产生的掠夺性越严重，且这一现象在地方国有企业中更加显著。Fan 等（2007）也指出政府会出于个人政治目标干预企业的生产经营活动，不利于企业改善绩效。Berkman 等（2010）指出企业中政府干预越强，保护中小股东的法律法规就越难实施。Chen 等（2011a）对中国企业的研究发现，政府会干预国有企业的投资行为，并且这一做法显著降低了企业的投资效率。李增泉等（2004）指出政府出于政治目的如保障就业而对企业的生产经营活动进行干预，会显著降低企业效率。梁莱歆和冯延超（2010）研究发现，政府为了保证就业、提高人均收入对民营企业进行的政治干预使得公司经营活动偏离最大化股东利益的目标，严重损害了企业价值。司政和龚六堂（2010）、朱英姿和许丹（2013）的研究也指出地方政府为了追求经济增长会进行干预，但这一做法会扭曲市场机制。

4.3 寻租理论

Gordon Tullock（1967）是最早提出寻租理论（Rent-seeking Theory）的学者之一，他在《关税、垄断和偷窃的福利成本》中指出，关税、税收以及垄断会损害社会福利，但完全市场理论中的社会福利损失并没有包括上述部分，因此其计算估值小于实际值。这一原因在于，经济主体会通过努力以获得垄断等特权如贿赂政治家或官员、游说等，但是这些活动并不能增加社会财富，因此这种为了获利而进行的活动即是所谓的寻租活动。而寻租这一理论概念由 Kruger（1974）在《寻租社会的政治经济学》中正式提出，Kruger 发现发展中国家实施的限制进口政策会导致大量的寻租活动，即每个人都试图利用掌握的关系资源去争取进口权，以此收取进口权的相关租金。这种活动并不会产生或增加社会收益，反而会造成资源浪费，降低经济发展的速度。Kruger 将寻租定义为，利用自身资源通过政治过程而获得特权、对他人利益的损害超过租金收取者获得的收益的行为。Buchanan 等（1980）在 Tullock 和 Kruger 研究的基础上，从寻租层次、寻租和政治分配等角度深化和发展了寻租理论。Buchanan 等（1980）指出寻租是在经营环境中产生的：在经营环境中，每个主体都将努力最大化自身利益，这种行为本身并不会产生社会剩余，只会造成社会资源浪费。经过数十年的发展，寻租理论逐步发展为现代经济学的分支，为政治学、管理学等多个学科领域提供了理论基础和研究范式。

根据寻租理论，寻租活动产生的前提是市场上存在进入限制或竞争的政策或者制度。而在完全市场竞争中，由市场决定资源配置并达到帕累托最优，不存在寻租行为。而在不完全竞争市场下，政府通过特许、批准、限制和配额等方式对市场进行干预，不仅会影响市场机制的作用,妨碍市场竞争,不利于资源配置(贺卫,1999),还为企业和个人创造了获得超额收益、进行寻租活动的空间(Buchanan 等,1980)。贺卫(1999)将政府创租划分为三类:首先是政府无意创租,即政府干预社会经济的出发点是好的,如为了公共事务和社会福利,但是限于知识或经验不足而在制定政策时导致调控失灵,为寻租活动创造了条件。如政府出于拉动经济发展、实现国富民强的目标,在发展规划中提出了重点发展的地区和行业,但是却人为创造了对特定产业的需求,并且为了发展这些行业政府会给予一系列的政策倾斜如税收优惠和财政补助,扭曲了市场化机制,形成了寻租空间。其次是政府被动创租,即政府创造了寻租空间后会随之形成针对政策创租的利益集团,长此以往,政府会受到这种利益集团的改革阻挠、牵制甚至胁迫,为他们谋取私利只能选择被动创租。最后一种是政府主动创租,上述两种类型政府都是无意中变成寻租集团的一部分,但是在政府主动创租中,主要是由于政府动机不良,或者本身就是寻租分利群体的一员,因此人为地创造寻租空间。如果企业想要获得特权和租金,必须向官员或政府让渡部分利益。综合而言,寻租产生的主要原因在于存在政府干预和管制制度,企业必须通过各种寻租活动以追求受政府控制的短缺资源、获得收益。

寻租活动在世界范围内存在,但在市场转型或新兴国家中更为普遍,这些地区往往权利高度集中、腐败问题较严重、法律和制度比较落后、政府干预经济的程度较高(Chen 等,2005;Faccio,2006)。Heilman 等(2003)指出,在经济处于转型期的国家,改革尚未彻底,行政权的使用缺乏有效监督,寻租活动更加盛行,企业以行贿等方式对政府官员进行影响,以使政策或法规有利于企业发展。我国目前正处于经济转型时期,政治体制和经济体制的阶段特征决定了政府仍然掌握着企业生存发展所必需的经济和社会资源,政府仍然是社会生产以及国民经济发展的主导力量。余明桂等

(2010) 指出我国的分权制度改革使地方政府对于财政支出享有很大的自主决策权,除了明确规定的个别类目外,政府在政策制定、资源分配如税收优惠、政府补助等方面具有较大的裁量权。此外,我国的司法制度仍不完善,尚未达到与市场经济发展相匹配的水平和标准,经济活动和权利的行使很难得到有效的监督管理,因此为企业寻租提供了空间和可能。

作为公共物品(基础设施和公共服务)供给的新模式,PPP 其目的旨在提高公共利益、加快我国新型城镇化建设和政府职能转变、提升国家治理能力、建立现代化的财政制度。2013 年 11 月党的十八届三中全会后,我国出台了一系列鼓励和规范 PPP 发展的相关政策文件,以政府推动为特征的 PPP 项目在基础设施和公共服务领域得到了迅速发展。政府对 PPP 的支持涉及各行各业的多种 PPP 项目类型,包括组织、法律、制度、金融等多维度,为 PPP 的有序发展创造了良好的制度环境。尤其是政府对社会资本的经济性或金融性支持包括提供税收优惠、政府补助、优惠贷款、资金奖励等,经济支持的多样性能够满足不同项目类型的需求,也能够拓宽社会资本的收益渠道,不仅缓解了社会资本可能存在的资金压力和风险,更是极大地提高了社会资本参与 PPP 的积极性[①]。

因此,政府以政策文件的形式规定了对 PPP 的相关经济和金融支持以鼓励和推广 PPP 在我国基础设施和公共服务的发展。作为社会资本参与 PPP 项目享受上述优惠政策也是"水到渠成",参

---

① 如财政部和国家税务总局联合颁布的财税〔2014〕55 号文件,参与 PPP 的社会资本能够享受企业所得税"三免三减半"的优惠政策;国家发展改革委和国家开发银行出台的发改投资〔2015〕445 号文件则对社会资本参与 PPP 提供了更优厚的金融支持条件;财政部下发财金〔2015〕158 号文件对 PPP 实施以奖代补政策;其余具体到各行业的 PPP 奖励措施和政策如〔2014〕838 号文件对采用 PPP 模式进行海绵城市建设项目提供专项资金补助;财建〔2015〕90 号给予水污染防治领域 PPP 项目财政奖励、融资费用补贴等;民发〔2015〕78 号文件规定养老服务领域的 PPP 项目能够享受优惠的金融信贷政策;建村〔2016〕220 号文件明确了对小城镇建设的政策性金融支持。

与PPP的社会资本能够获得一系列的优惠政策包括以奖代补、贷款优先、优惠的贷款利率、宽松的还款期限和抵押贷款要求、资金奖励等。事实上，企业参与PPP项目尤其是中长期的项目，通过创新的融资工具和金融产品以及政策倾斜，能够拓宽企业的投资范围和融资渠道，获得长期的稳定收益；更能够获取银行等金融机构的贷款，有助于企业提高融资可得性；此外参与PPP项目的企业能够申请相应的项目奖励、投资补贴等多种形式的财政补助和税收减免等优惠政策，直接增加企业的利润。

另外，PPP项目本身是涉及基础设施和公共服务领域，提供的是公共物品，根据龚强等（2019）的研究，参与PPP项目的社会成本承担了一定甚至过多的公共品负担，这种公共品负担直接损害了社会资本的经济利益，打击了他们参与PPP项目的积极性。本书则进一步认为参与PPP项目的社会资本实质上在一定程度上承担了政府的社会职能和目标，面临了一定的政策性负担。参与PPP项目的社会资本不应该只追求最大化经济利润，除了满足社会公众对公共物品的需求外，还要承担最大化社会福利的责任，在项目经营发展中广泛地考虑诸如项目运营后产生的雇员就业、养老福利、秩序稳定等社会目标，而不会只坚持自身经济利润最大化原则，这就会增加企业的生产成本，损害企业正常的经济利益，甚至影响其正常的经营活动。当预测项目收益无法覆盖投资成本，或损失达到一定程度时，社会资本就会选择不进入甚至退出PPP项目，导致项目的失败，这是政府最不愿意看到的结果。因此，政府为了鼓励企业投身PPP项目，打消他们对公共品负担或政策性负担而可能损害自身利益的顾虑，需要与社会资本进行谈判磋商，为其提供一定的经济补偿和支持，如上述的政府补助、财政奖励、竞争唯一性保证条款等。并且由于存在信息不对称，政府无法区分社会资本的亏损是由于PPP项目的政策负担导致的，还是由于其自身经营不善导致，因此社会资本有动机将经营亏损归因于承担了部分政府职能、为了最大化社会福利、实现社会性目标，而弱化自身责任。在政府无法准确区分两者亏损的情况下只能对企业的损失进行经济补偿。

根据上述分析可以看出，政府对PPP的支持在一定程度上影响了市场本身的调节机制和需求，人为地创造了对PPP项目涉及的基础设施和公共服务领域的发展需求，形成较大的寻租空间：在政府层面，地方政府为了获得地区和项目发展支持将会极力向中央政府进行游说，以通过中央层面的政策倾斜拉动区域发展；在企业层面，由于政府对PPP项目的大力支持和推广颁布了一系列涉及财政、投资、土地使用等优惠政策，参与PPP项目的企业将会优先获得低于市场均价的资源，以此获利。因此企业为了得到如上所述的银行优惠贷款、奖金、补助、税收优惠等资源优势，将会积极地从事寻租行为，进入PPP项目。

根据寻租理论，政府干预会产生租金，企业为了获得有利于生产经营的稀缺资源将会进行寻租活动，这种行为既可以是合法的如通过进入政府和国家重点扶持行业、主动邀请政府官员视察建立良好的政企关系（戴亦一等，2015）等方式以获得政策优待，也可以是非法的如行贿受贿等方式。现实中，政治关联是企业进行寻租活动的主要方式（Fan等，2007；余明桂等，2010），通过政治关联获取有利于企业经营发展的稀缺资源和条件如低息贷款，提高企业价值。

4.4 政治关联

政治关联（Political Connections）与政府干预和寻租存在天然的联系。一方面，政府干预是寻租产生的重要原因，而政府干预程度也在一定程度上直接决定了政治关联的程度。具体而言，政治关联的形成取决于企业自身所处的外部制度环境，当政府干预程度越严重时，政府和企业从事寻租活动的动机和能力都相应较强，政府与企业进行交易的可能性越高，企业也就越容易与政府建立起政治关联或政治关联程度越紧密。另一方面，政府干预程度越高、政府权力更容易受到"关系"的影响，企业寻租空间越大，通过建立政治关联进行寻租的动机越强（肖浩和夏新平，2010）。大量研究指出，政治关联在政府干预较强、制度相对落后的地区更加普遍（Chen 等，2005；Faccio，2006；Li 等，2006）。

PPP 项目下政府和社会资本以基础设施建设和公共服务供给为目的通过契约形式建立了长期的合作伙伴关系，社会资本尤其是非国有企业通过参与 PPP 项目能够与政府形成紧密的政企关系，这种关系是双方合作的出发点和立足点。而关系本身是一种有价值的无形资产，它的存在会为社会资本带来关系价值或价值增值（Panda，2016）和潜在的未来收益（黄少安和张苏，2013；王亚娟等，2014），Mouraviev 等（2015）的研究也发现 PPP 项目中的政企伙伴关系能够提高价值创造能力。这种关系有如下几个特点：

第一，关系的长期性和持久性。PPP 主要涉及的是工程建设项目，政府和社会资本的合作期限往往是项目周期，通常为 10—25 年，甚至有部分项目期限高达 35 年，政府与企业间的协商、谈判和沟通等都是长期关系的互动。并且政府文件规定即使是政府换届、项目的公共部门或负责人更替、政策变化等也不能影响 PPP 的有序推进和实施[①]。因此社会资本通过参与 PPP 与政府形成的这种合作伙伴关系并不是短期、易变的行为，而是长期稳定的关系。

第二，关系的紧密性。在 PPP 项目中社会资本需要政府遴选

---

① 2015 年 4 月 25 日，财政部、发改委、中国人民银行等联合印发的《基础设施和公用事业特许经营管理办法》明确规定政府换届、部门负责人的更换和调整都不能影响 PPP 合约的正常履行。

潜在项目和宏观指导协调,政府需要社会资本在专业技术和融资投资方面的优势,作为项目监督和指导者的政府与作为项目最终实施者的社会资本在整个 PPP 项目过程中共同努力,推动具有不同知识和观点的合作伙伴通力合作,以更好地满足市政工程和公用事业的需求,并为社会资本获得合理的投资回报。因此,PPP 项目下的政企关系是紧密合作的关系。

第三,关系的政府深度参与性。PPP 项目中政府部门从前期的项目调研、可行性论证、服务采购、社会资本方确定,到项目中期的建造进度抽查,以及项目后期的绩效考核等深入参与项目的各个环节,负责全项目过程的指导和监督,不仅包括战略制定和绩效考核等项目层面、企业层面的职责,还承担着宏观协调及维护公众利益和社会资本利益。因此,PPP 项目绝不是将基础设施供给的责任直接交付给社会资本就结束,而政府充当"甩手掌柜"的形式,PPP 项目下的政企关系是政府深度参与的关系。

第四,关系的认可度高。作为城镇化建设、公共物品供给的新模式,PPP 项目是在政府的大力推广和鼓励下逐步发展起来的,与其他政企关系相比,PPP 项目下的社会资本与政府的关系其认可度更高。尤其是与通过寻租或受贿等不正当手段建立的政企关系相比,更受到法律的保护和政策的支持,是一种正式的、合法的、受保护和支持的契约关系。另外这种认可度不仅是政府层面,社会公众对于这种为了提高社会福利而形成的政企关系也更容易持肯定态度。

目前关于政治关联对企业影响的研究主要持积极态度,认为政治关联或紧密的政企关系能够为企业带来"资源效应",进而产生巨大的经济利益(罗党论和刘晓龙,2009),包括更大的贷款规模和更长的贷款期限(Johnson 和 Mitton, 2003;余明桂和潘红波,2008)、享受税收优惠和财政补助(Adhikari 等,2006;Faccio, 2006;吴文锋等,2009;潘越等,2009)、进入管制性行业(张敏和黄继承，2009）、违规成本更低（De Soto，1989；Kroszner 和 Stratmann，1998）、更可能在财务困境时获得政府纾困（Faccio 等，2006）等。由此可见，企业参与 PPP 能够与政府建立紧密的合作伙伴关系、建立政治关联，有助于拓宽融资和经营渠道、获得多元的投资机会，能够为企业在后续的生产经营活动中带来更多潜在的资源和政策优惠。

此外，由于 PPP 项目涉及阶段和任务多样，项目周期长，在实践中存在较多风险和不确定性，企业通过建立的政治关联能够利用政府的经验和资源，获得互补优势，降低潜在的风险，进而降低承担由此产生的交易成本（Iossa 和 Martimort，2012），实现价值增值（Panda，2016）。并且这种关系维系的长期性和持久性进一步增强了 PPP 项目中伙伴主体的转换成本，进一步加强了政府和选定社会资本间的锁定关系，有助于减轻企业对长投资回报周期的消极预期，激励其投入更多的努力并输出质量和效率更高的产品（Cramm 等，2013）。Axelrod（1984）研究指出，经济主体未来预期的增加能够加强主体间合作的稳定性和持久性，对于 PPP 而言，项目双方的政治关联和伙伴关系也增加了 PPP 项目价值，激励伙伴主体投入的资源和能力，从而做大了社会资本未来获得的利益预期"蛋糕"。而伙伴关系的存在也有助于培育社会资本和政府双方的合作理念和一致性目标（黄少安和张苏，2013），减小双方的价值冲突和利益诉求差异，提高行为的可信任程度和承诺的可持续性，有助于减小社会资本在项目中可能面临的由于政府行为不连续和态度转变而导致的风险。

政府与社会资本间长期稳定的合作伙伴关系是保证 PPP 项目可行性和可持续性的重要因素，良好的政企关系不仅能够为社会资本实施项目提供良好的外部环境和政策倾斜，甚至能够在项目之外为企业带去资源便利。但是政府和社会资本在 PPP 项目中会建立良好甚至"过度紧密"的合作伙伴关系，以及政府最大化社会福利的目标会导致存在政府干预社会资本经营活动的可能，而这种非市场化的关系容易引起地方政府与企业在 PPP 项目中的投融资行为异化，为社会资本带去一定成本。此外，政府和社会资本的伙伴关系是 PPP 得以存在的必要前提，同时这种伙伴关系持续长达 10 年甚至 30 年，虽然有政策文件明文规定政府换届等不得影响 PPP 项目的正常履行，但实践中也可能出现诸如政府违约、拒不履行合约的风险以及政府行为方面的变化，这些与政府行为相关的不确定性显著影响社会资本顺利推进 PPP 以及项目后期的收益，社会资本方必须对此高度重视。

4.5 声誉理论

声誉理论（Reputation Theory）在学术界是经久不衰的研究课题，在 21 世纪初期，安然、世通等大型跨国公司的丑闻使人们逐步重视商业伦理的价值，并致力于长期投入企业声誉建立和维护。企业声誉有助于认清自身和相关利益方的关系及相对地位如外部竞争和制度环境，Smith（1776）在《国富论》中提到，声誉是确保契约被诚信实施的重要机制。即使交易主体意识到对方可能存在自私自利行为时，出于声誉的考虑，他们也会选择继续交易。声誉机制往往能够使社会公众转变对企业的心理认知，得到社会和投资者的认可，进而获得相应的资源和政策倾斜，最终完成价值创造。声誉信号理论指出声誉作为某种信息能够在各个利益群体间进行传播和交换，进而形成声誉信息网络。由于市场中存在信息不对称性，因此声誉信号有助于提高交易透明度、降低交易成本，在交易决策过程中投资者更倾向于选择声誉信号更强、更值得信赖的企业，以保证收回成本并获得回报。

在实际经济生产活动中，从企业内部而言声誉能够赢得投资者的心态、提高雇员的忠诚度和团队凝聚力。Fombrun 和 Shanley (1990) 指出美国的上市企业十分重视声誉的作用，管理者往往会通过向市场传递积极的信号、树立良好的声誉和形象以影响股东对企业价值的评估。尤其对于具有示范作用和带头作用的榜样企业，声誉能够帮助其获得政府的认可进而获取政府的政策倾斜或资源禀赋。Russo 和 Fouts (1997) 研究发现企业声誉对员工产生积极影响，能够促使他们创造更高的经济利润。从企业外部而言，良好的企业声誉有助于企业在债权人处获取更高的信贷额度，进而加强资金运营效率和能力，降低财务风险，获得舆论的肯定和正面报道。作为企业的无形资产，良好的声誉能够影响企业利益相关群体的投资决策，帮助企业建立起竞争优势，最终提高经济效益。Perrini 等 (2010) 也指出，欧洲的大部分企业认为企业声誉存在巨大的增值潜力。

而具体到 PPP 中来看，除了项目本身带来的经济利润外，企业参与 PPP 项目能够被视为一种良好的声誉机制为企业带去潜在的收益。由于 PPP 项目投资规模往往高达数十亿元人民币，周期长达数十年，如财金函〔2016〕47 号文件规定，PPP 示范项目的合作期限原则上不应该低于 10 年。因此对参与 PPP 项目的企业具有较高的资质和实力要求以保障项目的顺利完工，实现社会和经济效益。以房县房州古镇建设 PPP 项目社会资本方采购为例，该项目采购单位为地方国有资产监督管理局，项目合作期包括 5 年建设期和 20 年运营期共 25 年，在招标书中明确要求参与的社会资本"具有良好的商业信誉和健全的财务会计制度"、"具有履行合同所必需的设备和专业技术能力"、具有相应的专业资质和资格证书、无重大不良资产或不良投资项目、未被列入违法失信名单、三年内在经营活动中无重大违法记录等。由此可以看出对参与 PPP 项目的社会资本进行了严格的规定和筛选，只有那些符合资质要求、信用记录和经验状况良好的企业才能最终参与 PPP 项目，成为社会资本方。因此，企业参与 PPP 项目不仅能够得到项目本身的经济利润，还能作为一种声誉机制向市场传递出本企业实力雄厚、技术水平高、具有良好的发展前景或者具有社会责任感、作出一定的社会贡献并被政府认可的积极信号。

良好的声誉是利益相关者在长期活动中对企业行为活动的全面评价，涉及与竞争对手或同行业的比较信息，将声誉理论运用在实际中时企业的社会责任是一个难以回避的话题。

Howard Bowen（1953）是最早提出企业社会责任（Corporate Social Responsibility，简称 CSR）观点的学者之一，他认为企业承担社会责任不仅是解决社会问题，更是一种有利于企业发展的机制。在 Bowen 研究的基础上，后来的学者如 Davis（1960）、Johnson（1971）、Steiner（1971）、Sethi（1975）、Carroll（1979）等对 CSR 的研究进行了拓展和深化。Davis（1960）指出企业家应该认清自身的社会力量和社会责任的差异，Johnson（1971）认为企业在履行社会责任的过程中需要综合考虑雇员、社会和国家的利益，Steiner（1971）将社会责任视为一种企业态度，是为了满足社会目标和需求。因此 CSR 的目的不仅是促进经济发展，还更多地关注企业在改善社会福利方面的作用（Eells 和 Walton，1970）。Branmer 和 Pavelin（2004）研究表明，企业的社会责任承担和声誉间存在显著的相关性。积极承担社会责任是企业建立和维持良好声誉的重要途径和方式，能够使市场和政府加快对企业的"识别"和"锁定"。企业承担的社会责任能够在企业与社会之间建立纽带和桥梁，直接或间接地提高声誉、树立形象，获得市场的认同。

已有研究发现，社会责任的承担有助于降低股东的投资成本，增加企业价值（Riyanto 和 Toolsema，2007），提高企业声誉（刘建秋与梁静雅，2012），改善企业的财务绩效（Simpson 和 Kohers，2002）。温素彬和方苑（2008）以捐赠作为企业承担社会责任的表现，指出企业进行慈善捐赠、积极承担社会责任能够对财务绩效产生长期的正向影响。

企业的生产活动同外部环境的利益交换以及道德互动基本决定了企业本身经营发展的外部竞争环境，而 PPP 项目本身涉及关系社会福利的行业，目的是满足公众日益增长的公共物品需求，包括供水、桥梁、道路、能源、环境等。因此企业参与 PPP 也可以被视为积极承担社会责任、分担政府社会职能，能够与外部形成良好的关系，积累无形的声誉资产形成竞争优势。同未参与 PPP 项目的竞争对手或同行相比，参与 PPP 有助于企业改善外部环境、为企业带来更多的声誉和社会认可。

尤其是在存在信息不对称的市场中，作为企业尤其是非国有企业可以通过参与 PPP 项目显示出自身与其他企业不同的特质如更雄厚的企业实力、良好的发展前景、丰富的技术和管理经验等，并向公众、社区传递出承担社会责任的信号，与外部形成良好的关系，为以后的生产经营活动所需资源奠定基础。而对于投资者而言他们不可能完全掌握每一家企业的盈利状况、企业前景、生产技术等信息，因此在进行投资决策时面对同等条件下的选择，投资者将会优先考虑参与 PPP 项目的企业，因为他们与同行相比可能具有更强的实力。并且通过参与 PPP 项目企业能够与政府建立长期紧密的合作伙伴关系。良好的声誉和社会责任承担有助于向市场传递出企业实力雄厚的积极信号，树立良好的企业形象，提振投资者信心，而紧密的政企关系或政治关联则更能为社会资本带来资源便利和政策倾斜。由此产生的社会效益和经济效益最终对企业而言也是有利的资源。

4.6 理论基础的综合与关联

上述理论对于企业参与 PPP 项目究竟会带来何种经济后果尚

未得到一致结论,虽然它们是从各角度对企业参与 PPP 项目进行解读,但是各理论间并不是孤立的,而是存在一定关联的,它们均表明参与 PPP 项目确实会对企业产生影响。根据以上分析,企业参与 PPP 项目会对其在财务和金融层面产生的经济后果可以分为非市场化的和市场化的两大类,如图 4-1 所示。

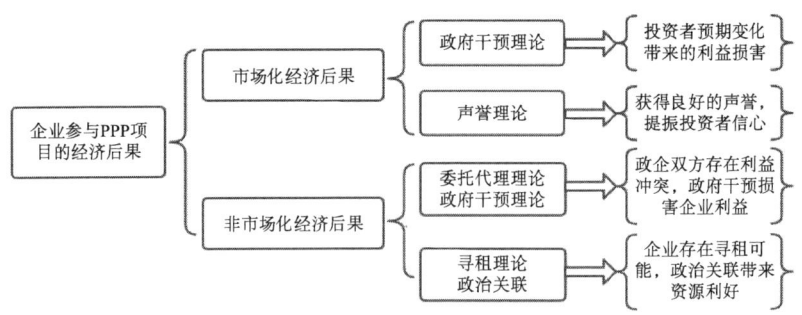

图 4-1 企业参与 PPP 项目经济后果的理论基础

对于企业参与 PPP 项目对其产生非市场化、制度内的影响,从委托代理理论和政府干预理论来看,由于政府和社会资本间存在利益和目标差异,并且在中国特殊的政治和制度环境下,政府存在进行干预的动机和条件,这种政府干预会对企业的利益造成损害;从寻租理论和政治关联来看,政府为支持和推广 PPP 项目而出台的优惠政策为企业寻租创造了空间和可能,企业能够通过参与 PPP 项目"水到渠成"地享受相关优惠政策。另外,企业能够通过参与 PPP 项目与政府建立长期紧密的合作伙伴关系,进而建立政治关联,有助于企业获得非市场化的资源利好。

对于企业参与 PPP 项目对其产生市场化、制度外的影响,政府干预理论中企业利益的损害虽然一方面可能直接来自非市场化的政府干预,但是另一方面也可能来自市场化的投资者由此产生的预期变化;从声誉理论来看,企业可以通过参与 PPP 项目获得良好的声誉,有助于提振投资者信心。

4.7 本章小结

本章梳理和回顾了企业参与PPP项目及经济后果的相关理论，主要包括委托代理理论、政府干预理论、寻租理论、政治关联以及声誉理论，并将上述理论与本书研究问题相结合，阐述企业参与PPP项目所产生的经济后果及内在影响机理。

根据委托代理理论，PPP项目实质上是政府与社会资本间以契约方式建立的委托代理关系：政府将基础设施建设和公共物品供给任务交付给社会资本，通过有效利用企业的专业知识和管理经验提高公共物品的供给效率，缓解政府财政压力，提高社会福利；社会资本通过参与PPP项目获得相应的收入和回报。但是社会资本作为项目的实践主体，较政府而言更具信息优势，因此政府很难直接观察社会资本行为，尤其是政府和社会资本在PPP项目中存在利益诉求差异，这种政企双方的信息不对称以及利益目标冲突，容易引起道德风险和逆向选择等委托代理问题，导致企业寻租、政府监管成本过高等，造成公共利益的损失。

根据政府干预理论，政府不仅是国家主权者，同时也是经济和公共事务的管理者，需要综合考虑公共需求、社会福利、自身利益如充分就业、社会秩序、财政收入，以及自身政治目标，掌握的行政权力和稀缺资源的配置权为政府将上述目标的实现转移给社会资本提供了可能和空间，造成企业的政策性负担。因此，在PPP项目中政府将会对社会资本的行为进行干预，以减少双方利益目标差异，使社会资本在承担合约约定的项目建造和运营责任的同时，还能考虑社会福利和公众需求，但是这种政府干预容易造成企业经营活动受到影响或收益受损，如龚强等（2019）提出的公共品负担即是政府干预下企业承担的利益损失表现。更重要的是PPP项目合约的不完全性以及政府和社会资本间紧密的合作伙伴关系也为政府干预提供了条件。

根据寻租理论和政治关联，参与PPP项目的社会资本在政府支持和鼓励下能够优先能够获得一系列的优惠政策，由此带来的低成本资源，能够直接增加企业的利润，形成了寻租空间，社会资本将会积极地从事寻租活动、进入PPP项目。此外，PPP项目下政府和社会资本能够建立政治关联，一方面有助于社会资本在后续的生产经营活动中获得更多潜在的资源和政策优惠，另一方面也更有利于政府进行干预活动，并且增加了社会资本用于伙伴关系的维系成本。

根据声誉理论，由于PPP项目涉及的是关系公众切身福利的领域和行业，并且项目投资规模大、回报周期长，对社会资本的资质要求较高，因此，企业参与PPP项目能够作为一种声誉机制，向市场传递出企业实力雄厚、技术水平高、具有良好的发展前景或者具有社会责任感、作出一定的社会贡献并被政府认可的积极信号，有利于树立企业形象，改善外部环境，提高竞争优势。

上述理论从不同视角对参与PPP项目对企业的影响进行了解读，总体而言，参与PPP项目会对企业产生非市场化、制度内的经济后果（委托代理理论和政府干预理论、寻租理论和政治关联），以及市场化、制度外的经济后果（政府干预理论和声誉理论）两大类。本书研究企业参与PPP项目的经济后果，聚焦企业层面的金融和财务经济后果，因此根据上述理论分析，在经济后果的选取上从市场化和非市场化两个角度着眼。根据标准的财务理论，有利于降低企业权益资本成本的决策和行为才有利于实现企业的价值最大化。因此在本书的实证检验中首先检验了参与PPP项目对企业权益资本成本的影响，考察企业参与PPP项目在市场化层面的经济后果。而债务融资作为企业目前融资的重要渠道，债务资本成本也是企业融资成本的重要部分，因此在探讨了权益资本成本的基础上，本书进一步检验了企业参与 PPP 项目是否能为其带来债务资本成本的便利。最后，地方政府在政府补助和税收优惠方面具有很大的自主决定权，因此在市场化的融资成本的基础上，本书进一步选取政府补助和税收优惠，考察企业参与 PPP 项目在非市场化层面、政策资源获取的经济后果。

第5章
PPP 项目中企业激励模型与契约关系

根据第4章，研究和解释 PPP 的理论较为丰富，但由于其各自切入的角度和价值判断标准及原则存在差异，难以形成一致的结论。对于本书研究而言，主要是立足企业角度，分析参与 PPP 项目对企业在财务与金融方面的经济后果及影响。因此，需要找到一个符合本研究目的的理论模型。在众多的模型中，Iossa 和 Martimort（2015）建立的激励模型能够解决这一问题，其探讨了 PPP 中的博弈特征。因此，本章介绍了 Iossa 和 Martimort（2015）的研究，主要包括 PPP 项目所适用的最优激励条件，以及社会资本外部融资、制度、机构，特别是监管机会主义的风险对 PPP 项目激励的影响。同时，本章进一步介绍了中国环境下 PPP 项目中的契约关系问题。

5.1 PPP 项目中企业激励模型

5.1.1 理论模型总体框架

Iossa 和 Martimort（2015）识别出政府和社会资本合作的主要特征，并探究 PPP 的特征能够给予社会资本最优激励的条件，以促使其带来最大的社会福利。总体而言，PPP项目主要有三个特征，分别为：①任务捆绑；②风险转移；③长期合约。

第一，任务捆绑。PPP项目通常包括项目设计、建造、融资和项目运营，将这些任务全部捆绑交付给社会资本或特殊目的公司（包括建造商和运营商），由他们负责基础设施建设和公共服务供给的所有环节。因此任务捆绑是政府和社会资本合作中最重要的特征。第二，风险转移。风险转移往往同任务捆绑一起出现，与传统政府采购模式相比，PPP项目不仅向社会资本交付了更多的权利，也涉及对社会资本更大的风险和责任转移。在PPP项目的实际操作中一般存在一个输出规格，即政府在项目初期规定基础设施或公共服务的基本标准，但社会资本对如何交付设施或服务并达到预先规定的标准拥有控制权和责任。因此，项目设计、建设和运营的风险基本上从政府部门转移到社会资本身上。第三，长期合约。PPP项目作为政府和社会资本签订的一种长期合约，通常持续20—35年。其中社会资本获取收益的途径，要么是通过政府付费（如在PFI项目的情况下），要么是由使用设施的用户（如标准的特许经营合约）承担。漫长的合作周期很可能带来项目风险、合约纠纷、政府监管和信用等一系列问题，需要对其进行深入分析。因此长期合约是PPP项目的另一个重要特征。以PPP项目的上述三个特征为基础，Iossa和Martimort（2015）探讨了政府和社会资本的激励问题，以及社会资本达到最优激励的条件。

PPP项目的基本逻辑可以简化为：政府（简称G）委托社会资本（公司或联合体）提供基础设施或公共服务，如交通运输、供水、废物处理、卫生医疗等以实现社会福利最大化。而提供服务的前提是需要设计和建造一个高质量的基础设施。因此，为了保证社会福利最大化，社会资本不仅需要提供"物美价廉"（即项目质量好、成本低）的服务，还同时需要承担项目的高质量设计和建造。根据上一章基础理论的分析，PPP实质上是政府和社会资本间，包括交易、合作、监督和服务的一种委托代理关系,主要有以下几种模式:DBFO 模式(即设计—建造—融资—运营模式)、BOT 模式(即建造—运营—移交模式)或 BOO 模式(即建造—拥有—运营模式),在这些模式下社会资本都全权负责项目的设计、建造和运营[①]。因此探讨 PPP 中政企双方间的委托代理关系以及项目中对社会资本的激励问题需要建立一个多任务问题模型。在多任务背景下,其中有两个阶段最为关键,一是项目前期的设计和建造阶段,二是项目后期的运营阶段,从而社会资本组建的 SPV (Special Purpose Vehicle,特殊目的公司)应包括至少一个建造商和一个运营商。在这个模型中,作为 PPP 项目委托方的 G 将设施的设计、建造、投融资、运营和管理等全部"打包"交付给社会资本,正体现了在合约各个阶段进行任务捆绑的主要特征。

项目设施或服务带来的福利是随机的,即使政府部门和企业拥有足够的信心能够对未来进行合理预测,但是诸如可替代服务的竞争、不断变化的用户需求以及宏观经济因素等都会对项目预测产生巨大影响。此外基础设施的固有质量和运营阶段的努力程度也会影响效益,如代理人即社会资本可以通过投资提高基础设施的建造质量以最终改善服务质量。Iossa 和 Martimort(2015)假设一个基础设施或公共服务供给方为使用者/用户带来了价值,以此描述上述特征。由此产生的社会效益或收入模型表示如下:

$$R = \alpha_0 + \alpha q + bo + \varepsilon \tag{5-1}$$

其中,q 表示社会资本提高基础设施质量的努力,o 表示社会资本提高运营基础设施的努力,ε 是一个服从正态分布的随机冲击,方差为 σ_ε^2,均值为 0。社会资本付出这两类努力的边际收益为正($\alpha, b > 0$),$\alpha_0 \geq 0$ 表示即使企业不作任何努力,也能够获得一定

[①] 但这些模式在基础设施的所有权方面存在差异,该基础设施有可能由社会资本保留(如 BOO 模式),或被移交到公共部门(如 BOT 模式)。

的基本效益,也就是公共物品供给所产生的社会效益的基本水平。假设对于使用者付费的服务,服务供给方能够提取其所有盈余。公司获得的收入值为 R。根据具体情况,用 R 来指代社会效益或收入。

由于基础设施质量以及设施运营都会影响 PPP 项目在运营阶段的成本,因此社会资本提供设施或服务的成本是随机的。但值得注意的一点是,基础设施质量的外部性程度会因部门和项目而异,即在某些情况下,提高基础设施质量可以降低运营成本。例如,设计为工作人员提供视线更好的监狱能够提高安全性(即社会效益提高),并且具有减少保安人数的正外部性。但在其他情况下,改善基础设施的质量也会增加运营成本。如使用最新开发的材料对医院进行创新设计,这有助于改善照明和空气质量,从而改善临床效果,但也可能增加维护成本。因此,Iossa 和 Martimort(2015)建立以下成本函数以描述社会资本提供基础设施或公共服务的成本:

$$C = k_0 - do - \beta q + \mu \tag{5-2}$$

其中,C 为基于 PPP 项目或社会资本视角下的运营成本。随机变量 μ 表示运营风险,该值服从正态分布,方差为 σ_μ^2,均值为 0。k_0 是公共物品或服务供给的基本成本(该值与社会资本或行业的平均技术水平相关,激励水平不同会导致技术水平也存在差异,而 PPP 中的激励机制可能会提高技术水平)。d 为正参数,o 为社会资本在运营阶段为降低成本而付出的努力。当 $\beta > 0$ 时,PPP 项目各个阶段间存在正外部性,即社会资本提高基础设施质量的同时也能够降低整体的运营成本;与之相反,当 $\beta < 0$ 时表示 PPP 项目各个阶段间存在负外部性,即社会资本提高基础设施的质量反而增加了项目的运营成本。为了简单起见,将建造成本(除 q 外)标准化为零。

社会资本付出努力(改善建筑质量或运营的努力)也需要一定的成本,为了简单起见,假定提高设施质量和运营的努力分别产生两次货币成本，用二次函数表示为：$\frac{q^2}{2}$ 和 $\frac{o^2}{2}$。

风险中性的政府 G 选择将转移给社会资本的消费者剩余最大化，用 f 表示此类支付。而社会资本是风险规避者，风险规避的绝对程度不变，为 $r>0$。以下考虑社会资本在 PPP 中同时负责项目建造和运营的情况。

PPP 中社会资本的收入和成本 R、C 与其从政府处获得的支付 f 是三个不同的概念，尤其是成本 C 和支付 f 并不完全相等，但双方在长期趋势上存在较大的关联，即政府对社会资本支付的 f 是社会资本具有成本补偿属性的收益函数，但基于不同的合约形式，其关联关系并不完全相同。因此，Iossa 和 Martimort（2015）分别讨论了以下三种情况：

第一，利润合约。该合约下社会资本的毛利润 $M = R - C$ 能够直接观测到，并且通过合约的形式确定。企业从 G 处获得 f，其中 $f(M) = \rho - (1-\varphi)M$。根据这一利润分享规则，企业获得的净利润为：$\rho + \varphi M - \frac{q^2}{2} - \frac{o^2}{2}$。考虑到 φ 的激励特性，假定其取值范围为 $[0,1]$。当 $\varphi = 0$ 时，企业实际上是作为公共部门或政府的雇员，他们没有提高利润或者降低成本的动机。而当 $\varphi > 0$ 时，由企业承担利润风险。在 $\varphi = 1$ 的极端情况下，所有风险都转移给企业，这种情况通常适用于使用者付费的交通运输类项目。

第二，收入合约。该合约下社会资本从服务中获得的收入 R 是可观测的，并在合约中体现，但不能针对成本订立合约。支付机制为 $f(R) = \rho - (1-\varphi)R$。根据这一收入分配规则，企业获得的净利润为：$\rho + \varphi R - C - \frac{q^2}{2} - \frac{o^2}{2}$。基于使用者付费的支付机制仅在 $\rho = 0$ 且 $\varphi = 1$ 的情况下采用，以保证企业获得所有收入并承担所有需求风险。因此在 $\rho > 0$ 和 $\varphi = 0$ 的情况下，企业的收入是固定的，政府 G 承担所有的需求风险。这一机制通常用于医院、学校或监狱这些不需要使用者为该服务付费的项目。

第三，成本合约。企业没有从使用者或用户处获得任何收入，且运营成本 C 可观测，并且通过合约的形式确定。支付机制为：$f(C) = \rho + (1 - \varphi)C$，企业获得的净利润为：$\rho - \varphi C - \frac{q^2}{2} - \frac{o^2}{2}$。当 $\varphi = 0$ 时，对应于一个成本加成合约，即不管花费多少，企业的成本能够全部得到补偿；当 $\varphi = 1$ 时，对应的是一个固定价格合约，即企业收到的付款是固定的。

首先确定社会资本的最优努力水平，以在下文进行对比。在最优情形下社会资本的努力是可观察的，也可以通过合约的形式签订。风险规避的社会资本其回报完全由风险中立的政府决定，并且其回报独立于已实现的成本或收入。考虑到政府 G 可能通过招标来吸引潜在的服务供应商，因此假定政府在项目初期与社会资本（建造商、运营商）签订合约时拥有完全事前谈判能力，政府可以选择一个合适的支付，促使社会资本选择能够最大化总预期消费者剩余的努力程度，因此最优努力 q^{FB} 和 o^{FB}：

$$(q^{FB}, o^{FB}) = arg \max_{(q,o)} E_{\mu,\varepsilon}(R - C) - \frac{q^2}{2} - \frac{o^2}{2}$$

$$\equiv \alpha_0 - k_0 + (\alpha + \beta)q + (b + d)o - \frac{q^2}{2} - \frac{o^2}{2}$$

或者：

$$(q^{FB}, o^{FB}) = (\alpha + \beta, b + d) \qquad (5-3)$$

其中为了提高质量的最优努力 q^{FB} 是权衡了该努力的边际社会价值和边际成本的结果，前者包括对运营成本（β）和对服务的社会价值（α）的影响。假定 $\alpha + \beta > 0$，因此 q^{FB} 总是为正。

5.1.2 PPP 项目的适用条件

Iossa 和 Martimort（2015）进一步讨论和比较了 PPP 项目和传统政府采购模式适用的最优激励条件，并试图说明为什么 PPP 更优于传统政府采购模式。首先需要明确的是，在传统的政府采购模式下，政府 G 先将项目设计和建造委托给一个建造商，然后再重新选择项目运营商。因此在选择项目运作模式时，考察应该将设计/建造和运营设施这两项任务捆绑在一起，交付给同一企业或联合体承担，还是应该将两种任务分开交付给不同的企业（项目建造商和独立的项目运营商），探讨两种情况下各自的特点。为了简单起见，Iossa 和 Martimort（2015）将重点放在非使用者付费和合约成本的情况。令 $d=1$，在效益函数中使 $b=0$，α_0 和 k_0 已知，并将考察 R 确定的情况，所以社会效益减少至：

$$R = \alpha_0 + \alpha q \tag{5-4}$$

首先考虑在传统政府采购模式下的情况。政府 G 首先选择建造商（B），然后选择独立的运营商（O）。运营商收到的成本补偿机制为：$f(C) = \rho + (1-\varphi)C$；而建造商仅获得固定收入 f_R。在这种机制下建造商提高设计水平或设施质量的努力不会为其带来额外的收益，从现实角度来看这一设定也是合理的，因为当运营阶段成本的降低作为既定事实发生时，政府与建筑商已经完成清算，合约已经终止，不能获得由此产生的收益。因此当建造商获得固定收入时，它不会作出任何努力：

$$q = \arg\max_{\tilde{q}} f_R - \tilde{q}^2/2 = 0 \tag{5-5}$$

当建造商完成基础设施的设计和建造任务后，运营商进入项目负责设施的运营阶段。而由于建造商在上一阶段采取 0 努力，运营商将会通过自身努力以最大化其预期收益。相应的激励约束表示为：

$$o = \arg\max_{\tilde{o}} \rho - \varphi E_\mu(R) - \frac{o^2}{2} - \frac{r\sigma_\mu^2\varphi^2}{2} \equiv \rho - \varphi(k_0 - \tilde{o}) - \frac{o^2}{2} - \frac{r\sigma_\mu^2\varphi^2}{2} = \varphi \tag{5-6}$$

其中，$\dfrac{r\sigma_\mu^2\varphi^2}{2}$ 为风险溢价，具有一定的通用性，目的是激励风险规避的运营商提供质量更好的服务。激励机制 φ（即运营商承担的利润风险比例）的增加，提高了激励效果，有助于增加运营商降低成本的努力。然而，随着更多的运营风险转移到运营商，风险溢价 $\dfrac{r\sigma_\mu^2 \varphi^2}{2}$ 也会相应增加。在合约签订之初由于政府拥有完全谈判能力，G 将榨取建造商和运营商的全部租金，政府对建造商的固定付款 f_B 和给运营商的支付 ρ 包括了风险溢价。企业的收益与项目的预期价值（扣除风险溢价）一致，即：

$$W(o,q,\varphi) = \alpha_0 - k_0 + (\alpha+\beta)q + o - \frac{q^2}{2} - \frac{o^2}{2} - \frac{r\sigma_\mu^2 \varphi^2}{2}$$

最大化上述 (o,q,φ) 表达式，同时考虑到任务分离下的激励约束式（5-5）和式（5-6），得出以下次优的运营努力的表达式以及运营商承担的风险比例：

$$o_u^{SB} = \frac{1}{1+r\sigma_\mu^2} = \varphi_u^{SB} < 1 \tag{5-7}$$

由于提供激励需要代理人即社会资本承担更多的成本和风险，因此次优努力低于最优努力水平。此时在任务分离下 G 的预期回报（即社会福利）为：

$$W_u^{SB} = \alpha_0 - k_0 + \frac{1}{2(1+r\sigma_\mu^2)} \tag{5-8}$$

随后考虑在 PPP 项目中的情况。在 PPP 项目中，建造和运营阶段现在都捆绑交付给同一企业或联合体负责，这时设计和建造阶段提高设施质量对运营成本的影响被内化。在此前提下，社会资本要选择其努力的程度，以实现项目的整体收益最大化。此时，社会资本对应的努力水平为：

$$(o,q) = \underset{(\tilde{o},\tilde{q})}{arg\,max}\, \rho - \varphi(k_0 - \tilde{o} - \beta\tilde{q}) - \frac{\tilde{q}^2}{2} - \frac{\tilde{o}^2}{2} - \frac{r\sigma_\mu^2 \varphi^2}{2}$$

考虑到附加的非负性约束 $q \geq 0$、设计和建造的努力不为负，即可得到以下激励约束：

$$o = \varphi \text{ 和 } q = \begin{cases} \varphi\beta, & \beta > 0 \\ 0, & \beta \leq 0 \end{cases} \quad (5-9)$$

可以看到，在项目各阶段存在负外部性（$\beta < 0$）的情况下，即社会资本提高设施质量的努力不会为其带来额外的收益反而会增加其成本，社会资本不存在提高设施质量的激励，因此在设计和建造阶段社会资本不会作出任何的努力。此时，任务捆绑下社会资本提高设施质量的努力水平同在传统政府采购下任务分离情况下相同，社会效益和各阶段的激励水平也一致：

$o_b^{SB} = o_u^{SB} = \varphi_u^{SB}$；并且 $q_b^{SB} = 0 \, if \, \beta \leq 0$

$W_b^{SB} = W_u^{SB} \, if \, \beta \leq 0$

因此，当存在负外部性时，社会资本没有激励去提高基础设施质量，无法实现最大化降低成本的努力，PPP同传统的政府采购模式间不存在差异，两者产生的社会效益相同。

相反，在项目各阶段存在正外部性（$\beta > 0$）的情况下，前期提高基础设施质量的努力有助于降低最终的运营成本。此时社会资本将会在建造阶段付出努力来提高建筑质量，因为现在从项目全周期的角度出发，企业至少部分地考虑了建造阶段对运营成本的影响。因此在正外部性的情况下，任务捆绑的PPP能够使社会资本付出更高的努力程度：

$$o_b^{SB} = \frac{1 + \beta(\alpha + \beta)}{1 + \beta^2 + r\sigma_\mu^2} \equiv \varphi_b^{SB}, \text{并且} \, q_b^{SB} = \beta o_b^{SB} \, if \, \beta > 0$$

预期福利的表达式为：

$$W_b^{SB} = \alpha_0 - k_0 + \frac{(1 + \beta(\alpha + \beta))^2}{2(1 + \beta^2 + r\sigma_\mu^2)} \, if \, \beta > 0$$

因此，当存在正外部性时，PPP严格优于任务分拆的传统政府采购模式，即：

$W_b^{SB} > W_u^{SB}$

而PPP项目产生的福利收益进一步取决于外部性β的大

小，即：

$$\frac{\partial}{\partial \beta}(W_b^{SB} - W_u^{SB}) > 0$$

因此社会资本将作出提高基础设施质量和降低成本的努力。

$q_b^{SB} > q_u^{SB} = 0, o_b^{SB} > o_u^{SB}$

综上，PPP 中当 $\beta \leq 0$，项目各环节存在负外部性时，社会资本不会进行任何提高设施质量的努力，因为他们这样做不会获得额外回报。这与任务分拆情况下相同。由于存在负外部性，投资 q 在任务分拆情况下已经处于最低水平（建造商不存在投资激励），而任务捆绑下将负外部性内化也不能进一步抑制这些激励。因此，投资 q 在两种模式下均保持最低水平，这两种模式为企业带来的预期收益相同。

PPP 中当 $\beta > 0$，项目各环节存在正外部性时，社会资本预测到高质量的基础设施能够降低成本。任务捆绑能够促使企业在其运营阶段承担的部分成本的基础上，将其提高质量的努力 q 所产生的正外部性内化。这无疑提高了福利，因为它促使社会资本为提高质量作出了更多努力，从而缓解了建造阶段的投资不足问题，并且正外部性越大，PPP 对社会资本的努力激励效果越好。但值得注意的是，提高质量的努力仍然是次优的，因为企业只内化了 q 对其承担的部分成本的影响（这种影响用 $\varphi\beta q$ 衡量），而不是对全部成本的影响（用 β 衡量），也没有内化对社会效益的影响（用 αq 衡量）。

从传统政府采购的任务分拆模式到 PPP 项目改变了原来的成本补偿机制。PPP 项目的任务捆绑特征将更多的风险转移给社会资本或 SPV（$\beta_b^{SB} > \beta_u^{SB}$），并提高了其对资产质量投资的激励。这一点其实是很直观的：一体化的任务捆绑能够迫使社会资本更关注项目的长期表现（即所谓的"终身资产管理"），而转移更多的运营风险（通过更高的 φ 值）能够激励社会资本付出更大的努力以降低成本，但它也会带来更高的风险溢价成本。这也是合理的，因为向社会资本转移了更多的风险，他们理应获得更高的风险溢价。在任务捆绑下，运营风险的转移带来了额外的好处，即能够增强社会资本提高资产质量的努力。这进一步为转移更多的运营风险提供了依据。

因此，Iossa 和 Martimort（2015）指出，在项目各阶段存在正外部性的情况下，应该选择任务捆绑的 PPP 项目；而在其他情况下，PPP 项目与传统的政府采购模式间则不存在差异。

上述结论表明，当项目的全生命周期成本方法能够显著节省整体成本，并且项目的设计、建造和运营风险能够有效转移给社会资本时，PPP 项目能够为建设高质量设施提供有效服务，为降低项目成本提供激励，有助于提高公共物品效率。但是如果提高基础设施质量的努力增加了总成本（即使也增加社会效益），PPP 的适用性就大大减少。

与此同时，Iossa 和 Martimort（2015）认为 PPP 的任务捆绑也会产生其他问题。首先，PPP 项目的特点是采购过程较长，投标成本高于传统采购。尽管各部门之间存在差异，但据估计 PPP 招标周期平均持续 34 个月（National Audit Office，2007），采购成本可达到项目资本成本的 5%—10%（Yescombe，2007）。这些高昂的交易成本在很大程度上与项目规模无关，这就使得 PPP 不适合资本价值较低的项目。其次，项目不同阶段的捆绑增加了项目的复杂性，限制了小型建筑公司的参与，因为这些公司没有足够的资本实力和资源来承担 PPP 项目的投标成本和风险。而由于竞标者的人数较少，则更有可能发生竞标者之间的勾结和腐败问题。

5.1.3　PPP 项目中社会资本外部融资的影响

在 PPP 项目中，往往由社会资本提供项目的大部分或全部资金，然后通过向最终使用者收取费用或从政府的相关付款中收回其初始投资。考虑到未来 20 年甚至 30 年基础设施投资的规模以及基础设施资金将发挥的作用，社会资本外部融资（以下简称外部融资）的问题也十分重要。根据上一章的理论分析，PPP作为一种委托代理关系存在产生代理问题的可能，而如果外部融资能够减轻道德风险，就有助于改善项目的风险分配。因此 Iossa 和 Martimort（2015）进一步研究 PPP 项目中社会资本融资的影响。

在传统政府采购模式下，政府投资及成本是通过税收实现的，并且公共领域内的投资决策极少得到专家在评估风险方面的专业知识的支持。而已有文献指出 PPP 项目能够引入社会资本的技术、经验以及专业知识。从这一方面而言，PPP 项目将外部融资（通过发行股票或债券）和资产运营两个项目阶段捆绑交付给社会资本，能够改进传统政府采购模式下的投资决策。

为了分析外部融资的影响，Iossa 和 Martimort（2015）假定社会资本的利润能够在合约中进行事前缔约，主要考察在 PPP 的任务捆绑模式下项目运营和融资的效益。令 $\alpha = \beta = 0$，即社会资本建造质量更好的基础设施并不会为其带来任何收益。因此，外部融资的所有收益都源自它可能带来的代理成本降低。为了简单起见，同时令 $b=1$，$d=0$，利润函数表示如下：

$$M = \alpha_0 - k_0 + o + \mu \tag{5-10}$$

为了模拟社会资本寻求外部融资时仍可能产生的交易成本，假设现在出资方拥有专业知识，能够获取有关社会资本的努力的信息和信号：

$$h = o + \tau \tag{5-11}$$

其中，τ 为服从正态分布的随机变量，方差为 σ_τ^2，均值为 0。这样的信息和信号可能有助于提供成本更低的激励措施。随后进一步在完全竞争的金融市场中分别考察由税收提供投资资金的公共融资和外部社会资本融资的情况。

在公共融资的情况下，由政府负责提供资金以满足项目投资 I。但是它无法观测到信息信号 h，并且仅实现次优努力 o_u^{SB}。

在外部融资的情况下,社会资本除了掌握项目运营的控制权外,还完全控制着自身进入金融市场的渠道。假设只有利润是在合约中确定的,社会资本在一个线性方案下运营:$f(M) = \rho - (1 - \varphi)M$,总收益为:$\rho + \varphi M$。社会资本和出资方就如何分担此类合约带来的剩余风险达成了一致。

令 x 表示运营商持有的总收益 $\rho + \varphi M$ 的比例。由于外部出资方可以在观测到额外信号 h 的条件下控制公司的还款数额,因此,社会资本与其出资方之间共享风险的线性还款方案如下:

$$y(M, h) = T + (1 - x)(\rho + \varphi M) - \eta h$$

当社会资本努力的信号为正时,ηh($\eta > 0$)表示为奖金,否则为惩罚。由于出资方具有竞争力,固定付款 T 为他们在项目中持有的股本价格减去政府的投资数额 I。此时社会资本的激励约束为:

$$o = \arg\max_{\tilde{o}} - T + x[\rho + \varphi(\alpha_0 - k_0 + \tilde{o})] + \eta \tilde{o} - \frac{\tilde{o}^2}{2} - \frac{\gamma \sigma_\mu^2 x^2 \varphi^2}{2} - \frac{\gamma \sigma_\eta^2 \eta^2}{2} = \varphi x + \eta \quad (5-12)$$

这一激励约束突出了两个重要特征。首先,由于社会资本和出资方之间存在风险分担,因此政府计划中只有一小部分能够最终对促进运营努力起到激励作用。其次,出资方可以通过他们对社会资本努力的信息信号来调整企业偿还债款的机制,以此来提高激励。

考虑到政府的转移方案,进一步探讨总体还款方案的设计。由于出资方具有竞争性,考虑到道德风险激励约束式(5-12),以下还款方案能够最大化社会资本收益:

$$服从 \tilde{o} = \varphi \tilde{x} + \tilde{\eta}, \quad (x, \eta) = \arg\max_{(\tilde{o}, \tilde{\eta}, \tilde{x})} \rho + \varphi(\alpha_0 - k_0 + \tilde{o}) - \frac{\tilde{o}^2}{2} - \frac{\gamma \sigma_\mu^2 x^2 \varphi^2}{2} - \frac{\gamma \sigma_\eta^2 \eta^2}{2} - I \quad (5-13)$$

出资方设计的最优还款方案很简单。社会资本承担的风险比例与政府的方案无关。如果出资方得到的是公司努力的好消息,公司将得到正的奖金:

$$x = \frac{1}{1 + \frac{\sigma_\mu^2}{\sigma_\eta^2}(1 + \gamma \sigma_\eta^2)}, 并且 \eta = x\varphi \frac{\sigma_\mu^2}{\sigma_\eta^2}$$

这相当于社会资本承担的风险溢价,为:

$$\frac{\gamma \sigma_\mu^2 \varphi^2 (1 + \frac{\sigma_\mu^2}{\sigma_\eta^2})}{2 \left[1 + \frac{\sigma_\mu^2}{\sigma_\eta^2}(1 + \gamma \sigma_\eta^2) \right]^2}$$

最后,综合政府和出资方对合约的影响,社会资本的努力水平可以写为:

$$o = \frac{\sigma_\eta^2 + \sigma_\mu^2}{\sigma_\eta^2(1 + \gamma \sigma_\mu^2) + \sigma_\mu^2} \varphi$$

这就是社会资本及其出资人组成的联合体的激励约束。需要注意的是,当 σ_η^2 等于 0 时,该努力水平收敛到 φ。当出资方能够掌握社会资本努力的信息时,在他们的协议中就不会进一步削弱激励:社会资本的努力在社会资本/出资方联合体内的设定是有效的。相反,当 σ_η^2 无穷大时,努力水平收敛到 $\frac{\varphi}{1 + \gamma \sigma_\mu^2}$,表明当风险分担进一步转移给出资方时,$G$ 提供给社会资本的部分激励也被相应抵消。与公共融资相比,私人融资无疑提高了激励。这一结论与已有证据也相符。De Bettignies 和 Ross(2009)指出在信息对称环境中,私人部门融资能够有效终止不良项目,而公共部门可能出于政治原因继续维持此类项目。因此,当外部出资方能够获得关于社会资本努力水平的信息和信号时,将外部融资和运营捆绑的 PPP 是最优选择。

5.1.4 PPP 项目的不确定性与成本

PPP 项目合约是以产出为基础签订的,即政府或公共部门规定基础设施的基本产能和质量标准,而社会资本则负责使设施以及服务的质量符合规定标准。此外 PPP 项目持续时间长,一般为 20—35 年。这两个特征都意味着,最初合约中规定的条款可能不适用于合约的整个生命周期。而传统的政府采购模式以输入为基础,合约期限也更短。因此,PPP 项目对合约关系灵活性和适应性的需求要远远大于传统采购模式。

为了减少未来不确定性带来的冲击,最理想的情况是在初始合约中对可能影响合约条款灵活性的所有因素进行约定。然而,实践中往往存在各种不可预判的变化,很难将所有的不确定性在事前确定。尤其是在卫生医疗、IT 等市场需求变化和技术发展较快的领域中,PPP 合约的灵活性是达成协议的关键。

若出现在项目执行过程中原合约条款不适用的情况,经社会资本和政府双方同意,可以通过"修订条款"对合约进行修改,以实现灵活性,该条款规定了对合约条款重新谈判的可能性。Ross 和 Yan(2011)分析了当服务生产和需求发生变化时 PPP 合约中重新谈判的成本,并指出,这一成本取决于重新谈判发生的概率、私人部门的生产力以及政府和私人部门双方的谈判能力。Ellman(2006)也考察了激励与灵活性之间的权衡关系,他指出,长期合约能够更好地保护私人部门的投资不被政府征用,但也降低了对政府发现服务创新的激励。

但需要注意的一点是,合约的重新谈判通常是在双方"锁定"的情况下进行,而不是像最初的合约起草和签订那样发生在多边竞争的情况下。因此合约条款变更或重新谈判带来的风险是双重的,即一方面私人部门可以通过退出 PPP 项目对政府进行威胁,另一方面政府可以没收私人部门的前期投资。因此,PPP 项目可能无法有效应对不确定性。这就引出了 Iossa 和 Martimort（2015）进一步关于 PPP 项目成本的研究。为了简单起见，他们假定 PPP 在初始合约中对成本进行了约定，且该合约无法适应未来的不确定性，并且不会发生重新谈判。

假定成本函数中 d（$d>0$）为随机变量，其中 $E_d(d)=1$ 并且 $\beta>0$（即项目各阶段存在正外部性）。如果 d 在签订合约之初已知，则上述结论依然成立，即任务捆绑的 PPP 项目将优于任务分拆的传统采购模式。在 PPP 项目下，d 不能事前在合约中进行约定，即 G 在缺乏灵活性的 PPP 合约下对自身行为进行了束缚和约束。

根据上述分析，Iossa 和 Martimort（2015）认为当建造商获得固定付款时，此时他们没有激励提高基础设施质量的投资。但是，在任务分拆情况下，只有在验证 d 后，政府才会与运营商签订合约，这也是任务分拆的优势之一。这就说明了信息在不确定环境中的价值，并且这种价值仅在任务分拆模式下显现，与 PPP 项目无关。因此，在未来存在较大不确定的情况下，任务分拆模式优于正外部性较小的任务捆绑 PPP。这也表明长期合约不适用于不确定的环境。

仍然考虑将 PPP 项目分为两阶段：设计和建造阶段以及运营阶段，在运营阶段社会资本的成本函数稍作变更为：

$$C_2 = k_0 - d o_2 - \beta q + \mu_2 \tag{5-14}$$

假定 d 在设计和建造阶段已经实现，并且 d 的实现对涵盖设计和建造阶段以及运营阶段的 PPP 合约几乎没有影响。易得，在外部性较低（β 值较小）的情况下，任务分拆合约比同时涵盖两个阶段的任务捆绑 PPP 合约更可取。

上述研究结果表明，PPP 不适用于快速发展的行业，这也与经验证据一致。已有研究强调了 PPP 中使用者需求变化的成本，这种变化有时会引发代价高昂的重新谈判。据英国报道，在 2004 年至 2006 年间,与中央政府部门签订的 PFI 项目中有 33% 的项目在与私人部门进行谈判时发生了变化,这些项目价值占全国总项目总价值的 17%。在绩效表现不佳、合约重新谈判成本高昂的情况下,英国财政部建议不要在 IT 等技术和需求发展变化较快的项目中使用 PPP。

5.1.5 制度的影响:监管和政治风险

制度环境,尤其是监管机会主义的风险显著影响 PPP 的实践效果。因此,本节进一步考虑在政府单方面变更合约条款的风险很大的情况下,如何影响 PPP 合约设计和激励。这一设定通常能够描述发展中国家制度环境较差的现状。为了讨论以上问题,需要将基础模型进行改进,设计一个两阶段模型来讨论社会资本投资动机。

Iossa 和 Martimort(2015)为了分析社会资本投资和维护之间的权衡,考虑了一个重复两次且略有修改的基本模型,该模型中成本在合约中予以确定。为了关注运营商的投资动机,假设该公司在 $t=1$ 时获得了用于提供公共服务的基础设施的基本库存。改善这些库存需要一些额外的投资,目前的成本为 $\frac{q^2}{2}$,但这一做法使运营成本在 $t=2$ 时降低了 q。另一个策略是避免任何的初始投资,然后通过更多的维护来降低运营成本。各阶段的运营成本分别由以下公式给出:

$$C_1 = k_0 - o_1 + \frac{q^2}{2} + \mu_1, \text{并且} C_2 = k_0 - o_2 - q + \mu_2$$

其中,冲击 $\mu_i(i=1,2)$ 服从正态分布,方差为 σ^2,均值为 0。o_i 是社会资本在 i 时为了维护而作出的努力。虽然前期投资在短期内增加了会计成本,但由于设计建造阶段和运营阶段之间的正外部性,降低了服务的长期成本。这一公式中假定投资成本没有在合约中进行确定,例如,若将投资成本(至少部分)与其他成本合计(尤其是第一阶段的运营成本)记录下来,我们便无法分离确定投资成本。

Iossa 和 Martimort(2015)假设新投资的基础设施具有社会价值 $\alpha_0 + \alpha q$,且 $\alpha > 0$,并且可以验证投资的大小,则投资的最优水平应为 $q^{FB} = 1 + \alpha$。为了考察制度的影响,下面分别考虑政府在合约中完全承诺和无法做到完全承诺的情况。

首先考察政府可以在合约中完全承诺的情况。假设投资 q 不能在合约中确定,并且必须通过设计适当的激励措施才能诱导出来。用 $t_i(C_i) = \rho_i + (1 - \varphi_i)C_i$ 表示在 i 时采用的成本补偿机制。首先考虑政府 G 承诺遵守两阶段合约的情况 $\{t_1(C_1), t_2(C_2)\}$。

仍然假设在每个时期维护的努力存在二次负效用,社会资本将选择一组行动 (q^*, o_1^*, o_2^*),以最大化其跨期回报:

$$(q, o_1, o_2) = \arg\max_{(\tilde{q}, \tilde{o_1}, \tilde{o_2})} \left[\sum_{i=1}^{2} \rho_i - \varphi_i(k_0 - \tilde{o_i}) - \frac{\tilde{o_i}^2}{2} - \frac{\sigma_\mu^2 \varphi_i^2}{2} \right] - \varphi_1 \frac{\tilde{q}^2}{2} + \varphi_2 \tilde{q}$$

由此可得下列激励约束函数:

$$o_1 = \varphi_1, o_2 = \varphi_2, 并且 \varphi_2 = \varphi_1 q \tag{5-15}$$

可以观察到,在不考虑基础设施更新的情况下,G 的最优选择是提供一个风险分担程度为 φ_u^{SB} 的固定合约。这一合约产生了一个固定的努力 $o_1 = o_2 = \varphi_u^{SB}$ 和一个投资水平 $q = 1$,这是私人最优的,但不是社会最优的,因为该合约没有使投资获得 α($\alpha > 0$)部分的激励。采用这种固定合约所激励得到的更新基础设施的投资太少了。增加投资需要修改跨期的激励模式。

因此,假设政府可以在合约中完全承诺,则最佳长期合约可以使合约结束时比合约初期具有更大的激励效果,但整体投资水平依然低于理论上的最优投资水平:

$o_1^{SB} < o_u^{SB} < o_2^{SB}$,并且$q^{SB} < q^{FB}$

为了鼓励私人部门进行投资，G 必须让联合体承担更少的成本，并享受与该投资相关的大部分利益。最好的办法是在早期提供成本加成合约和在伙伴关系结束时提供固定价格合约。

随后考察政府无法做到完全承诺的情况。PPP 中假定 G 承担两阶段的历史依赖性合约，社会资本在第一阶段 $t=1$ 时为运营的前期阶段，在第二阶段 $t=2$ 时为运营的后期阶段。其中项目的顺利实施高度依赖于 G 实现承诺的能力，而 G 承诺在第二阶段增加补贴以奖励社会资本的初始投资。假设现在没有这种承诺，且在 $t=2$ 时进行重新谈判，此时 G 仍然拥有该阶段的完全谈判能力，并能够获得社会资本从重新谈判中退出的所有盈余。

在 $t=2$ 时，社会资本在第一阶段的投资 q^0 已经完成，并重新协商第二阶段的成本补偿机制，以在静态环境中实现运营努力和风险之间的最佳平衡。这就产生了第二阶段设施运营和维护努力的表达式。以及重新谈判后，政府选择激励方案中社会资本的风险分担程度：

$$\varphi_2^0 = o_2^0 = o_u^{SB} = \frac{1}{1 + r\sigma_\mu^2}$$

在有限的承诺下，G 仍然可以调整第二阶段的固定费用，以提取社会资本的所有剩余。因此在已知第一阶段激励方案及其为社会资本带来的风险分担程度，预测在 $t=2$ 时的激励方案为社会资本带来的风险分担程度，社会资本选择其投资水平以使：

$$o_u^{SB} = o_1 q \tag{5-16}$$

可以看到，机会主义政府的福利明显低于完全承诺下的福利。在这种情况下第二阶段合约会导致较低的激励，因为在 $t=2$ 时，G 没有考虑第二阶段合约对第一阶段投资的影响。由于 $o_2^0 = o_u^{SB} < o_2^{SB}$，式（5-16）表明社会资本享受的投资收益更少。为了保持激励，社会资本的第一阶段成本必须得到比完全承诺下更高的补偿。这使

得第一阶段的激励措施更倾向于采用成本加成合约。因此，同完全承诺相比，在机会主义政府下投资较低，成本补偿机制更倾向于采用成本加成合约：

$$o_1^0 < o_1^{SB}, o_2^0 < o_2^{SB}, 并且 q^0 < q^{SB}$$

Iossa 和 Martimort（2015）进一步考虑了监管风险的影响。假设在第二阶段发生重新谈判的概率为 z，此参数是衡量机构质量的一个指标，z 值越高表示执行力越弱。在某些情况下，PPP 合约条款是为了确保社会资本不受外部风险的影响，但当出现严重的宏观经济危机时，政府违背这些条款的情况时有发生。有限承诺的假设也能较好地描述执行力较弱的发展中国家。

在 $t=2$ 时，社会资本已投资 q^0，并以概率 z 重新协商第二阶段的成本补偿机制，通过具有以 φ_u^{SB} 的激励方案实施有条件的最优维护工作 e_u^{SB}。因此社会资本的激励约束为：

$$z\, o_u^{SB} + (1-z)\, o_2 = o_1 q \tag{5-17}$$

在上述带有政治风险的模型中，其努力程度介于完全承诺和上述机会主义政府之间。因此，监管风险的增加（即 z 值更大）会降低投资激励，并产生更多低动力激励。

因此，总体来看，任务捆绑和长期合约这两个特征使 PPP 能够提供有效的长期激励，并优化整个项目生命周期内投资和维护之间的平衡。并且制度质量在社会资本提供公共服务方面发挥着关键作用。Guash（2004）整理了 1985—2000 年授予的 1000 多个特许权的数据，结果显示 30% 的特许权发生了重新谈判，这其中 26% 的重新谈判是由政府发起。Hammami 等（2006）发现，在腐败较少且具有有效法治的国家，私人参与基础设施建设的情况（以 PPP、私有化或传统采购的形式）更为普遍。在缺乏强有力的治理、政府单方面变更合约条款的风险较高的情况下，更容易发生重新谈判，PPP 无法实现全生命周期管理的效益。Guash 等（2007）的研究也表明，在治理和制度环境较薄弱的情况下，经验丰富且独立的监管机构或官僚机构的质量尤其重要。在许多国家，负责 PPP 项目的管理机构缺乏经验同时缺少管理项目的手段，甚至缺乏政府的政治支持。

此外，政治风险也是 PPP 能否顺利实施的重要影响因素。如 Brench 等（2005）报道显示，自 1990 年以来，匈牙利政府每轮换届都对 PPP 采取不同的态度和制度框架，而这种对 PPP 的政治态度的频繁改变严重阻碍了 PPP 在匈牙利的推广和实施。监管风险会阻碍潜在投资者的积极性，并提高资本成本和 PPP 合约的风险溢价（更高的关税或更低的转让价格）。Guasch 和 Spiller（1999）估计，根据国家和行业的不同，监管风险会导致资本成本上升 2%—6%，而项目设施转让费或售价会降低约 35%。监管风险也令投资者望而却步。在 2002 年至 2003 年耗资 160 亿英镑的伦敦地铁项目中，高度的政治争议让金融机构感到担忧，结果是 85% 的债务不得不在采购过程的后期由公共部门担保。

5.2 中国环境下 PPP 项目的契约关系

政府拒绝履行 PPP 合约条款几乎是一种普遍现象。在拉丁美洲和加勒比地区，新一届行政当局通常决定不履行前几届行政当局在特许经营合约中所规定的条款，甚至出现通过立法直接废除合约条款的情况[①]。在中国，政府为了激励社会资本参与 PPP 项目通常会在事先约定为其提供优惠政策甚至给予过于慷慨的保证，而在社会资本进入后，政府往往会利用行政权力和 PPP 契约的不完全性

---

① 如在布宜诺斯艾利斯，水务特许经营权将以当地货币计价的关税与美元挂钩，以保护私人部门免受货币风险。然而，在本币贬值后，国会通过了一项经济立法，取消了这些担保（Lobina 和 Hall, 2003）。在许多情况下，中央或地方政府在竞选连任期间单方面决定不履行商定的合约条款，以获得民众的支持。

对项目进行政治干预以最大化社会福利。以福建闽江四桥项目为例，与其相邻的福州市二环路工程的投入运营导致大批车辆选择绕行而不通过闽江四桥，导致该项目通行费收入急剧下降，收益远远低于预期。而福州市政府却拒绝履行"当通行收入严重降低或通行费停收时，回购项目并给予年净回报率18%的补偿"的约定，导致企业仅仅回收3000多万元，收益无法覆盖项目3亿多元的投资成本，甚至还负有2亿多元的银行债务，而投资回报更是"一场空"。2004年双方走上仲裁，2005年正式解除合作项目协议书。此外北京地铁4号线项目中，北京市政府为了降低公众出行成本和出于服务奥运的目的，利用行政权力压低地铁票价，导致社会资本面临亏损的风险。

政府这种将PPP收益补贴给公共福利的做法不仅会损害企业的正当利益，而且会打击其参与PPP的积极性。因此现实中，尽管PPP在政府的鼓励和推动下发展得如火如荼，但从项目落地率来看，企业的参与度同政策支持力度相比远远不足，截至2017年年底仅有18.9%的项目进入执行阶段。出现这一现象的原因是什么？导致企业参与PPP意愿较低的因素是什么？地方政府应该如何调动社会资本的积极性，提高项目落地率？龚强等（2019）的研究回答了这一系列问题。龚强等（2019）基于中国PPP的发展现状，从不完全合约角度出发，构建了地方政府与社会资本在PPP项目中的博弈理论模型，探讨了在项目不同阶段，地方政府为了推广PPP应该采取的最优策略，较好地刻画了中国PPP发展的特点，以及中国制度背景下政企双方在PPP项目中的契约关系。借鉴龚强等（2019）的研究可以将PPP项目中契约关系主要分解为两点：一是PPP的公共品负担；二是PPP合约的不完全性。

PPP的公共品负担。PPP项目是政府和企业以基础设施和公共服务供给为目的、以合约形式达成的合作伙伴关系，在这一契约关系中政府的目的是最大化社会福利，而企业则追求自身利益最大化，双方利益诉求的不同必然导致项目过程中的行为冲突。尤其是在中国独特的政治环境下，政府在经济生活中占据绝对的强势地位。因此，当企业参与 PPP 项目后，政府能够利用行政权力对 PPP 项目直接进行政治干预，以保证公共福利，满足公众需求。龚强等（2019）将这种现象称之为 PPP 的公共品负担，这必然会提高企业面临的项目风险，损害其正当利益。公共品负担有两类：一种是在项目运营过程中自然出现的变化，造成的企业收益损失用 λ 表示，代表了 PPP 项目的不确定性，企业能够根据私人信息对 λ 的平均水平 $\bar{\lambda}$ 进行估计；另一种是政府凭借其谈判优势，以不确定性风险为由，额外加重社会资本的公共品负担，这种情况下造成的企业收益损失用 $\Delta\lambda$ 表示，代表了政府的信用和契约精神。

PPP 合约的不完全性。理想情况下，在合约签订之初，企业和政府应该穷尽 PPP 项目中未来所有可能出现的情形，并且以无争议、可执行的条款进行说明和规定。但是 PPP 的对象以公共品为主，其定价具有一定的复杂性和多种不确定性，尤其是 PPP 的项目周期长，往往 10—30 年，甚至个别项目高达 35 年，容易出现许多不可预估的变化，如市场需求的变化、政策法规的变更、政府换届等。这些可能性使得企业在与政府签订合约之初很难做到完全准确预测未来的各种变化，即 λ 在事前无法准确预测，因此需要在项目后期重新商议相关条款，导致在 PPP 契约关系中还存在合约存在不完全性的特点，也使得企业难以完全规避公共品负担。

PPP 的公共品负担和合约的不完全性。当企业和政府签订合约、企业参与 PPP 项目后，如果在项目过程中企业的经济利益同社会大众的公共利益出现冲突，政府尤其是地方政府作为项目的整体监督和管理者将对两者进行协调。但是地方政府作为经济和社会的管理者，承担着维护社会稳定、保证公共利益、提高公共福利的责任，因此政府往往会将公共利益置于企业利益之上，利用 PPP 合约的不完全性，在不违反合约的前提下牺牲企业的经济利益，将项目收益补贴给社会福利（如北京地铁 4 号线项目中调低票价的行为给承建的社会资本带去了亏损）。而企业由于 PPP 合约的不完全性，在谈判中处于弱势地位，只能选择屈服于政府的行政权力，公共品负担由既定的 λ 上升至 $\lambda + \Delta\lambda$。

龚强等（2019）以此为基础构建了地方政府与社会资本在 PPP 项目中博弈的理论模型，探讨了在各项目阶段、各项目类型下，政府为了提高企业积极性、推广 PPP 所应该采取的最优策略。在博弈模型中假定地方政府的目标为最大化社会福利，将 PPP 项目分为三个阶段：$t=0$ 阶段为 PPP 融资阶段，地方政府以 PPP 提供基础设施和公共服务，吸引企业参与，以期获得企业投资 I。$t=1$ 阶段为企业决定是否进入 PPP 项目的决策阶段，企业根据自身掌握的信息对项目风险和收益进行评估，并就未来项目收益中自身能得到的利润分配比例 $s(s \in [0,1])$ 与政府进行谈判协商。如果双方达成一致，则企业与政府签订项目合约，投入资金 I，并负责项目的设计、建造和运营管理。若双方不能达成共识，无法签订 PPP 合约则博弈结束，双方的收益均为 0。$t=2$ 阶段为利润分配阶段，PPP 项目顺利完成，项目利润 W 等于项目运营所得收益 π（$\pi \sim U[\pi_L, \pi_H]$）减去企业的投资成本 $(1+r)I$，其中 r 是无风险利率。原则上应按照 $t=1$ 阶段确定的比例 s 进行利润分配（企业获得项目总利润的 s，政府获得 $1-s$），但是由于 PPP 合约存在不完全性，而政府为了最大化公共福利 B，在实践中往往不会完全按照既定合约行动，让企业承担 PPP 公共品负担，在不违反合约条款的前提下将企业正当的项目收益补贴至公共福利。

在 PPP 项目的契约关系中，企业除了面临的项目风险、政府行为和政策变化带来的公共品负担外，还面临着创新风险即由于项目技术、市场需求、建设难度等因素带来的风险。该理论模型将 PPP 创新风险高低纳入考虑，进一步探讨了 PPP 项目的风险和信息结构对政府策略行为的影响。其中创新风险较低的项目定义为成熟型 PPP，企业凭借其信息优势能够在 $t=1$ 阶段较准确地预测 $t=2$ 阶段 π 的大小；而创新风险较高的项目定义为创新型 PPP，未来的风险和不确定性较高，企业无法对项目收益进行准确预测，只能预期其均值 $\bar{\pi}$。假定 $\pi_L < (1+r)I < \pi_H$，且 $\bar{\pi} \geqslant (1+r)I$，即过低的项目收益无法覆盖企业的投资成本；对于创新型 PPP 而言，预期的平均收益至少能够抵消企业的成本。具体模型推导过程详见龚强等（2019）。

他们的研究指出，企业和地方政府双方的信息不对称程度以及 PPP 项目本身的创新风险高低是影响地方政府在 PPP 策略行为的关键因素。对于成熟型 PPP 项目而言，企业拥有足够的信息，这种信息优势使其能够帮助企业识别优质项目、准确预测项目的收益和风险，若企业选择进入成熟型 PPP 项目则代表着该项目的不确定性和风险较低，实现超额利润的可能性更高。因此即使政府后续加诸的公共品负担会损害企业获得的项目收益，也不一定会在事前降低企业的参与意愿，甚至能够在一定程度上防止企业攫取高额利润的同时提高社会福利。而随着 PPP 在中国的纵深发展，项目的规模、应用范围等不断扩大，项目单体规模显著攀升，意味着项目的施工难度和资本要求更高，而应用行业从传统行业逐步扩展到诸如能源、IT 等创新型领域，意味着施工难度的增加以及对技术的要求增加。企业在面临政策变化、政府换届等的同时，还面临着技术水平和市场需求等风险，创新型项目逐渐成为 PPP 市场的主要项目类型，并且企业不再对此类项目拥有信息优势，无法准确预估未来的收益，面临着较大的不确定性，而政府事后加诸的公共品负担也没有考虑到企业事前承受的高风险。因此当企业面临较高的创新风险时，政府如果选择利用 PPP 合约的不完全性对企业赋予事后公共品负担会极大损害企业的积极性，降低其参与 PPP 的意愿，直接导致项目无法落地。因此，对于创新型 PPP，地方政府应改变 PPP 在中国发展之初时采用的以高持股承诺吸引企业投资 PPP，随后再利用合约的不完全性甚至行政权力让其承担过多的公共品负担的行为，其最优策略行为应该转变为努力使企业对政府行为形成合理清晰的预期，以此为基础提高企业参与PPP的积极性，保证PPP的实施和最大化公共福利，最大限度地发挥PPP的优势。

龚强等（2019）在中国PPP实践背景下探讨了地方政府和社会资本在各项目类型和阶段下的博弈，从不完全合约的角度解答了为何PPP出现政府大力支持但落地率较低的现状；为PPP在进入中国之初，在地方政府普遍违约的行为下还有诸多企业积极参与的现象提供了理论解释。龚强等（2019）的研究指出在目前PPP项目的创新风险显著提高的现实情况下，地方政府不能以企业的高公共品负担为代价去最大化社会福利。政府是否能够建立良好的信用、实施恰当的企业预期管理，并且使企业相信政府将会遵守和履行PPP合约，是PPP能否充分发挥其潜在优势的关键。为了保证企业积极参与创新型PPP，解决企业融资难、融资贵等问题，应该限制地方政府在项目中的议价能力、尊重和遵守PPP合约，不对创新型PPP施加事后公共品负担，以实现政府和企业的最优效益。该研究点明了地方政府遵守契约的重要意义，为政府尊重社会资本的正当利益、遵守PPP合约提供了理论依据。

总体而言，龚强等（2019）的研究主要探讨了成熟型PPP和创新型PPP下社会资本和地方政府间的博弈，考察了PPP合约中政府的策略行为，以激励企业积极参与PPP项目，在实现最大化社会福利的同时提高项目落地率和实施效率。

首先，该研究无疑对目前PPP在中国的可持续实践及其中的契约关系提供了有益见解，并为本书提供了一定的理论基础，但是他们仅考虑了地方政府的影响，而忽略了中央政府的作用。对于企业而言，中央政府的行为同地方政府一样是其经济生产活动中面临的重要外部环境，中央政府作为政策的最终制定者把握着经济社会大的发展方向，从发展经济和维护社会稳定的角度出发进行宏观调控,其对待PPP的态度直接决定了地方政府和企业对PPP采取的态度和行为。正是由于中央政府大力支持和推广PPP在基础设施和公共服务领域的应用,为PPP的实践提供了诸多优惠政策,地方政府和企业在此大背景下才逐步投入到PPP的浪潮中,才能最终实现社会公共福利和社会资本利益。另外,与地方政府相比,中央政府更注重自身形象(夏立军和方轶强,2005),中央政府与企业的关系更倾向于"扶持之手",而地方政府干预可能更带有自利色彩,更倾向于"掠夺之手"的性质。因此,只强调地方政府对社会资本赋予的公共品负担而忽视中央政府的扶持和帮助、脱离宏观条件对PPP的政治经济政策去探讨企业和地方政府的博弈无法准确判定PPP的动态发展趋势及参与PPP对企业带来的真实效益。

其次,该研究从政府的角度出发,认为政府尊重PPP合约才是能够最大限度发挥PPP潜在优势的必经之路,但是龚强等(2019)仅从政府角度出发进行分析,探讨的是吸引社会资本进入PPP的政府策略行为,没有深入考虑参与PPP对企业的影响和后果。虽然他们充分讨论了参与PPP对企业带来的影响即承担公共品负担,但是对企业的讨论也止步于此,没有进一步考虑这种公共品负担对企业的作用(除了降低参与PPP意愿,进而导致项目落地难外),也没有考虑参与PPP在微观层面对企业的影响和经济后果。

最后,虽然PPP目前在中国的落地率较低,但PPP的签约率较高,依然有许多社会资本投身PPP实践且落地率呈现逐年上涨的趋势。因此龚强等(2019)的研究回答了"为什么PPP目前落地难"的问题,但没有回答"为什么在存在公共品负担的情况下,依然有大量社会资本愿意参与PPP?""为什么社会资本愿意选择与政府签订PPP合约,但是却不愿意真正进一步推进项目实施和落地?""参与PPP项目是否能够为企业带去除了项目收益本身的其他收益?""社会资本在面临可能发生的事后公共品负担、项目收益受损的不确定下,还投身 PPP 实践的动机是什么?""企业参与 PPP 项目到底产生何种经济后果"等问题,而回答这一系列问题不仅能够深刻刻画目前中国 PPP 高签约率低落地率的现实,还有助于更全面地把握 PPP 发展现状,深化对 PPP 在中国实践的认识。

5.3 本章小结

本章基于 Iossa 和 Martimort(2015)的研究,介绍了 PPP 中的激励模型,指出 PPP 的一大特点在于项目阶段的捆绑。当跨项目阶段的外部性为正时,任务捆绑可以提高激励,并通过适当的风险转移,提供质量更好、成本更低的项目。但是 PPP 合约也缺乏适应新环境、使用者新需求或新技术的灵活性,这表明 PPP 不适用于高度变化的不确定环境。这一模型也表明制度质量、政治风险如政府单方面变更合约条款的风险会对 PPP 的激励效率产生显著影响。而龚强等(2019)的研究则进一步立足中国独特的政治和经济环境,探讨了地方政府和社会资本在各项目类型和阶段下的博弈,以及政府行为对社会资本的影响,强调了政府信用的重要意义。这些研究对 PPP 项目的实践具有重要的现实意义,也为政府尊重社会资本的正当利益、厘清政企边界、警惕政府行为异化提供了理论依据。但是 Iossa 和 Martimort(2015)的建模和分析仅探讨了监管风险,指出薄弱的制度环境和政治风险会降低 PPP 项目的效率,他们没有更深入地探讨政府行为对参与 PPP 企业的影响。而虽然龚强等(2019)的研究注意到了政府行为会对企业利益造成损害,但其研究仍然是从政府角度进行分析,最后考察的是政府吸引社会资本的最优策略行为,也没有深入分析参与 PPP 对企业所产生的经济后果。

综合而言,Iossa 和 Martimort(2015)以及龚强等(2019)的

研究均认为 PPP 中缺乏连续性的政策、政府无法履行合约不仅会降低项目本身效率，还会损害企业正当利益。但是二者都没有进一步回答"为什么企业，尤其是中国企业，在面临由于政府行为而造成利益受损的风险下，仍然愿意参与 PPP 项目？"等问题。企业的目标是最大化自身经济利益，如果在政府处于强势地位的中国背景下已经预期到了可能存在的利益损失和政策不确定性，那么他们对于参与 PPP 项目的决策会更加谨慎甚至选择不参与，以规避潜在的风险。而从中国 PPP 发展现状来看，截至 2017 年年底仍然有大量的企业参与 PPP 项目，那么企业参与 PPP 项目的经济后果肯定不仅仅局限于上述的利益受损，他们是否还可能得到其他资源或者经济利益？或者说企业受损的利益是否能够通过其他渠道得到补偿？这种渠道或者资源利好是来自市场化、制度外的，还是非市场化、制度内的？回答这些问题不仅能够加深对 PPP 项目中契约关系的认识，并且 PPP 为研究政企关系、一个在中国普遍存在的问题提供了新场景，有助于在新视角下深入分析政企关系、政府行为对企业产生的市场化和非市场化经济后果。

因此，在 PPP 受到大力推广和支持的宏观背景下，本书立足企业角度，探讨企业参与 PPP 项目的经济后果，聚焦对企业在财务和金融方面的影响，在接下来的实证研究中对其进行系统的检验。那么根据标准的财务理论，有利于降低企业权益资本成本的决策和行为才有利于实现企业的价值最大化，并且债务融资作为企业目前融资的重要渠道、债务资本成本也是企业融资成本的重要部分，因此在进行实证检验时首先选取权益资本成本和债务资本成本考察企业参与 PPP 项目的经济后果；而政府补贴、税收优惠是政府进行干预的主要途径，也是政府调控和管理微观经济的重要工具，因此在市场化的融资成本的基础上，进一步选取政府补贴和税收优惠作为非市场化的经济后果，考察企业参与 PPP 项目对其政策资源获取的影响。

第6章

企业参与 PPP 项目对权益资本成本的影响

6.1 引言

本章考察了企业参与 PPP 项目对权益资本成本的影响,并探讨了影响二者间关系的因素。从前几章关于 PPP 实践发展和理论研究的分析可以看到,尽管 PPP 在全球得到快速增长,但是实践中关于 PPP 表现的证据仍然喜忧参半。已有研究运用理论模型或案例分析的方法,发现社会资本具有技术、管理和资金方面的经验与优势,能够提高基础设施质量(Aziz 和 Ahmed,2007)。Zhang 和 Kumaraswamy(2001)从政府财政预算的角度出发,也认为社会资本能够缓解政府紧张的财政预算,成为政府乐于采用 PPP 的主要动机。在此基础上,各位学者利用案例分析以及创建理论模型的方法,不断发掘其深层原因。National Audit Office(2001)比较了15 个公共服务项目,发现采用 PPP 项目比传统模式降低了约 20%的成本。Parker 和 Hartley(2002)也发现与传统政府采购模式相比,英国的 PPP 项目能够降低 5%—40%的成本。同时,理论研究也发现 PPP 项目有助于降低政府与社会资本之间的交易费用(Estache 等,2006),缓解政府财政压力(Grimsey 和 Lewis,2002;Hammami 等,2006;Maskin 和 Tirole,2008;Brand 等,2012;何寿奎,2010),并且 PPP 捕捉规模经济的能力也能够带来更高水平的项目绩效和效率（Meduri 和 Annamalai，2012；Willoughby，2013）。

但也有学者得出相反的结论，Blanc-Brude 等（2006）通过分析欧洲的公路建造项目发现采用 PPP 进行公路建造的成本比传统模式下高出大约 24%，Meduri 和 Annamalai（2012）、Henjewele 等（2014）的研究也分别表明 PPP 在印度公路项目和英国医疗行业和运输行业中其总成本更高。Engel 等（2010）认为由于社会资本的融资成本高于公共资金的融资成本，因此与政府部门提供的公共服务相比，社会资本支持的公共服务其成本更高。而 Christian 等（2014）运用问卷调查和结构化访谈方法，发现 PPP 项目中存在着较大的成本超支问题。此外，还有学者指出 PPP 项目下容易产生非生产性投资过度，降低公共产品供给质量（Hart，2003；Hoppe 等，2011），并且 PPP 并不具有明显的财政优势，甚至会加剧财政风险（Irwin，2007；Sousa 和 Abrantes，2011）。这些证据不仅对 PPP 的价值提出了挑战和质疑，也呼吁理论界和实务界更好地理解 PPP 项目的经济后果和影响。

PPP 在基础设施和公共服务领域迅速发展，Moszoro 和 Gasiorowski（2008）也指出项目中公共部门和私人部门的投资比例是影响企业参与 PPP 项目的一个重要因素。从行业来看，PPP 涉及桥梁、隧道和水利等关系国计民生的领域，投资规模巨大，如城镇综合开发中包含特色小镇类 PPP 项目，平均单体投资规模高达近百亿元，而如此庞大的融资压力往往是由社会资本来承担。2014 年 11 月财政部出台的 PPP 操作指南中明确指出项目融资由社会资本或项目公司负责。根据全国 PPP 综合信息平台统计，截至 2017 年 12 月 31 日，在所有已经成立的 3478 个 PPP 项目公司中，政府直接或间接参股的项目公司共有 2504 个，占比为 72%，但总体来看政府参股比例较少，大多数占比为 1%、5% 或 10%。因此，巨额的融资压力落在了社会资本肩上，催生了 PPP 企业大量的融资需求,外源融资的作用日益凸显。

融资成本的高低直接关系着项目成本和收益以及企业的经济发展,PPP项目落地后最值得关注的环节即融资环节,PPP项目对社会资本的财务和经济实力要求较高,最终参与PPP项目的社会资本本身必须具有一定的资金实力,但是由于较长的项目周期和较大的投资规模,社会资本自有资金无法覆盖项目所需资金。而PPP合约通常约定由社会资本承担总投资成本与已有项目资本金差额间缺口部分的融资,因此社会资本在PPP项目中最重要的责任之一即负责项目融资,以保障项目资金,顺利推进PPP。根据中国社会融资成本指数显示,目前中国企业的银行贷款平均融资成本为6.6%,上市公司股权质押的平均融资成本为7.24%,企业发债平均融资成本为6.68%。总体来看,平均融资成本为7.6%。而平均7.60%的融资成本仅是利率费用,再加上其余的手续费用以及评估费用等,该值将超过8%,大部分中小企业的融资成本更是超过10%,这对企业而言是相当沉重的负担。国家发改委、财政部于2016年5月28日联合下发财金〔2016〕32号文件,提出要通过适当的资源配置、合适的融资模式等,降低融资成本,提高资金使用效率。

不仅如此,企业的融资成本问题也反映出整个资本市场的资金配置效率,对于稳定经济增长、推进深化改革有着重要作用。2016年8月出台的国发〔2016〕48号文件指出,要降低实体经济企业的融资成本,其中一点提到要大力发展股权融资;2017年10月18日习近平总书记在党的十九大报告中指出要深化金融体制改革,提高直接融资比重,促进多层次资本市场健康发展。尤其是在中国特殊的制度背景下,西方市场的融资优序理论在中国并不适用,总体来看上市公司更偏好股权融资。而权益资本成本是企业价值的基本衡量,因此本章首先考察企业参与PPP项目对权益资本成本的影响,借以考察企业参与PPP项目的经济后果。

6.2 理论分析与研究假设

已有研究表明当企业面临的风险上升、未来收益不确定性增加时，企业权益资本成本会随之增加（Sharpe，1964；Levy，1978；Malkiel 和 Xu，2006）。在 PPP 项目下，各参与方需要通过签订契约的方式，将责任、权利等事项进行事前详细规定，并在双方长期合作中把事前所确认的契约条款作为解决争议的重要依据（贾康和孙洁，2009；赖丹馨和费方域，2010；王俊豪和付金存，2014）。PPP 项目中虽然参与者之间通过契约联系在一起，可以一定程度上减轻政府财政压力、提高公共服务效率，但是在 PPP 项目下，政府与社会资本"过度"紧密的关系，也会诱发政府过度干预（龚强等，2019），这种干预与社会资本的逐利机制融合则会产生投融资行为异化，成为重要的系统性金融风险来源。与此同时，项目期限长、各参与方目标与利益差异大，都导致 PPP 的契约关系更为复杂，也更有特点。

PPP 具有提高供给效率、降低项目成本的功能和优势（Brinkerhoff，2002；Moszoro，2014），PPP 项目中企业收益的实现不仅取决于 PPP 项目的运营效率，还取决于政府与企业的职责能否正确地履行。尤其是政府与社会资本间存在利益诉求差异（李永强和苏振民，2005；陈红等，2014；胡改蓉，2015），导致企业面临巨大的财务风险。另外，PPP 往往用于建设基础设施、提供公共服务，这要求企业具有极高的社会责任感，甚至需要放弃那些与政府目标和社会目标相悖的投资活动。尽管可以获得政府的支持和资源流入，但是从长期来看，这依然可能导致企业错过好的投资机会，增大了企业风险，不利于企业价值的实现。在我国政府推动下的 PPP 实践，具有以下显著特征，使得 PPP 项目对企业价值的影响出

第6章 企业参与PPP项目对权益资本成本的影响

现更大的不确定性。

一是任务集束与地方政府干预。参与PPP项目的企业同时承担着项目设计、建造、融资、运营和项目管理的多重任务（Li等，2005；Zheng和Tiong，2010；Iossa和Martimort，2012），同时PPP项目实施过程中，政府往往会利用行政权力和PPP契约的不完全性对项目进行政治干预以最大化社会福利（龚强等，2019）①。随着我国市场的发展和成熟，企业自主经营权得到很好的保障，企业经营决策目标单一而明确，即企业价值最大化。但是，PPP项目的任务集束和政府干预的增强，使得企业追求价值最大化的权限受到限制。而除了本身的项目建造运营外，PPP由于涉及各个行业，企业还承担着一定的社会责任，其面临的内部和外部环境更加复杂，企业实施经营计划及管理战略的难度增加，对于投资者而言预测和监督公司经营活动也更加困难。

另外，政府和企业在PPP项目中的利益诉求存在不可避免的矛盾，政府更看重公共利益和社会福利，而企业更关心自身经济利益（Ameyaw和Chan，2013；李永强和苏振民，2005；王雪青等，2007；陈红等，2014；胡改蓉，2015；龚强等，2019）。因此政府作为公共事业管理者和PPP的监督者，有动机对企业经营活动和决策进行干预，以保证社会效益和公共利益，同时干预空间和干预力度也大为增加。已有研究发现政府干预会降低企业绩效（Fan等，2007；陈信元和黄俊，2007；潘红波等，2008），减少公司价

---

① 以北京地铁4号线项目为例，由北京市政府负责地铁票定价，社会资本的收入依靠地铁票款以及站内广告。而在地铁投入运营以后，为了服务奥运、降低公共品使用成本，政府利用其公共产品的定价权将票价降低至2元，远低于运营成本，增大了企业收益风险，社会资本面临亏损。另外，福建闽江四桥项目投入运营后，政府拒绝履行"当通行收入严重降低或通行费停收时，回购项目并给予年净回报率18%的补偿"的约定，导致闽江四桥通行费收入急剧下降。2004年企业与福州市政府走上仲裁，企业状告政府违反了《专营权协议》导致企业利益直线下降；2005年双方正式解除合作项目协议书。

值（Fan 等，2007；Boubakri 等，2008），损害股东利益（屈文洲等，2008），导致过度投资（唐雪松等，2010），降低企业经营行为和经营环境的可预期性（徐浩萍和吕长江，2007），进而增加企业面临的风险。因此，PPP 项目的任务集束和政府干预程度的加大，会加剧降低企业经营行为和经营环境的不确定性，导致权益资本成本提高。

二是项目风险转移与企业弱势地位。大量关于 PPP 项目风险类型和风险分担的研究表明 PPP 项目中存在着多种风险（如 Akintoye 等，1998；Grimsey 和 Lewis，2002；Shen 等，2006；Xu 等，2010；王雪青，2007；杨宇和孙艳，2008；亓霞等，2009；周和平等，2014）。而与传统项目模式相比，PPP 还涉及政府部门对社会资本的风险和责任转移（贾康和孙洁，2009；何涛和赵国杰，2011；刘薇，2015）。在 PPP 中政府主要的责任在于监督和管理、指定基础设施和服务的基本标准，但社会资本对如何交付项目并达到预先规定的标准拥有控制权和责任。因此，有关项目设计、投融资、建设和运营管理等与项目直接相关的风险基本上从政府部门转移到了社会资本（Blanc – Brude 等，2007；李林等，2013；刘薇，2015）。从理论和直觉上看，PPP 前期投入高，项目周期往往长达数十年，并且项目完工后的实际运营状况会受各种因素影响，比如收益可能与前期预计的结论有出入，这就容易造成企业收益不足、投资回收期增加，运营风险上升。因此，参与 PPP 项目的企业在实践过程中面临着诸如项目收益不确定、政策变更、审批和建设工程延误、政府违约、市场需求变化等诸多不确定性和风险（如 Akintoye 等，1998；Grimsey 和 Lewis，2002；Shen 等，2006；Xu 等，2010；王雪青，2007；杨宇和孙艳，2008；亓霞等，2009；周和平等，2014）。

在中国强政府的制度环境中，参与 PPP 项目的企业还要额外承担本应由政府承担的责任，如龚强等（2019）指出参与 PPP 项目的企业需要承担一定的"公共品负担",即政府对 PPP 项目进行干预,将项目利润补贴至公共福利,以"维护公共安全或者满足公众诉求",公共品负担损害了社会资本的正当利益。项目的执行以合约为约束,理想情况下,在合约签订之初,企业和政府应该穷尽 PPP 项目中未来所有可能出现的情形,并且以无争议、可执行的条款进行说明和规定。但是 PPP 的服务内容以公共品供给为主,其定价具有一定的复杂性和多种不确定性,尤其是 PPP 的项目周期长,往往 10—30 年,甚至个别项目高达 35 年,容易出现许多不可预估的变化,如市场需求的变化、政策法规的变更、政府换届等(Xu 等,2010;亓霞等,2009)。这些可能性使得社会资本在与政府签订和约之初很难做到完全准确预测未来的各种变化,因此需要在项目后期重新商议相关条款,导致 PPP 合约存在不完全性的特点。而企业这种公共品负担和额外承担的政府职能往往就是在企业进入 PPP 后,政府凭借其谈判优势,利用 PPP 合约的不完全性、在不违反合约的前提下牺牲社会资本的经济利益,将项目收益补贴给社会福利(如北京地铁 4 号线项目中调低票价的行为给承建的社会资本带去了亏损)。而企业也由于 PPP 合约的不完全性,在谈判中处于弱势地位,只能选择屈服于政府的行政权力,承担额外的政策性负担(龚强等,2019)。预期到企业为此承担的风险和额外责任,投资者会提高风险补偿要求(Barlevy 和 Veronesi,2003),从而导致企业权益资本成本的提高。PPP 项目失败典型案例如表 6-1 所示。

三是长期合约和政府官员诚信。与其他基础设施供给模式相比,PPP 项目中政府与企业的合约时间更长(通常为项目期限,可长达数十年)。这种长期合约一方面导致其收益存在很大的不确定性(Grimsey 和 Lewis,2002;Shen 等,2006;亓霞等,2009)。PPP 项目中企业收回成本和获取利润的途径,主要是通过特许经营期限内的用户付费,以及政府付给那些经济收益没有达到预期但是

表 6-1　　　　　　　PPP 项目失败典型案例①

项目名称	项目年限	项目结果	失败原因
上海延安东路隧道	30 年	政府回购	政策法规变更②
其他同类项目案例：上海大场水厂、长春汇津污水处理厂			
福建闽江四桥	28 年	解除合作协议	政府违约③
其他同类项目案例：宁波杭州湾跨海大桥			
昆明五华垃圾焚烧厂	25 年	拖延两年未动工	政府违约④
其他同类项目案例：青岛威立雅污水处理项目、山东中华发电项目			
武汉汤逊湖污水处理厂	20 年	项目闲置	建设工程延误⑤
其他同类项目案例：北京第十水厂、青岛威立雅污水处理项目			
山东中华发电项目	20 年	与政府合作破裂	市场需求变化⑥
其他项目案例：福建刺桐大桥			
北京京通高速公路	20 年	项目收益不足	项目收益不确定⑦
其他同类项目案例：廉江中法供水厂、天津双港垃圾焚烧发电厂			

具有较大社会效益 PPP 项目的补贴。此外，PPP 通常以公私合作双方确立一定的转移支付规则为基础，而在实际操作过程中，政府部门为了吸引社会资本的参与，通常会在事前提出一些优惠甚至过于

---

① 本表格根据公开信息手工整理得到。

② 2002 年随着《国务院办公厅关于妥善处理现有保证外方投资固定回报项目有关问题的通知》出台，政府不得不回购该项目。

③ 福州市二环路三期通车，大批车辆绕行，通行费收入急剧下降；政府拒绝履行"当通行收入严重降低或通行费停收时，回购项目并给予年净回报率 18% 的补偿"的约定。

④ 政府并未落实垃圾处置费上调和电力上网等政策。

⑤ 因道路规划问题，污水收集管网无法建设，一期工程建成后闲置近一年。

⑥ 山东电力市场发生变化，需求渐小，但是由于合约约束，山东电力集团仍须以"计划内电价"购买电量，价差由山东电力集团自己掏钱填补，打击了山东电力集团公司购电的积极性。

⑦ 相邻的铺路免费，对京通高速构成竞争性，导致与预期相比，项目收益不足。

第 6 章　企业参与 PPP 项目对权益资本成本的影响

慷慨的保证（龚强等，2019），这样貌似减小了社会资本的项目收入风险，却在实质上不仅减弱了 PPP 项目对于成本控制的激励，还会增加合约的再谈判风险或造成 PPP 项目合约关系难以继续的状况（Guasch 等，2006）。

当项目周期足够长时，官员和公司经理人追求个人私利、作出损害公司价值的行为更不容易被发现，因此 PPP 项目这一长期合约特征也容易引发企业内道德风险和逆向选择问题。此外，政府作为权力的主体容易产生缔约纠纷（Daniels 和 Trebilcock，1996），社会资本面临着官员更替带来的"新官不理旧账"风险[①]。PPP 项目周期可长达数十年，期间可能涉及地方政府换届，新一届政府领导行为的不确定性如不履行或拒绝履行合约约定的责任和义务都会阻碍 PPP 的成功，导致企业风险上升（Estache 和 Serebrisky，2004；Xu 等，2010）。如 Brench 等（2005）指出匈牙利政府每轮换届都对 PPP 采取不同的态度和制度框架，而这种对 PPP 政治态度的频繁改变严重阻碍了 PPP 在匈牙利的推广和实施。

综合来看，我国 PPP 项目的上述三个特征对于企业价值实现是不利的，它们提高了企业面临的风险和不确定性，降低了企业经营行为和经营环境的可预期性，进而引起权益资本成本的增加。因此，企业参与 PPP 项目对企业权益资本成本可能会带来负面影响。据此，提出本章假设 1：

假设 1：企业参与 PPP 项目会显著增加其权益资本成本。

PPP 中政府和社会资本间存在利益诉求差异（Ameyaw 和 Chan，2013；李永强和苏振民，2005；王雪青等，2007，陈红等，2014；胡改蓉，2015；龚强等，2019），因此政府存在干预社会资

[①] 2017 年李克强总理在政府工作报告中提出："深化政府和社会资本合作，完善相关价格、税费等优惠政策，政府要带头讲诚信，决不能随意改变约定，决不能'新官不理旧账'。"

本经营活动的动机，使项目最终能够最大化社会福利。而双方长期紧密的合作关系为政府干预提供了条件和空间。徐浩萍和吕长江（2007）认为，政府干预与权益资本成本的关系在产权性质存在差异的企业间存在不同，即政府干预的降低会减少政府对国有企业的保护，导致其面临风险增加，进而提高权益资本成本（保护效应更强）；而对于非国有企业，政府干预的减少会增强企业经营行为和经营环境的可预期性，从而降低其权益资本成本（可预期效应更强）。

另外，已有研究指出国有企业和非国有企业由于其产权性质的不同，在风险承受能力和权益资本成本上存在显著差异（Chow 和 Fung，1998）。对于国有企业而言，其与政府天然的"血缘关系"使其更容易得到政府的保护，同时，它们是现阶段 PPP 项目实践的主力军（中标数量和中标规模占比分别为 53.02% 和 74.96%），为了达到服务社会大众、提高社会效益的目标，政府更可能为国有企业提供支持，从而降低其面临的风险。而对于非国有企业而言，政府不是其股东，没有动机采取行动降低企业风险，企业风险水平是否超过股东可以承受的限度也不是政府关心的重点，非国有企业需要承担参与 PPP 项目的全部风险。可见，虽同为参与 PPP 项目的社会资本，国有企业和非国有企业面临的风险和不确定性存在不同。因此，区分产权性质差异下 PPP 项目对企业资本成本的影响，这不仅是一个重要的理论问题，也是重大的实践问题。

政府对国有企业的政策支持和帮助实际上是为国有企业的经营发展提供了一层保险（徐珊和黄健柏，2015；代昀昊，2018），从而降低了国有企业面临的风险。Brandt 和 Li（2003）认为金融体系下对国有企业的刚性支持使其面临的风险显著低于非国有企业，而风险承受能力显著高于非国有企业。Fan 等（2007）发现与非国有企业相比，国有企业在 1993 年到 2000 年间的破产风险更低。因此，参与 PPP 项目带来的风险和不确定性对国有企业的影响更小，因为有政府为其经营活动进行隐性担保,在背后为国有企业"保驾护航"。而非国有企业没有国家资本和政府的"背书",往往需要自力更生、盈亏自负,全部承担参与 PPP 项目带来的风险和不确定性,因此投资者会对风险更高的非国有企业要求更高的必要回报率,非国有企业的权益资本成本相应地增加。

但是正如前文提到的一样,我国正处于经济转轨时期,政府在市场上仍然扮演着重要角色,而国有企业与政府天然的"血缘关系"使其承担了政府大量的行政和社会责任(林毅夫等,2004;周黎安,2008),如提高就业率(李文贵和余明桂,2012),以政府需求为产出导向(Shleifer 和 Vishny,1994),提高雇员薪酬(陆正飞等,2012)和环境保护(冯丽艳等,2018)以保证社会的稳定健康发展等。因此与非国有企业相比,国有企业需要在公司利润最大化和社会公共利益双重目标下进行权衡(白重恩等,2005),往往会为了实现政治目标作出偏离公司利润的投资决策,损害公司价值(肖浩和夏新平,2010;李文贵和余明桂,2012;周耀东和余晖,2012)。PPP 项目涉及公共基础设施,目的是向社会提供质量更高的服务,关系到公共和社会切身利益。因此政府在全程参与 PPP 项目的过程中需要通过国有企业来帮助完成服务社会大众、提高社会效益的目标,容易导致企业的利润最大化目标受损(如在使用者付费的项目中,降低企业收费标准等),进而对公司价值产生负面影响,引起权益资本成本的增加。

此外,PPP 项目范围涵盖桥梁、隧道和水利等重要行业领域,投资金额往往高达数亿元人民币。而投资作为拉动地方经济增长、提高区域 GDP 最直接的方式之一,当地的政府官员有强烈动机去保证 PPP 项目的顺利落地和实施,以实现辖区内经济发展目标,在政治晋升锦标赛制度下提升政绩表现(周黎安,2007)。而国有企业作为政府参与和调控经济的载体(黄速建和余菁,2006),也是地方政府达到自身经济利益和政治目标的重要工具。因此,在

PPP受到国家大力推广和支持的背景下，政府官员很可能会干预国有企业的经营决策以追求个人私利如政治晋升目标。而非国有企业与政府的关系紧密程度远不及国有企业，政府对非国有企业的干预也更弱（肖浩和夏新平，2010）。因此即使在面对PPP这种社会效益和企业效益权衡的项目下，非国有企业的投资决策和经营活动能够更"专心"地为企业利润最大化目标服务。因此，参与PPP项目对国有企业和非国有企业的权益资本成本影响差异尚不清楚，据此提出本章假设2：

假设2a：参与PPP项目与权益资本成本之间的正相关关系在非国有企业中更为显著。

假设2b：参与PPP项目与权益资本成本之间的正相关关系在国有企业中更为显著。

6.3 研究设计

权益资本成本包括以CAMP、FAMA三因素模型为主的事后权益资本成本计算模型，和以GLS、PEG和OJ模型为主的事后权益资本成本计算模型。每个模型有自身的优缺点。李姝等（2013）采用PEG模型进行实证研究后，认为PEG模型更适用于中国问题分析。因此，本书采用PEG模型估算权益资本成本，模型如下：

$$PEG_{i,t} = 100 \times \sqrt{(eps_{t+2} - eps_{t+1})/p_t} \qquad (6-1)$$

其中，变量$PEG_{i,t}$为本章的被解释变量——企业权益资本成本，eps_{t+1}等于证券分析师预测的企业在$t+1$期的每股净收益均值，eps_{t+2}等于证券分析师预测的企业在$t+2$期的每股净收益均值，p_t等于t期的股价。本章将等式右边乘以100，即使权益资本成本在本章中以基准点的方式表示。

本章采用以下模型考察企业参与PPP项目对权益资本成本的

影响：

$$PEG_{i,t} = \alpha_0 + \alpha_1 PPP_{i,t} + \alpha_2 SOE_{i,t} + \alpha_3 Size_{i,t} + \alpha_4 Lev_{i,t} + \alpha_5 MB_{i,t} + \\ \alpha_6 Beta_{i,t} + \alpha_7 Turnover_{i,t} + \alpha_8 Sales\_Growth_{i,t} + \alpha_9 ROA_{i,t} + \\ Year\ Fixed\ Effects + Industry\ Fixed\ Effects + \varepsilon_{i,t} \quad (6-2)$$

其中，被解释变量 $PEG_{i,t}$ 即为企业 i 在 t 年的权益资本成本，解释变量 $PPP_{i,t}$ 是公司 i 在 t 年承担的 PPP 项目个数（未参与 PPP 的公司该变量等于 0）。此外，参照沈艺峰等（2005）、曾颖和陆正飞（2006）等的研究，在模型中加入了其他可能影响企业权益资本成本的控制变量：是否为国有企业（$SOE_{i,t}$）、公司规模（$Size_{i,t}$）、资产负债率（$Lev_{i,t}$）、市账比（$MB_{i,t}$）、贝塔系数（$Beta_{i,t}$）、换手率（$Turnover_{i,t}$）、销售增长率（$Sales\_Growth_{i,t}$）、总资产收益率（$ROA_{i,t}$）。同时控制了年度和行业固定效应。此外，为了减少异常值对结果的干扰、保证研究结果的稳健性，本章对所有连续变量在 1% 的水平上进行了 winsorize 处理。具体变量定义如表 6-2 所示。

表 6-2　　变量定义表

变量名称	变量简称	变量定义
权益资本成本	$PEG_{i,t}$	根据模型（6-1）计算得出的企业权益资本成本
PPP	$PPP_{i,t}$	等于企业承担的 PPP 项目数量
国有企业	$SOE_{i,t}$	国有企业虚拟变量。若国有企业则该值为 1，否则为 0
企业规模	$Size_{i,t}$	等于年末企业资产的自然对数
资产负债率	$Lev_{i,t}$	等于年末企业总负债除以企业总资产
市账比	$MB_{i,t}$	等于年末股票价值除以股票账面价值
β 系数	$Beta_{i,t}$	等于当年股票的贝塔值
换手率	$Turnover_{i,t}$	等于股票年度换手率
销售增长率	$Sales\_Growth_{i,t}$	等于企业销售收入的年度增长率
总资产收益率	$ROA_{i,t}$	等于企业总资产收益率

6.4 研究数据与描述性统计

本书上市公司 PPP 数据通过政府采购网及财政部 PPP 综合信息平台手工搜集，样本期间为 2010—2017 年，并按照以下标准剔除了部分观测值：第一，为了满足研究需求，剔除了证券分析师每股收益预测缺失的观测值；第二，根据被解释变量 $PEG_{i,t}$ 的计算要求，剔除了 eps_{t+2} 小于 eps_{t+1} 且股票价格缺失的观测值；第三，剔除 ST 企业数据和金融行业数据；第四，剔除其他变量缺失的数据。本章最终共 5963 个观测值，除 $PPP_{i,t}$ 变量外，本章所有财务数据均来源于国泰安数据库。样本描述性统计如表 6-3 所示。

表 6-3　　　　　　　　描述性统计

Variable	N	Mean	S.D.	Q1	Median	Q3
$PEG_{i,t}$	5963	9.73	5.33	6.18	8.91	12.00
$PPP_{i,t}$	5963	0.14	1.97	0	0	0
$SOE_{i,t}$	5963	0.35	0.48	0	0	1
$Size_{i,t}$	5963	22.48	1.37	21.51	22.29	23.27
$Lev_{i,t}$	5963	0.43	0.21	0.26	0.43	0.59
$MB_{i,t}$	5963	3.71	2.78	1.86	2.87	4.63
$Beta_{i,t}$	5963	0.98	0.28	0.82	0.99	1.14
$Turnover_{i,t}$	5963	4.74	3.88	2.08	3.61	6.21
$Sales\_Growth_{i,t}$	5963	0.26	0.53	0.03	0.16	0.33
$ROA_{i,t}$	5963	0.05	0.05	0.02	0.04	0.07

由表 6-3 可以看出：用 PEG 模型计算的企业权益资本成本（$PEG_{i,t}$）的平均值为 9.73%，$PPP_{i,t}$ 的均值为 0.14。是否为"国

有企业"（$SOE_{i,t}$）为虚拟变量，均值为 0.35。其他控制变量：企业规模（$Size_{i,t}$）的均值为 22.48，资产负债率（$Lev_{i,t}$）均值为 0.43，表明负债是我国上市公司资本结构中的重要部分，并且在样本中不存在负债率超过 1 的观测值，即不存在资不抵债的企业。市账比（$MB_{i,t}$）、β 系数（$Beta_{i,t}$）、换手率（$Turnover_{i,t}$）的均值分别为 3.71、0.98 和 4.74。企业销售增长率（$Sales\_Growth_{i,t}$）和总资产收益率（$ROA_{i,t}$）的均值则为 0.26 和 0.05。

表 6-4 为变量间的 Pearson 相关系数结果。可以看到，$PEG_{i,t}$ 与 $PPP_{i,t}$ 在 1% 的显著性水平上正相关，说明参与 PPP 项目显著增大了企业的权益资本成本。$PEG_{i,t}$ 与其他变量的相关性表明：企业规模越大、资产负债率越高、换手率越低、销售增长率越低、总资产收益率越低，其权益资本成本越高。虽然 Pearson 相关系数仅代表了单边回归下的潜在关系，但是这一结果也在某种程度上表明外部投资者确实会对企业是否参与 PPP 项目及参与 PPP 项目的数量对其要求不同的必要回报率。

6.5　实证结果与分析

表 6-5 报告了基于全样本的企业参与 PPP 项目对其权益资本成本影响的回归结果。第（1）栏的回归控制了年度和行业固定效应，第（2）栏增加控制了公司固定效应。可以看到，$PPP_{i,t}$ 的系数在两组回归中均显著为正（分别为：系数 = 0.052，$t = 2.99$；系数 = 0.073；$t = 1.94$），这表明参与 PPP 确实显著增大了企业的权益资本成本。从控制变量角度来看，权益资本成本与资产负债率（$Lev_{i,t}$）呈显著正相关关系即企业资产负债率越高其权益资本成本越高；与市账比（$MB_{i,t}$）、换手率（$Turnover_{i,t}$）、销售增长率（$Sales\_Growth_{i,t}$）和总资产收益率（$ROA_{i,t}$）呈显著负相关关系即

表 6-4 相关系数分析

Variables	$PEG_{i,t}$	$PPP_{i,t}$	$SOE_{i,t}$	$Size_{i,t}$	$Lev_{i,t}$	$MB_{i,t}$	$Beta_{i,t}$	$Turnover_{i,t}$	$Sales\_Growth_{i,t}$	$ROA_{i,t}$
$PEG_{i,t}$	1									
$PPP_{i,t}$	0.035***	1								
$SOE_{i,t}$	0.089***	-0.014	1							
$Size_{i,t}$	0.243***	0.081***	0.371***	1						
$Lev_{i,t}$	0.271***	0.088***	0.276***	0.583***	1					
$MB_{i,t}$	-0.265***	-0.028**	-0.201***	-0.445***	-0.184***	1				
$Beta_{i,t}$	-0.098***	-0.028**	-0.206***	-0.498***	-0.204***	0.146***	1			
$Turnover_{i,t}$	-0.124***	-0.013	-0.165***	-0.382***	-0.184***	0.272***	0.504***	1		
$Sales\_Growth_{i,t}$	-0.079***	0.012	-0.087***	0.010	0.045***	0.129***	0.023*	0.029**	1	
$ROA_{i,t}$	-0.203***	-0.035***	-0.122***	-0.156***	-0.432***	0.308***	-0.113***	-0.051***	0.139***	1

第6章 企业参与PPP项目对权益资本成本的影响

企业市账比和换手率越低,其权益资本成本越高;企业销售增长率越低、总资产收益率越低,其权益资本成本越高。与以往文献研究一致(叶康涛和陆正飞,2004;卢文彬等,2014)。

表6-5 企业参与PPP项目对权益资本成本的影响

Dep. Var. = $PEG_{i,t}$	(1)	(2)
$PPP_{i,t}$	0.052***	0.073*
	(2.99)	(1.94)
$SOE_{i,t}$	-0.471***	0.211
	(-2.95)	(0.40)
$Size_{i,t}$	0.018	-1.639***
	(0.19)	(-5.73)
$Lev_{i,t}$	5.133***	5.568***
	(10.08)	(6.02)
$MB_{i,t}$	-0.281***	-0.515***
	(-8.44)	(-10.07)
$Beta_{i,t}$	-0.279	-0.071
	(-0.97)	(-0.18)
$Turnover_{i,t}$	-0.032*	-0.113***
	(-1.70)	(-4.29)
$Sales\_Growth_{i,t}$	-0.520***	-0.469***
	(-4.38)	(-2.95)
$ROA_{i,t}$	-6.259***	-27.262***
	(-3.22)	(-7.79)
Constant	7.338***	46.683***
	(3.41)	(7.61)
Year Fixed Effects	控制	控制
Industry Fixed Effects	控制	控制
Firm Fixed Effects		控制

续表

Dep. Var. = $PEG_{i,t}$	(1)	(2)
Adjusted R^2	0.185	0.130
Observations	5963	5963

为了进一步考察不同产权性质下参与 PPP 项目对企业权益资本成本的影响，将总样本拆分为国有企业和非国有企业，分别对模型 (6-2) 进行回归。检验结果如表 6-6 所示。可以看到，国有企业样本下 $PEG_{i,t}$ 与 $PPP_{i,t}$ 呈正相关关系（系数 = 0.059，t = 0.79），但不显著；在非国有企业样本下 $PEG_{i,t}$ 与 $PPP_{i,t}$ 在 1% 的置信水平上呈显著的正相关关系（系数 = 0.053，t = 2.98）。可见，参与 PPP 项目对国有企业权益资本成本没有显著影响，但显著提高了非国有企业的权益资本成本。根据上述分析，本书认为，造成这一差异的主要原因是，由于政府干预的增强，政府对国有企业的保护效应在一定程度上抵消了 PPP 项目对权益资本成本的不利影响，但是，对非国有企业而言，企业经营行为和经营环境的可预期性降低，由此带来的风险全部由企业承担。因此，随着非国有企业参与 PPP 项目及参与数量的增加、政府干预程度越高、作用越明显，导致其权益资本成本的增加。

表 6-6　企业产权差异下企业参与 PPP 项目对权益资本成本的影响

Dep. Var. = $PEG_{i,t}$	(1)	(2)
	SOEs	Non-SOEs
$PPP_{i,t}$	0.059	0.053 ***
	(0.79)	(2.98)
$Size_{i,t}$	0.019	-0.129
	(0.12)	(-1.04)
$Lev_{i,t}$	4.504 ***	5.470 ***
	(4.60)	(8.99)

续表

Dep. Var. $= PEG_{i,t}$	(1) SOEs	(2) Non-SOEs
$MB_{i,t}$	-0.361***	-0.266***
	(-4.29)	(-7.56)
$Beta_{i,t}$	-1.397**	-0.029
	(-2.37)	(-0.09)
$Turnover_{i,t}$	-0.034	-0.031
	(-0.83)	(-1.46)
$Sales\_Growth_{i,t}$	-1.069***	-0.224
	(-4.64)	(-1.63)
$ROA_{i,t}$	-9.692**	-5.296**
	(-2.14)	(-2.55)
Constant	9.051**	9.582***
	(2.39)	(3.37)
Year Fixed Effects	控制	控制
Industry Fixed Effects	控制	控制
Adjusted R^2	0.210	0.180
Observations	2086	3877

6.6 作用机制检验

为了更全面地考察参与 PPP 项目对权益资本成本的影响，本章进一步检验二者间的影响机制。已有研究表明权益资本成本的高低与投资项目的风险程度紧密相关（Sharpe，1964；Levy，1978；Malkiel 和 Xu，2006）。企业风险的增加意味着投资者的风险随之上升，因此当企业面临的风险上升、未来收益不确定性增加时，投资者对于该企业可能会持观望态度，转而实施更加保守的投资策略（杨棉之等，2015），产生更高的风险溢价以保证自身利益（Romer，1993；Easley 和 O'Hara，2004；喻灵，2017），导致企业权益资本成本相应地增加。

首先，PPP 项目的任务集束与政府干预特征，使得企业在项目期内承担着多重任务，企业经济和社会服务的双重目标容易引起经营目标的混乱，不利于企业制定和实施经营计划及管理（陈峻等，2015），增加了管理层决策的失败风险（Baum 等，2006；牛建波和赵静，2012）。其次，项目风险转移与企业弱势地位特征意味着项目设计、投融资、建设和运营管理的风险基本上从政府部门转移到了社会资本（Blancbrude 等，2007；财金〔2014〕113 号，2014）。且实践和理论也已经表明企业参与 PPP 项目面临着项目收益不确定、政策变更、审批和建设工程延误、政府违约、市场需求变化等问题（Akintoye 等，1998；Shen 等，2006；Xu 等，2010；Ameyaw 和 Chan，2013；亓霞等，2009；杨宇和孙艳，2008；周和平等，2014），因此企业参与 PPP 项目后面临的风险增加。最后，长期合约和政府官员诚信特征表明与一般的商业项目不同，PPP 项目是一种长期合约，通常持续 10—30 年，甚至部分项目长达 35 年。而在项目初期都需要花费大量时间进行谈判协商，在项目建设完工后还存在多年项目运营期限，存在诸如政府诚信问题（Estache 和 Serebrisky，2004；Brench 等，2005；Xu 等，2010）。因此 PPP 项目的建设实施无论内部环境，还是外部环境都非常复杂，为企业的经营活动增添了复杂性和不确定性。因此本书认为，正是由于 PPP 项目的任务集束与政府干预特征、项目风险转移与企业弱势地位，以及长期合约和政府官员诚信这三大特征增加了企业风险，进而使投资者要求更高的回报率（Romer，1993；Easley 和 O'Hara，2004；喻灵，2017），企业权益资本成本随之增加。

此外大量研究表明，相对于非国有企业，国有企业更容易获得企业经营发展所需资源（Khwaja 和 Mian，2005；宋增基等，2014；余明桂和王娟，2015）。这种政府和金融体系的刚性支持使国有企业面临的风险显著低于非国有企业而风险承受能力显著高于非国有企业（Brandt 和 Li，2003；钱忠华，2009；邹萍，2013；喻灵，2017），因此在面对参与 PPP 项目对企业带来的风险冲击时，国有企业依靠政府的"保驾护航"能够减轻这一负面影响，而非国有企业往往需要自力更生，对 PPP 带来的风险只能自己全盘接收。再结合表6-6的分析结果，本章认为参与 PPP 项目带来的权益资本成本上升这一关系在非国有企业中更显著是由于与国有企业相比，参与 PPP 后非国有企业的风险显著上升导致。

本章参考 Kim 等（2011）的研究，结合文献中已广泛使用的三个企业风险代理变量：Altman（1968）的 Z-Score、Ohlson（1980）的 O-Score，以及 Shumway（2001）的破产概率 PoB 指数（Pobability of Bankruptcy），对它们采用主成分分析法并提取第一主成分，构造一个衡量企业风险的综合变量。其定义为：

$$Default\_Risk_{i,t} = -0.5867 \times Z_{Score\,i,t} + 0.6806 \times O_{Score\,i,t} + 0.4388 \times PoB_{i,t}$$
(6-3)

其中，

$$Z\_Score_{i,t} = 1.2 \times (WC_{i,t}/TA_{i,t}) + 1.4 \times (RE_{i,t}/TA_{i,t}) + 3.3 \times (EBIT_{i,t}/TA_{i,t}) + 0.6 \times (MV_{i,t}/TL_{i,t}) + 0.999 \times (SALES_{i,t}/TA_{i,t})$$
(6-4)

其中，$WC_{i,t}$ 等于净运营资本，$TA_{i,t}$ 等于总资产，$RE_{i,t}$ 等于留存收益，$EBIT_{i,t}$ 等于息税前收益，$MV_{i,t}$ 等于权益市场价值，$SALES_{i,t}$ 等于销售收入。Z_Score 的值越低代表企业的风险越大。

$$O\_Score_{i,t} = -1.32 + 6.03 \times (TL_{i,t}/TA_{i,t}) - 0.521 \times ((NI_{i,t} - NI_{i,t-1})/(|NI_{i,t}| + |NI_{i,t-1}|)) - 0.407 \times \log TA_{i,t} + 0.285 \times (EBITTWO_{i,t}) - 2.37 \times (NI_{i,t}/TA_{i,t}) + 0.076 \times (CL_{i,t}/CA_{i,t}) - 1.43 \times (WC_{i,t}/TA_{i,t}) -$$

$$1.72 \times (OENEG_{i,t}) - 1.83 \times (OIBD_{i,t}/TA_{i,t}) \qquad (6-5)$$

其中，$TL_{i,t}$ 等于总负债，$TA_{i,t}$ 等于总资产，$NI_{i,t}$ 等于净利润，$CL_{i,t}$ 等于流动负债，$CA_{i,t}$ 等于流动资产，$WC_{i,t}$ 等于净运营资本，$OIBD_{i,t}$ 等于折旧前营业收入。$EBITWO_{i,t}$ 和 $OENEG_{i,t}$ 均为虚拟变量，当企业税后净利润小于 0 时 $EBITWO_{i,t}$ 为 1，否则为 0；当 $TL_{i,t}$ 大于 $TA_{i,t}$ 时 $OENEG_{i,t}$ 为 1，否则为 0。O_Score 的值越高代表企业的风险越大。

$$PoB_{i,t} = e^{w_{i,t}}/(1 + e^{w_{i,t}}) \qquad (6-6)$$

$$\begin{aligned} w_{i,t} = &-13.303 - 1.982 \times (NI_{i,t}/TA_{i,t}) + 3.593 \times (TL_{i,t}/TA_{i,t}) - \\ & 0.467 \times \log(FMC_{i,t}/TMC_{i,t}) - 1.809 \times (ret_{i,t-1} - ret_{m,t-1}) + \\ & 5.791 \times (Vol_{i,t-1}) \qquad (6-7) \end{aligned}$$

其中，$NI_{i,t}$ 等于净利润，$TA_{i,t}$ 等于总资产，$TL_{i,t}$ 等于总负债，$FMC_{i,t}$ 等于企业的股票市场价值，$TMC_{i,t}$ 等于市场上所有公司总股票市场价值，$ret_{i,t-1} - ret_{m,t-1}$ 等于前一年经市场调整的累计收益率，$Vol_{i,t-1}$ 等于前一年股票收益波动率。PoB 的值越高代表企业的风险越大。

随后，本章参考 Kim 等（2011）的做法，对每个会计年度的 $Default\_Risk_{i,t}$ 值进行排序，并使用排序的十分位数值（$RDefault\_Risk_{i,t}$）作为本章回归分析中的企业风险度量指标。$RDefault\_Risk_{i,t}$ 的值越高代表企业的风险越高。作用机制的检验模型如下：

$$\begin{aligned} RDefault\_Risk_{i,t} = & \beta_0 + \beta_1 PPP_{i,t} + \beta_2 SOE_{i,t} + \beta_3 Size_{i,t} + \beta_4 Lev_{i,t} + \beta_5 \\ & MB_{i,t} + \beta_6 Beta_{i,t} + \beta_7 ROA_{i,t} + \beta_8 Sales\_Growth_{i,t} + \\ & \beta_9 Turnover_{i,t} + Year\ Fixed\ Effects + Industry\ Fixed \\ & Effects + \varepsilon_{i,t} \qquad (6-8) \end{aligned}$$

表 6-7 报告了企业风险作用机制的检验结果。第（1）列全样本下的回归结果表明，$RDefault\_Risk_{i,t}$ 与 $PPP_{i,t}$ 呈正相关关系

(系数=0.030，t=3.83)，且在1%的置信水平上显著。因此，参与PPP项目导致企业面临风险增加确实是引起企业权益资本成本上升的原因之一。而第（2）列和第（3）列的分组回归显示，国有企业样本下$RDefault\_Risk_{i,t}$与$PPP_{i,t}$的关系不显著，但在非国有企业样本下$RDefault\_Risk_{i,t}$与$PPP_{i,t}$在1%的置信水平上呈显著的正相关关系（系数=0.036，t=4.49）。表6-7的分析结果说明与国有企业相比，参与PPP项目确实为非国有企业带去了更大的风险。

表6-7 机制检验——企业参与PPP项目对企业风险的影响

Dep. Var. = $RDefault\_Risk_{i,t}$	(1) Full Sample	(2) SOEs	(3) Non-SOEs
$PPP_{i,t}$	0.030***	-0.010	0.036***
	(3.83)	(-0.34)	(4.49)
$SOE_{i,t}$	0.388***		
	(4.22)		
$Size_{i,t}$	-0.267***	-0.364***	-0.210***
	(-5.35)	(-5.18)	(-2.89)
$Lev_{i,t}$	1.919***	4.799***	0.389
	(6.12)	(9.09)	(0.95)
$MB_{i,t}$	0.015	-0.079*	0.065**
	(0.67)	(-1.93)	(2.40)
$Beta_{i,t}$	-0.155	0.409	-0.453*
	(-0.75)	(1.26)	(-1.74)
$Turnover_{i,t}$	0.048***	-0.049*	0.062***
	(3.51)	(-1.89)	(3.96)
$Sales\_Growth_{i,t}$	-0.336***	-0.198*	-0.397***
	(-4.12)	(-1.66)	(-3.89)

续表

Dep. Var. = $RDefault\_Risk_{i,t}$	(1) Full Sample	(2) SOEs	(3) Non-SOEs
$ROA_{i,t}$	-1.112	-3.620	-0.295
	(-0.86)	(-1.62)	(-0.19)
Constant	11.509***	12.765***	11.320***
	(9.41)	(7.11)	(6.59)
Year Fixed Effects	控制	控制	控制
Industry Fixed Effects	控制	控制	控制
Adjusted R^2	0.063	0.18	0.053
Observations	5963	2086	3877

信息披露是外部投资者了解企业实际运营情况的重要渠道，也是其投资决策的重要参考标准（喻灵，2017）。已有研究表明，信息披露质量的提高能够降低企业与投资者间的信息不对称程度（Diamond 和 Verrechia，1991；Welker，1995；Healy 等，1999；Botosan 和 Plumlee，2002；Brown 和 Hillegeist，2007），有助于外部投资者降低对公司未来经营活动的不确定性（卢文彬等，2014），更容易获得投资者的信任（李慧云和刘镝，2016）。此外，外部投资者对企业实际经营状况和公司治理情况处于信息劣势，而信息披露质量的提高有助于投资者更好地了解和评估企业未来收益，进而调整风险和收益预期（吴文锋等，2007），降低对未来风险的要求回报率（Botosan 和 Plumlee，2002；喻灵，2017）。因此，高质量的信息披露能够缓解参与 PPP 项目与权益资本成本间的正相关关系。

本章参考喻灵（2017）的研究，采用深圳证券交易所公开发布的"信息披露考评"指标（http://www.szse.cn/），作为上市公司信息披露质量的变量（Disclosure）。深圳证券交易所将全体上市公司的信息披露质量评定四个等级：优秀（A）、良好（B）、合

第6章 企业参与 PPP 项目对权益资本成本的影响

格（C）和不合格（D）。本章对应等级为其分别赋值 4、3、2、1。回归模型如下：

$$PEG_{i,t} = \gamma_0 + \gamma_1 Disclosure_{i,t} \times PPP_{i,t} + \gamma_2 PPP_{i,t} + \gamma_3 Disclosure_{i,t} +$$
$$\gamma_4 SOE_{i,t} + \gamma_5 Size_{i,t} + \gamma_6 Lev_{i,t} + \gamma_7 MB_{i,t} + \gamma_8 Beta_{i,t} +$$
$$\gamma_9 Turnover_{i,t} + \gamma_{10} Log\_Age_{i,t} + \gamma_{11} Log\_Volume_{i,t} +$$
$$\gamma_{12} Sales\_Growth_{i,t} + \gamma_{13} AbsAccr_{i,t} + \gamma_{14} Tangibility_{i,t} +$$
$$\gamma_{13} ROA_{i,t} + Year\ Fixed\ Effects + Industry\ Fixed\ Effects +$$
$$\varphi_{i,t} \qquad (6-9)$$

表 6-8 列示了信息披露质量对参与 PPP 项目与权益资本成本关系影响的检验结果。可以看到，在控制了信息披露质量（$Disclosure_{i,t}$）以后，企业权益资本成本（$PEG_{i,t}$）与 PPP（$PPP_{i,t}$）仍然在 1% 的置信水平上呈显著正相关关系，说明参与 PPP 项目增加了企业权益资本成本，这与本章假设 1 一致；而信息披露质量与 PPP 的交互项（$Disclosure_{i,t} \times PPP_{i,t}$）与权益资本成本（$PEG_{i,t}$）呈负相关关系，且在 1% 的置信水平上显著。这说明，信息披露质量的提高确实能够缓解参与 PPP 项目对企业权益资本成本的影响。

表 6-8　　机制检验——信息披露质量的影响

Dep. Var. = $PEG_{i,t}$	（1）	（2）
$PPP_{i,t} \times Disclosure_{i,t}$	-0.434***	-0.436***
	(-2.66)	(-3.08)
$PPP_{i,t}$	1.529***	1.471***
	(2.97)	(3.29)
$Disclosure_{i,t}$	-0.485***	-0.308**
	(-3.52)	(-2.21)
$SOE_{i,t}$		0.269
		(1.20)

续表

Dep. Var. = $PEG_{i,t}$	(1)	(2)
$Size_{i,t}$		−0.116
		(−0.85)
$Lev_{i,t}$		5.317***
		(8.27)
$MB_{i,t}$		−0.264***
		(−6.30)
$Beta_{i,t}$		−0.406
		(−1.12)
$Turnover_{i,t}$		−0.052**
		(−2.47)
$Sales\_Growth_{i,t}$		−0.371**
		(−2.45)
$ROA_{i,t}$		−5.678**
		(−2.39)
Constant	7.940***	0.927
	(11.26)	(0.27)
Year Fixed Effects	控制	控制
Industry Fixed Effects	控制	控制
Adjusted R^2	0.127	0.192
Observations	3632	3632

6.7 进一步分析

关于影响资本成本的影响因素,已有研究发现,法律环境和投资者保护水平(La Porta 等,2002;Hail 和 Leuz,2006;沈艺峰等,2005;陆宇建和叶洪铭,2007;姜付秀等,2008;肖松和赵峰,2010)、环境不确定性(陈峻等,2015;林钟高等,2015),以及融资约束(Lamont 等,2001;Whited 和 Wu,2006)会显著影响投资者的必要报酬率。因此本节进一步按照法律环境和投资者保护水平、环境不确定性以及融资约束三个方面对参与 PPP 项目与资本成本的关系进行分组检验。

6.7.1 法律环境和投资者保护水平分组

我国的法制环境尚不成熟、投资者保护水平较低,尤其是中小投资者的利益常常受到侵害(Jiang 等,2010)。投资者保护水平和法律环境的提高有助于公司价值的提升(Gompers 等,2003;王克敏和陈井勇,2004),因此公司价值与权益资本成本间的天然联系导致投资者会区别对待在投资者保护水平和法律环境存在差异的企业。Botosan 和 Plumlee(2002)认为较完善的法律和金融体系不仅可以对内部人起到监督作用,而且能够更好地向外部投资者传递公司信息,有助于企业权益资本成本的降低。La Porta 等(2002)研究发现,权益资本成本在投资者保护法律水平较高的国家更低,因为较高的投资者保护水平减少了内部人侵占企业收益的活动,进而增加公司价值最终减少企业融资成本。Hail 和 Leuz(2006)也发现法律制度和投资者保护的差异导致了企业权益资本成本的差异,两者存在显著的负相关关系,即:法律制度和投资者保护水平越高,企业权益资本成本越低。我国的沈艺峰等(2005)发现,中小投资者保护法律水平与企业权益资本成本呈现显著的负向关系,且随着中小投资者保护法律水平的提高,企业权益资本成本逐渐降低。陆宇建和叶洪铭(2007)研究表明,投资者会对投资者保护水平较低的企业要求更高的回报率,增大企业权益资本成本。姜付秀等(2008)、肖松和赵峰(2010)等的研究也发现了投资者保护水平与企业权益资本成本之间存在显著的负相关关系。

只有在投资者正当利益被重视和保护的条件下，投资者才会愿意提供资金以供企业经营发展。PPP 项目投资金额大、项目周期长，其任务集束与政府干预特征、项目风险转移与企业弱势地位，以及长期合约和政府官员诚信的特征加剧了企业风险和面临的不确定性。不仅如此，如上文提及地方政府官员和企业经理人有动机将 PPP 项目作为满足个人政治和经济目标的踏板，当企业所处地区的法律体系越弱、投资者保护水平越低时，官员和公司经理人追求个人私利、作出损害公司价值的行为更不容易被发现（Ghosh 和 Olsen，2009；申慧慧和吴联生，2012），因此 PPP 项目所在法律环境越差、投资者保护水平越低的地区更容易发生寻租行为、产生道德风险和逆向选择等问题。

当企业所处环境的法律体系和投资者保护水平较好时，对违规犯罪行为的监管和惩戒力度相应越高，因此政府官员和经理人企图通过 PPP 项目追求个人私利的寻租活动会相应减少。而如果企业位于法律体系较弱、投资者保护水平较低的地区时，投资者的正当回报更容易受到损害，因此当面临 PPP 项目为企业带来更高的风险时，投资人为了保证自己的利益会相应地要求企业提供更高的必要回报率。

而已有研究指出，对于政府而言，良好的制度和法律环境能够建立可持续和有效率的公私合作伙伴关系，并保证资源合理配置和社会福利的一致；对于社会资本和投资者而言，法律体系能够提供对自身正当利益和资产的保护，防止政府或企业违约行为的发生（Pongsiri，2002）。大量关于 PPP 经济后果的影响因素的研究也表明，地区的法律环境和制度质量越好，社会资本参与 PPP 的意愿越高、PPP 的成功率越高（Hirschhausen 等，2004；Galilea 和 Medda，2010；Percoco，2014；Panayides 等，2015；凤亚红等，2017；郑子龙，2017；宋夏子和王言，2018；周常春和伍梦月，2018）。Chen 和 Hubbard（2012）也发现，权利关系会扭曲风险分配而有利于强势一方，即实践中并不会像 PPP 理论那样将风险分配给最有能力管理风险的主体，拥有更多权力的政党能够将风险转移到其他参与方。罗煜等（2017）进一步指出社会资本的风险承担比例与 PPP 成功概率负相关。因此，在法律环境较差、投资者保护水平较低的地区，PPP 成功率更低，社会资本面临和实际承担的项目风险更高，PPP 项目与企业权益资本成本间的正向关系更显著。

本书使用樊纲和王小鲁编制的"市场中介组织的发育和法律制度环境评分"（2008—2014 年）度量地区的法律环境和投资者保护水平。该项评分得分越高，说明该地区法律制度环境和投资者保护水平越高。由于该指标得分仅发布到 2014 年，因此对于样本中 2015—2017 年数据本章采取指数平滑的方式弥补缺失值。根据年度中位数将样本进行分组，"市场中介组织的发育和法律制度环境评分"高于样本的中位数时赋值为 1（$Law\_IP_{i,t} = 1$），表示该地区的法律制度环境和投资者保护水平较高；"市场中介组织的发育和法律制度环境评分"低于样本的中位数时赋值为 0（$Law\_IP_{i,t} = 0$），表示该地区的法律制度环境和投资者保护水平较低。

表 6-9 列示了不同法律环境和投资者保护水平下 PPP 对企业权益资本成本的影响。可以看到，在 $Law\_IP = 1$、法律环境和投资者保护水平较高的样本下权益资本成本（$PEG_{i,t}$）与 PPP（$PPP_{i,t}$）的关系不显著；在 $Law\_IP = 0$、法律环境和投资者保护水平较低的样本中，权益资本成本（$PEG_{i,t}$）与 PPP（$PPP_{i,t}$）在 5% 的置信水平上呈显著正相关关系（系数 = 0.045，$t = 2.54$）。这表明，参与 PPP 项目与权益资本成本的正相关性确实在法律环境和投资者保护水平较低的地区更显著。

表 6-9　分组检验——法律环境和投资者保护水平

Dep. Var. = $PEG_{i,t}$	(1) Law_IP = 1	(2) Law_IP = 0
$PPP_{i,t}$	0.046	0.045**
	(1.15)	(2.54)
$SOE_{i,t}$	-0.668**	-0.438**
	(-2.09)	(-2.14)
$Size_{i,t}$	0.062	-0.068
	(0.41)	(-0.51)
$Lev_{i,t}$	4.640***	6.084***
	(5.14)	(8.84)
$MB_{i,t}$	-0.281***	-0.279***
	(-5.07)	(-6.23)
$Beta_{i,t}$	-1.064*	0.015
	(-1.70)	(0.04)
$Turnover_{i,t}$	-0.035	-0.042*
	(-1.11)	(-1.66)
$Sales\_Growth_{i,t}$	-0.896***	-0.404***
	(-4.17)	(-2.70)
$ROA_{i,t}$	-9.361***	-6.037**
	(-2.78)	(-2.31)
Constant	-4.004	-2.900
	(-0.97)	(-0.93)
Year Fixed Effects	控制	控制
Industry Fixed Effects	控制	控制
Adjusted R^2	0.199	0.208
Observations	2255	3283

6.7.2　环境不确定性分组

企业的环境不确定性关系着是否能够准确预测其未来经营收益

(Schipper 和 Vincent，2003），当企业的环境不确定性较高时，投资者预测公司未来经营状况和收益时更加困难。根据上述背景分析，参与 PPP 项目的企业不仅要追求自身利益最大化的目标还承担着社会责任，并且政府干预扮演的"干预之手"将政府作为公共事业管理者的目标内化于企业之中，容易造成企业经营目标多元化甚至含混不清。因此，当企业自身面临的环境不确定性较高时，参与 PPP 项目进一步降低了企业经营行为和经营环境的可预期性，加剧权益资本成本的上升。本书参考申慧慧等（2012）的研究，按照以下步骤计算环境不确定性指标（EU）：

$$EU_{i,t} = \begin{cases} 1, (FEU_{i,t})/Median\_IEU_{i,t} > median\ ((FEU_{i,t})/Median\_IEU_{h,t}) \\ 0, (FEU_{i,t})/Median\_IEU_{i,t} \leq median\ ((FEU_{i,t})/Median\_IEU_{h,t}) \end{cases}$$

(6 – 10)

$$FEU_{i,t} = SD\_Nsales/Mean\_Sales \quad (6-11)$$

$$Sale_{i,t} = \nu_0 + \nu_1 Year + \theta \quad (6-12)$$

其中，$FEU_{i,t}$ 为企业未经行业调整的环境不确定性；$Median\_IEU_{h,t}$ 为行业的环境不确定性，等于同年度同行业的 $FEU_{i,t}$ 中位数；$Mean\_Sales$ 为企业前 5 年正常销售收入均值；SD_Nsales 等于企业前 5 年非正常销售收入的标准差；而企业非正常销售收入等于模型（6 – 12）的残差。因此，当经行业调整后的企业环境不确定性高于同年度行业环境不确定性的中位数时，认为该企业面临较高的环境不确定性，$EU_{i,t}$ 等于 1；否则该值等于 0，认为企业面临的环境不确定性较低。

表 6 – 10 展示了分组检验结果。其中第（1）列为环境不确定较高的分组回归结果，第（2）列为环境不确定较低的分组回归结果。可以看到，当 $EU_{i,t} = 1$、企业面临的环境不确定性较高时，$PEG_{i,t}$ 与 $PPP_{i,t}$ 的系数在 5% 的置信水平上显著为正；而当 $EU_{i,t} = 0$、企业面临的环境不确定性较低时，$PEG_{i,t}$ 与 $PPP_{i,t}$ 的系数在 10% 的置信水平上显著为正，其回归系数的值和显著性均低于环境不确

定性较高分组。因此，参与 PPP 项目与企业权益资本成本间的正向关系在面临高环境不确定性的企业中更加显著。

表 6-10 分组检验——环境不确定性

Dep. Var. = $PEG_{i,t}$	(1) EU = 1	(2) EU = 0
$PPP_{i,t}$	0.099 **	0.063 *
	(1.97)	(1.72)
$SOE_{i,t}$	-0.552 **	-0.482 **
	(-2.29)	(-1.96)
$Size_{i,t}$	0.080	-0.131
	(0.61)	(-0.94)
$Lev_{i,t}$	5.010 ***	6.237 ***
	(7.12)	(7.23)
$MB_{i,t}$	-0.281 ***	-0.315 ***
	(-5.74)	(-5.62)
$Beta_{i,t}$	-0.446	-0.611
	(-1.16)	(-1.11)
$Turnover_{i,t}$	-0.037	-0.027
	(-1.63)	(-0.62)
$Sales\_Growth_{i,t}$	-0.637 ***	-0.458 **
	(-3.51)	(-2.53)
$ROA_{i,t}$	-7.619 ***	-6.838 **
	(-2.70)	(-2.17)
Constant	7.093 *	8.623 ***
	(1.91)	(2.80)
Year Fixed Effects	控制	控制
Industry Fixed Effects	控制	控制
Adjusted R^2	0.186	0.193
Observations	2492	3471

6.7.3 融资约束水平分组

已有研究表明，项目投资规模会显著影响 PPP 的实践效果（Li 等，2005；Galilea 和 Medda，2010；Percoco，2014；Lopes 和 Caetano，2015）。而与一般商业项目相比，PPP 项目提供的是基础设施建设与公共服务，投资金额可高达数十亿元人民币，且项目周期长，通常在 10 年至 30 年，仅仅依靠单个中标企业或几家联合中标企业的内部资金无法满足如此巨大的投资需求。而当企业面临融资约束时，融资可得性降低，投资者的必要报酬率随之增加，Lamont 等（2001）研究发现，面临融资约束的企业要求股票收益率显著升高。此外，PPP 项目设施建成以后，企业的成本和收益大多数依靠使用者付费和政府付费形式，但是也存在着实际收益达不到预期目标的情况，因此项目收益不确定性可能给参与 PPP 项目的企业造成损失。PPP 项目任务集束与政府干预特征、项目风险转移与企业弱势地位，以及长期合约和政府官员诚信的特征也增大了企业的经营风险和不确定性，提高其外部融资成本。因此，当面临的融资约束较高时，企业参与 PPP 项目后，以合理的市场价格获得融资可能更加困难，并且由于所涉及的投资额巨大，内部资金无法完全满足投资需求，企业不得不求助于代价更高的融资方式。巴曙松等（2018）的研究也表明较高的 PPP 项目质量和较低的融资约束有助于项目更容易付诸实施，项目成功率更高。因此对于融资约束更高的社会资本而言，PPP 项目成功率相对而言更低，风险更高。因此，参与 PPP 项目带来的企业权益资本成本上升在面临高融资约束的企业中可能更显著。

本书参考 Hadlock 和 Pierce（2010）的研究，使用 SA 指数测度企业融资约束。根据模型（6-13）计算出公司年度 SA 指数。其中 $Size_{i,t}$ 为企业规模，$Age_{i,t}$ 为企业年限。随后按年度计算 $SA\_firm_{i,t}$ 的中位数，$SA\_firm_{i,t}$ 值大于年度中位数的赋值为 1（$SA =$

1），表示企业面临的融资约束较高，$SA\_firm_{i,t}$ 值小于年度中位数的赋值为 0（$SA=0$），表示企业面临的融资约束较低。

$$SA\_firm_{i,t} = -0.737 \times Size_{i,t} + 0.043 \times Size_{i,t}^2 - 0.04\, Age_{i,t}$$

$$(6-13)$$

为了保证结果的稳健性，本书还借鉴 Kaplan 和 Zingales（1997）的研究，同时使用 KZ 指数作为企业融资约束的另一测度指标。同 SA 指数一样，按年度计算出 KZ 指数的中位数，指数大于年度中位数的赋值为 1（$KZ=1$），表示企业面临的融资约束较高，指数小于年度中位数的赋值为 0（$KZ=0$），表示企业面临的融资约束较低。

表 6-11 展示了融资约束分组下的企业参与 PPP 项目对权益资本成本的影响，其中第（1）列和第（2）列为 SA 指数测度的融资约束分组回归结果，第（3）列和第（4）列为 KZ 指数测度的融资约束分组回归结果。可以看到，当 $SA=1$、$KZ=1$，企业面临的融资约束较高时，$PEG_{i,t}$ 与 $PPP_{i,t}$ 的系数均在 1% 的置信水平上显著为正，而当 $SA=0$、$KZ=0$，企业面临的融资约束较低时，$PEG_{i,t}$ 与 $PPP_{i,t}$ 的系数均不显著。因此，参与 PPP 项目与企业权益资本成本间的正向关系在面临高融资约束的企业中更加显著。

6.8 稳健性检验

6.8.1 PSM 和 DID 检验

为了克服可能未观测到的其他因素，本节进一步采用双重差分法（Difference-in-Differences，简称 DID）检验参与 PPP 项目对企业权益资本成本的影响，以上市公司中参与 PPP 项目的公司作为处理组，以未参与 PPP 项目的公司作为控制组。

表 6 - 11　　　　分组检验——融资约束

Dep. Var. = $PEG_{i,t}$	(1) SA = 1	(2) SA = 0	(3) KZ = 1	(4) KZ = 0
$PPP_{i,t}$	0.062***	0.072	0.060***	-0.099
	(3.13)	(0.98)	(3.03)	(-0.74)
$SOE_{i,t}$	-0.637***	-0.237	-0.742***	-0.099
	(-2.60)	(-0.96)	(-3.02)	(-0.45)
$Size_{i,t}$	0.135	-0.812***	-0.017	-0.073
	(0.88)	(-3.95)	(-0.11)	(-0.59)
$Lev_{i,t}$	5.763***	5.638***	5.573***	4.093***
	(6.36)	(7.91)	(5.79)	(5.77)
$MB_{i,t}$	-0.393***	-0.272***	-0.300***	-0.313***
	(-4.51)	(-7.05)	(-5.55)	(-7.21)
$Beta_{i,t}$	-1.003*	-0.689*	-0.740	0.038
	(-1.95)	(-1.82)	(-1.47)	(0.11)
$Turnover_{i,t}$	-0.010	-0.050**	-0.025	-0.055***
	(-0.22)	(-2.40)	(-0.67)	(-2.63)
$Sales\_Growth_{i,t}$	-0.732***	-0.227	-0.515***	-0.430***
	(-3.90)	(-1.48)	(-2.80)	(-2.71)
$ROA_{i,t}$	-10.072**	-4.139*	-15.074***	0.788
	(-2.40)	(-1.74)	(-3.96)	(0.33)
Constant	6.055	24.829***	8.969***	8.378***
	(1.61)	(5.49)	(2.58)	(2.93)
Year Fixed Effects	控制	控制	控制	控制
Industry Fixed Effects	控制	控制	控制	控制
Adjusted R^2	0.205	0.130	0.181	0.120
Observations	3071	2892	3144	2819

本节首先采用倾向性评分匹配（Propensity Score Matching，简称 PSM）方法，选出同事前处理组在公司特征上最为相似和接近的一组样本作为控制组，进行检验。首先选取 2010—2017 年的样本区间，首轮选取公司规模（$Size$）、资产负债率（Lev）、市账比（MB）、β 系数（$Beta$）、换手率（$Turnover$）、销售增长率（$Sales\_Growth$）以及总资产收益率（ROA）进行检验，从中选取用以进行匹配的协变量。检验表明 $Size$、Lev、$Sales\_Growth$、$Turnover$ 以及 ROA 在控制组和处理组之间存在显著差异，因此将上述变量作为匹配协变量。随后采用概率模型（6 - 14），计算每个观测值的倾向得分，并使用处理组参与 PPP 项目的第一年的倾向得分，用最近邻匹配方法进行 1:1 匹配，得到控制组样本。在匹配样本中，所有企业都应该在处理组参与 PPP 项目之前和之后都有权益资本成本数据。此外，本节的匹配还区分了国有产权性质和行业，即国有企业与国有企业匹配、非国有企业与非国有企业进行匹配、同行业公司进行匹配。

$$Prob(Treat_{i,t} = 1) = \eta_0 + \eta_1 Size_{i,t} + \eta_2 Lev_{i,t} + \eta_3 Turnover_{i,t} + \eta_4 Sales\_Growth_{i,t} + \eta_5 ROA_{i,t} + Year\ Fixed\ Effects + Industry\ Fixed\ Effects + \upsilon_{i,t}$$

(6 - 14)

DID 检验的回归模型如下所示：

$$PEG_{i,t} = \rho_0 + \rho_1 Post_{i,t} \times Treat_{i,t} + \rho_2 Post_{i,t} + \rho_3 Treat_{i,t} + \rho_{04} Size_{i,t} + \rho_5 Lev_{i,t} + \rho_6 MB_{i,t} + \rho_7 Beta_{i,t} + \rho_8 Turnover_{i,t} + \rho_9 Sales\_Growth_{i,t} + \rho_{10} ROA_{i,t} + Year\ Fixed\ Effects + Industry\ Fixed\ Effects + \xi_{i,t}$$

(6 - 15)

其中，解释变量 $Post_{i,t}$，当公司 i 在 t 年参与 PPP 后取 1，否则为 0；解释变量 $Treat_{i,t}$，当公司在样本期间内有参与 PPP 项目的历史则该值为 1，否则为 0；$Treat_{i,t}$ 和 $Post_{i,t}$ 的交互项反映了企业参与 PPP 项目前后权益资本成本的变化，如果其回归系数 ρ_1 显著为正，则意味着参与 PPP 项目提高了企业权益资本成本,反之则表明参与 PPP 项目降低了权益资本成本。其他变量定义同模型(6-2)。表 6-12 报告了 PSM 的结果,匹配后,处理组和控制组间无显著差异。图 6-1 和图 6-2 为 PSM 匹配前后核密度图,进一步表明了匹配的有效性和合理性。

表 6-12　　　　稳健性检验——PSM 匹配样本结果

Variables	(1) Treated	(2) Control	(3) t-test (1) - (2)	(4) p > | t |
	Mean			
$Size_{i,t}$	23.614	23.891	-0.69	0.495
$Lev_{i,t}$	0.608	0.593	0.37	0.710
$MB_{i,t}$	3.541	3.113	0.69	0.492
$Beta_{i,t}$	0.948	0.939	0.11	0.910
$Turnover_{i,t}$	4.464	4.641	-0.19	0.849
$Sales\_Growth_{i,t}$	0.450	0.232	1.77	0.081
$ROA_{i,t}$	0.039	0.041	-0.31	0.759

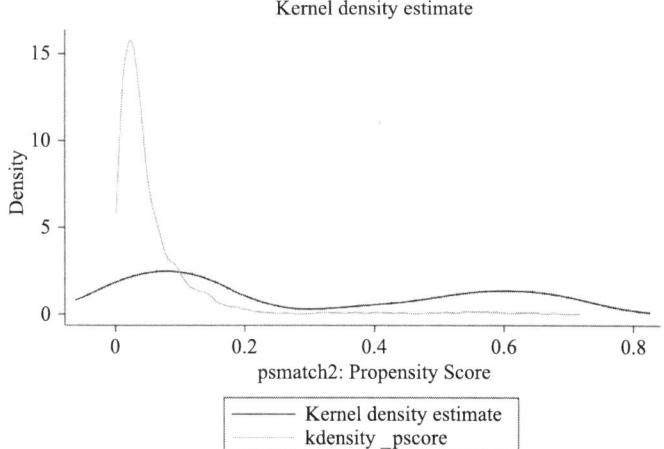

图 6-1　PSM 匹配前核密度图——权益资本成本

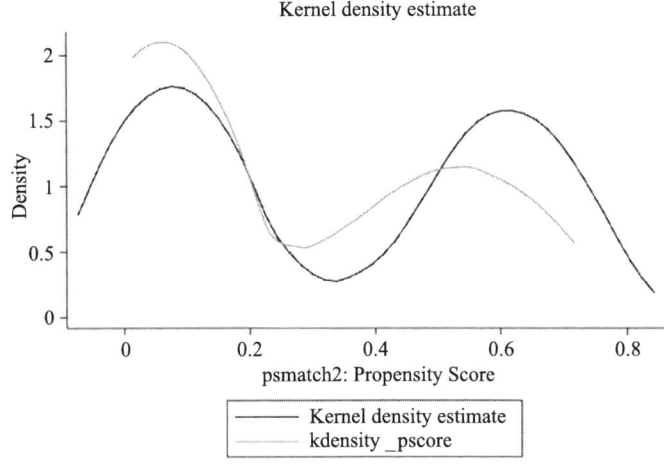

图 6-2　PSM 匹配后核密度图——权益资本成本

表 6-13 为基于 PSM 匹配样本的参与 PPP 项目影响企业权益资本成本的回归结果。其中第（1）列为全样本下回归结果，第（2）列和第（3）列分别为国有企业和非国有企业子样本下的回归结果。在加入 Post、Treat 变量以及控制年度和行业效应后，$Treat_{i,t}$ 和 $Post_{i,t}$ 的交互项在全样本和非国有企业样本下依然显著为正，而在国有企业下不显著，这与上文的回归结果一致。

表 6-13　稳健性检验——DID 和 PSM

Dep. Var. = $PEG_{i,t}$	(1) Full Sample	(2) SOEs	(3) Non-SOEs
$Post_{i,t} \times Treat_{i,t}$	1.948*	1.117	2.808**
	(1.87)	(0.43)	(2.16)
$Treat_{i,t}$	-1.797*	-0.982	-2.093*
	(-1.95)	(-0.57)	(-1.78)
$SOE_{i,t}$	1.058		
	(1.03)		

续表

Dep. Var. = $PEG_{i,t}$	(1) Full Sample	(2) SOEs	(3) Non-SOEs
$Size_{i,t}$	-0.086	-0.135	-0.259
	(-0.22)	(-0.21)	(-0.48)
$Lev_{i,t}$	0.959	8.881	-1.070
	(0.31)	(0.85)	(-0.30)
$MB_{i,t}$	-0.091	0.087	-0.148
	(-0.53)	(0.26)	(-0.71)
$Beta_{i,t}$	0.762	1.480	0.500
	(0.55)	(0.60)	(0.30)
$Turnover_{i,t}$	-0.184	-0.104	-0.281**
	(-1.58)	(-0.47)	(-2.04)
$Sales\_Growth_{i,t}$	-0.623	-0.796	-0.518
	(-1.22)	(-1.30)	(-0.68)
$ROA_{i,t}$	-18.527*	-16.520	-15.963
	(-1.71)	(-0.45)	(-1.29)
Constant	18.255**	12.235	25.571*
	(1.96)	(0.68)	(1.89)
Year Fixed Effects	控制	控制	控制
Industry Fixed Effects	控制	控制	控制
Adjusted R^2	0.435	0.413	0.442
Observations	272	104	168

综上，本章的研究表明，参与PPP项目显著增加了企业的权益资本成本，且二者间的正向关系在非国有企业中更加显著。

6.8.2 更换权益资本成本指标的计算方式

为了保证结果的稳健性，参考Gebharbt等（2003）、陆正飞和叶康涛（2004）、沈艺峰等（2005）的方法，采用"剩余收益贴现

模型"(Discounted Residual Income Model,简称 GLS)重新计算权益资本成本指标:

$$P_t = B_t + \frac{FORE_{t+1} - r_e}{(1 + r_e)}B_t + \frac{FORE_{t+2} - r_e}{(1 + r_e)^2}B_{t+1} + \frac{FORE_{t+3} - r_e}{(1 + r_e)^3}B_{t+2} + T_v \quad (6-16)$$

$$T_v = \sum_{i=4}^{T-1} \frac{FORE_{t+i} - r_e}{(1 + r_e)^i}B_{t+i-1} + \frac{FORE_{t+T} - r_e}{r_e(1 + r_e)^{T-1}}B_{t+T-1} \quad (6-17)$$

其中,P_t 等于企业在 t 期的配股或增发价格减去单位股份的发行费用,B_t 和 B_{t+1} 分别为第 t 期期初和期末的每股净资产,EPS_{t+1} 等于第 t 期的每股净利润,DPS_{t+1} 等于第 t 期的每股股利。$FORE_{t+i}$ 等于第 t+i 期净资产收益率预测值,此处本节对于企业有实际 ROE 的年份选用实际值;缺少实际值的年份,则采取实际值向行业平均 ROE 直线回归的方式,预测出各年 ROE 值,从第 t+T 期开始,企业的 ROE 一直维持在行业平均 ROE 水平上。式(6-17)中 $B_{t+i} = B_{t+i-1} + EPS_{t+i} - DPS_{t+i}$,对于 B_{t+i}、B_{t+i-1} 有实际值的取实际值,对于缺少实际值的按照 $B_{t+i} = B_{t+i-1} \times FROE(1-k)$ 计算,k 为股利支付率,等于公司历年的平均股利支付率。本节取 T=12,全样本的 ROE 中位数即为行业平均 ROE。r_e 即为权益资本成本指标,通过求解方程得出。其余变量定义同模型(6-2)。回归结果如表 6-14 所示。可以看到,全样本下 $PPP_{i,t}$ 与 $re_{i,t}$ 在 1% 的置信水平上显著为正,表明参与 PPP 项目确实显著增大了企业的权益资本成本。在国有企业和非国有企业样本下,$PPP_{i,t}$ 与 $re_{i,t}$ 也显著为正,但是在非国有企业下系数显著性更高。表明相对于国有企业而言,参与 PPP 项目对非国有企业的权益资本成本影响更大。因此,采用 GLS 模型、更换权益资本计算方法的回归结果支持本章结论。

第6章　企业参与PPP项目对权益资本成本的影响

表6-14　稳健性检验——更换权益资本成本指标

Dep. Var. = $re_{i,t}$	(1) Full Sample	(2) SOEs	(3) Non-SOEs
$PPP_{i,t}$	0.053***	0.077**	0.042***
	(3.25)	(2.50)	(3.32)
$SOE_{i,t}$	0.002		
	(0.01)		
$Size_{i,t}$	0.489***	0.341**	0.546***
	(5.22)	(2.24)	(4.16)
$Lev_{i,t}$	0.766	1.194	0.633
	(1.52)	(1.36)	(0.97)
$MB_{i,t}$	-0.157***	-0.320***	-0.123***
	(-4.12)	(-4.33)	(-2.65)
$Beta_{i,t}$	0.575*	-1.074*	1.196***
	(1.80)	(-1.71)	(3.20)
$Turnover_{i,t}$	-0.031	0.048	-0.069***
	(-1.46)	(1.19)	(-2.72)
$Sales\_Growth_{i,t}$	-0.366***	-0.169	-0.460***
	(-5.31)	(-1.44)	(-5.08)
$ROA_{i,t}$	19.768***	30.041***	16.855***
	(7.56)	(6.28)	(5.78)
Constant	-8.159***	-2.728	-10.484***
	(-3.76)	(-0.67)	(-3.66)
Year Fixed Effects	控制	控制	控制
Industry Fixed Effects	控制	控制	控制
Adjusted R^2	0.386	0.491	0.362
Observations	696	234	462

6.9 本章小结

本章考察了参与PPP项目对企业权益资本成本的影响。利用手工搜集的上市公司参与PPP项目的相关数据发现，上市公司参与PPP项目会显著增加其权益资本成本，且这一正向关系在参与PPP项目的非国有企业中更为显著，稳健性检验后，该结论仍然成立。本章认为，正是由于PPP项目的任务集束与政府干预特征、项目风险转移与企业弱势地位，以及长期合约和政府官员诚信这三大特征增加了企业风险，导致参与PPP项目后企业权益资本成本的上升。本章进一步研究了参与PPP项目对权益资本成本的作用机制发现，参与PPP项目确实增加了企业风险，且参与PPP项目与企业风险的正相关性在非国有企业中更显著。另外，高质量的信息披露能够缓解参与PPP项目对企业权益资本成本的不利影响。同时，参与PPP项目增加企业权益资本成本的关系在法律环境和投资者保护水平较低的地区、在环境不确定性较高、融资约束较大的企业中更为显著。

本章的研究结果对于政策制定者和市场参与者具有一定的指导和启示意义。首先，本章研究表明政策的事前设计对政策的实施效果会产生重要的影响，具体到PPP项目上来说，任务集束与政府干预特征、项目风险转移与企业弱势地位，以及长期合约和政府官员诚信这三个特征，使得企业面临的风险显著上升，进而增大了企业资本成本。PPP项目在我国正处于快速发展阶段，项目设计和风险管理的水平是PPP项目是否能够成功实施的关键因素，因此政府在PPP项目前期的立项及可行性分析中要做好充分的调研，并完善PPP项目的相关法律法规，一方面为PPP项目的有效实施打造成熟的外部法律环境，另一方面加强对政府权力行使的监督，在项目过程中充分尊重社会资本，在保证社会效益的同时兼顾企业伙伴利益，正视合作企业的合理利益诉求，努力降低企业面临的风险。其次，从企业层面来看，参与PPP项目能够为其带来合理回报的同时也会增大风险和权益资本成本，因此企业尤其是非国有企业在作出PPP项目参与决策时应该权衡利弊，根据公司的实际情况决定是否参与PPP项目，切忌跟风。本章的研究结论表明，高质量的信息披露有利于缓解参与PPP项目带来的权益资本成本上升，因此，企业在参与PPP项目后更应当努力提高信息披露质量。最后，对于外部投资者来说，投资者可以通过公司是否参与PPP项目以及参与PPP项目的数量来衡量和判断企业风险状况，以优化投资决策。

第7章

企业参与 PPP 项目对债务资本成本的影响

7.1 引言

本章研究了企业参与 PPP 项目对债务成本的影响。结合上一章的研究,从理论和直觉上看,参与 PPP 项目显著提高了企业的权益资本成本,对企业的融资成本带去了负面影响,一个接踵而至的问题就是为什么还有大量的社会资本热衷于 PPP 项目、积极参与其中?根据 PPP 的定义和实施过程来看,它是政府和社会资本以基础设施建设和公共服务供给为目的通过契约形式建立的长期合作伙伴关系,Xu 和 Zhou(2008)指出政府和企业以制度和法律为基础、通过契约建立起的政企关系是政治关联的一种,因此企业通过参与 PPP 项目有助于其建立政治关联或良好的政企关系。大量研究表明政治关联有助于企业获得资源便利。如融资便利、税收优惠、政府补助、打破行业壁垒(Peng 和 Luo,2000;Khwaja 和 Mian,2005;Faccio,2006;Adhikari 等,2006;Fan 等,2007;胡旭阳,2006;余明桂和潘红波,2008;罗党论和唐清泉,2009;吴文锋等,2009;潘越等,2009)。并且已有研究证明政治关联会显著影响企业的债务成本(Khwaja 和 Mian,2005;Faccio 等,2006;Houston 等,2014;Infante 和 Piazza,2014;Bradley 等,2016;Lim 等,2018)。

更为直接和重要的是,为了激发社会资本在公共领域的投资活力,保证 PPP 在中国的推广和顺利实施,提升人民群众获得感,政府出台了一系列政策文件支持和鼓励 PPP 以促进城乡发展(Chan 等,2011;Zhang 等,2015)。如 2014 年 9 月 23 日财政部发布的财金〔2014〕76 号文件指出,对于收入不能覆盖成本和收益,但社会效益较好的 PPP,地方各级财政部门给予适当补贴;2015 年 3 月颁布的发改投资〔2015〕445 号文件指出,要为 PPP 项目提供更多金融支持和优惠条件,包括给予差异化信贷政策,延长贷款期限长达 30 年,加快 PPP 项目贷款审批等;2017 年 3 月 7 日,国务院办公厅印发的《关于进一步激发社会领域投资活力的意见》(国办发〔2017〕21 号)指出,利用财政性资金为 PPP 提供贴息、补助或奖励。因此参与 PPP 能够为企业带来政治关联,而 PPP 本身也自带着政府的扶持和政策倾斜,而且政府的这种支持是从银行等金融机构、其他政府部门及社会大众多个层面的协调沟通和统筹布局,并明文规定了对 PPP 的一系列包括银行贷款在内的金融政策支持。而且社会资本承担了巨额的项目融资压力,银行贷款是其重要的融资渠道,债务资本成本作为企业融资成本的重要部分,探讨企业参与 PPP 项目是否会影响其债务成本对于深化金融体制改革,权衡 PPP 项目成本和项目收益,提高资金使用效率具有重要的现实意义。

通过国泰安数据库披露的 2010—2017 年上市公司贷款数据,以及手工搜集上市公司参与 PPP 数据,本章考察了企业参与 PPP 项目对其债务成本的影响。研究发现,参与 PPP 项目的企业面临较低的贷款利率,从而降低了债务成本。此外,该结论在基于倾向匹配得分的双重差分稳健性检验中也保持一致。随后,本章检验了 PPP 项目对国有企业和非国有企业的贷款利率的影响是否会有所不同。我国的 PPP 实践涉及国有企业和非国有企业的参与,而国有股权一直被视为政治关联的一种(Firth 等,2009;Cull 等,2015;

陈小林和潘克勤，2007；周林洁和邱汛，2013；宋增基等，2014）。已有研究表明国有股权有助于企业获得更多的政府合约（Agrawal 和 Knooeber，2001；Goldman 等，2009；Tahoun，2014），降低企业债务成本（Borisova 和 Megginson，2011；Chen 等，2011b；Shailer 和 Wang，2015）。因此，通过参与 PPP 项目带来的良好政企关系或潜在政治关联及好处可能对国有企业的影响较小，因为国有企业与政府存在天然的"血缘"联系使它已经具备了这些优势。此外，许多国有企业与中国的地方政府已经签订了与 PPP 类似的合约（Thieriot 和 Dominguez，2015），因此 PPP 项目对国有企业的影响可能小于非国有企业。本章的研究结果还表明，参与 PPP 项目与贷款利率（即企业债务资本成本）之间的负相关关系在非国有企业中确实更为显著。

此外，本章通过将总样本分为国有银行和非国有银行来检验贷款方类型是否会对 PPP 项目与贷款利率之间的负向关系产生不同的影响。已有研究表明，政府对银行拥有所有权，或银行的实际控股人为政府的现象在新兴市场更为普遍（La Porta 等，2002；Dinc，2005；Beck 等，2006）。与非国有银行相比，国有银行对于同一类相似的借款企业收取的贷款利息更低（Sapienza，2004）。并且，银行更倾向于贷款给政府为实际控制人的借款方，并向其收取更低的贷款利息（Sapienza，2004；Chen 等，2011b；Shailer 和 Wang，2015）。首先，国有银行承担了政府大量的行政和社会责任（周黎安，2008；何贤杰等，2008），而 PPP 是关系基础设施和市政工程的大型项目，得到了国家的大力支持。因此，国有银行比非国有银行更有责任大力支持关系社会公共利益的 PPP 项目。其次，银行尤其是国有银行的信贷资源配给会受政府干预和政治关联的影响（钱先航，2012；李思飞和刘欢，2014）。PPP 是关系社会大众切身利益的项目，投资金额往往高达数亿元人民币，因此，为了拉动地区经济增长和发展、提升区域 GDP，利益驱动下的地方政府有强烈动机去影响辖区内国有银行的信贷决策，使其金融资源向 PPP 项目倾斜。此外，PPP 是国家大力推广和支持的公共基础设施模式，因此国有银行经理可能出于政治仕途和职位晋升等个人利益和政治目的作出贷款决策（江伟和李斌，2006），尽量满足政府要求、执行和贯彻政策意图，为 PPP 项目提供金融支持为政府作出政治贡献。本章发现，国有银行对参与 PPP 项目的企业收取的贷款利息确实低于非国有银行。

本章进一步分析和检验了其他可能导致上述结果的因素和机制。首先，Chen 等（2010）指出会计稳健性与企业债务成本之间存在负相关关系，因此，参与 PPP 项目的企业其债务资本成本的降低可能是会计稳健性增加引起的。本章采用 Basu（1997）会计稳健性的度量方法，检验了企业在参与 PPP 项目后是否提高了会计稳健性，从而降低债务资本成本。本章研究结果表明，企业在参与 PPP 项目后其会计稳健性反而降低了，这表明，参与 PPP 项目与债务资本成本的负向关系并不是企业参与 PPP 项目后会计稳健性提高的结果。此外，已有文献指出，公司业绩的改善能够降低企业债务资本成本（Megginson 等，1994；Dewenter 和 Malatesta，2001；Bonin 等，2005；Jia，2009），那么参与 PPP 项目的企业其债务资本成本的降低可能是公司业绩提高引起的。因此，本章检验了企业在加入 PPP 项目后其公司业绩是否有所改善，然而本章没有发现相关证据支持这一观点。

7.2　理论分析与研究假设

与其他项目相比，PPP 项目通常持续 10—30 年，并且涉及巨额的项目投资金额（通常高达数亿元人民币），并且往往是社会资本来承担如此庞大的融资压力，催生了社会资本大量融资需求，外源融资的作用日益凸显（Rajan 和 Zingales，1998；Johnson 等，2002；Cull 和 Xu，2005）。目前，PPP 项目主要依靠银行贷款，以四川省 2017—2018 年新增签订融资协议的 51 个 PPP 项目为例，从项目融资成本方式来看，PPP 项目融资仍以银行贷款方式为主，在新增的 51 个项目中共有 48 个项目采取此种方式。考虑到贷款数额和信贷期限，这一做法不仅会增加社会资本的杠杆率，还会增加银行的风险。2017 年 4 月 26 日颁发的财预〔2017〕50 号[①]，明文禁止地方政府利用 PPP 违法违规变相举债；11 月 10 日出台的 92 号文[②]，规范了 PPP 的绩效管理和融资管理。这些文件的出台意味着政府防止 PPP 中的违规行为，进一步规范 PPP，重点防控地方政府隐性债务风险，以保证整个经济的安全和健康。

PPP 项目中政府与社会资本会在一个很长的过程中保持合作关系，这种关系主要的特点是：第一，合作紧密。企业需要政府遴选潜在项目和宏观指导协调，政府需要企业在专业技术和融资投资的优势，因此政府和企业在整个 PPP 项目中共同努力，推动具有不同知识和观点的合作伙伴通力合作（Brinkerhoff，2002；贾康和孙洁，2009；赖丹馨和费方域，2010；王俊豪和付金存，2014），以更好地满足市政工程和公用事业的需求。因此，PPP 项目下的政企关系是紧密合作的关系。第二，关系持续期较长。PPP 主要涉及的是工程建设项目，项目的全生命周期即是政府和社会资本的合作周期，比一般的商业项目长，一般在 10 年以上（叶晓甦等，2018）。政府与企业间的协商、谈判和沟通等都是长期关系的互动，因此，PPP 下的政企关系是全项目过程的长期关系。第三，政府的深度参

---

① 《关于进一步规范地方政府举债融资行为的通知》（财预〔2017〕50 号），http://yss.mof.gov.cn/zhuantilanmu/dfzgl/zcfg/201705/t20170503_2592801.html。

② 《关于规范政府和社会资本合作（PPP）综合信息平台项目库管理的通知》（财金〔2017〕92 号），http://jrs.mof.gov.cn/zhengwuxinxi/zhengcefabu/201711/t20171116_2751258.html。

与。政府在 PPP 项目中全程参与和监督（贾康和孙洁，2009；赖丹馨和费方域，2010；王俊豪和付金存，2014），不仅包括战略制定和绩效考核等项目层面、企业层面的职责，还承担着宏观协调及维护公众利益和社会资本利益。因此，PPP 项目下的政企关系是政府深度参与的关系。更重要的是，为了保证 PPP 在中国的推广和顺利实施以及社会资本的商业利益，政府陆续出台了通知和意见，明确规定了诸如"地方各级财政部门……给予示范项目前期费用补贴、资本补助等多种形式的资金支持"[①]、"优先保障 PPP 项目的融资需求……给予 PPP 项目差异化信贷政策……贷款利率可适当优惠"[②] 等内容，这表明了政府对 PPP 的鼓励和政策支持，而且政府的这种支持是从银行等金融机构、其他政府部门及社会大众多个层面的协调沟通和统筹布局，因此 PPP 项目下政府与企业的关系是政府支持和鼓励的关系。

已有研究指出企业可以通过各种渠道建立政治关联，例如政治捐款（Ovtchinnikov 和 Pantaleoni，2012；Correia，2014；Bradley 等，2016）、游说（Correia，2014；Bradley 等，2016）、承担企业社会责任（CSR）活动（Lin 等，2015）、参与政治活动（Feng 等，2015）、雇佣有政治关联的职员（Firth 等，2009；Houston 等，2014；Cull 等，2015）和国有股权（Firth 等，2009；Cull 等，2015）。而 Xu 和 Zhou（2008）指出政府和企业以制度和法律为基

[①] 2014 年 9 月 23 日财政部发布了《关于推广运用政府和社会资本合作模式有关问题的通知》。其中明确提出了要"完善项目支持政策"，"地方各级财政部门可以结合自身财力状况，因地制宜地给予示范项目前期费用补贴、资本补助等多种形式的资金支持"。

[②] 2015 年 3 月 17 日国家发展改革委和国家开发银行联合发布了《关于推进开发性金融支持政府和社会资本合作有关工作的通知》。其中第六条明确提出，"加强信贷规模的统筹调配，优先保障 PPP 项目的融资需求。在监管政策允许范围内，给予 PPP 项目差异化信贷政策，对符合条件的项目，贷款期限最长可达 30 年，贷款利率可适当优惠。建立绿色通道，加快 PPP 项目贷款审批"。

础、通过契约建立起的政企关系是政治关联的一种,因此根据上述分析,本书认为,企业可以通过参与PPP项目建立良好的政企关系和政治关联。

大量研究表明,建立了政治关联的企业其银行贷款成本和债务资本成本更低(Houston等,2014;Infante和Piazza,2014;Bradley等,2016;Lim等,2018)。因此,企业可以利用他们从PPP项目中获得的政治关联来降低其银行贷款的成本。以往文献指出,政治关联可以为企业提供获得金融资源的特殊优势(Firth等,2009;Cull等,2015)并降低债务资本成本(Infante和Piazza,2014;Bradley等,2016;Lim等,2018)。例如,具有政治关联的公司能够通过其政治网络影响银行家的贷款决策,以便他们能够以较低的利率获得贷款(Infante和Piazza,2014)。在中国,基于关系的融资可以作为基于经济因素的正式融资的替代机制(Allen等,2005)。PPP项目建立了企业与政府官员间的关系,而政府官员可以利用其政治权力来影响银行的贷款决策(Dinc,2005;Micco等,2007),进而降低企业的债务资本成本。研究表明,政治关联具有信息效应,能够减轻资金供求双方间的信息不对称(于蔚等,2012),降低潜在的信用风险,进而有助于降低企业的贷款利率。

此外,由于PPP项目投资规模往往高达数十亿元人民币,周期长达数十年,如财金函〔2016〕47号文件规定,PPP示范项目的合作期限原则上不应该低于10年。因此政府对参与PPP项目的社会资本具有较高的资质和实力要求,倾向于选择长期信用风险低的企业进行合作,以保障项目的顺利完工、实现社会和经济效益。以房县房州古镇建设PPP项目社会资本方采购为例,该项目采购单位为地方国有资产监督管理局,项目合作期包括5年建设期和20年运营期共25年,在招标书中明确要求参与的社会资本具有良好的商业信誉和健全的财务会计制度、具有履行合同所必需的设备和专业技术能力、具有相应的专业资质和资格证书、无重大不良资产或不良投资项目、未被列入违法失信名单、三年内在经营活动中无重大违法记录,等等,可以看出对参与 PPP 项目的社会资本进行了严格的规定和筛选,只有那些符合资质要求、信用记录和经验状况良好的企业才能最终参与 PPP 项目,成为社会资本方。因此,企业参与公开的 PPP 项目作为一种声誉机制,可以向市场发出该公司信用价值相对较高的信号,传递出企业具有相当的经济实力,具有良好的发展前景或者具有社会责任感,作出一定的社会贡献并被政府认可。而这种声誉和信号有助于企业提升社会认可度、获取其他有助于企业发展的资源(邵爱其和金宝敏,2008),进而降低债务资本成本。

由于 PPP 项目得到政府的鼓励和支持,因此与其他投资项目相比,参与 PPP 项目的企业更有可能得到政府的纾困。2017 年 3 月 5 日,在十二届全国人大五次会议的政府工作报告中再次提到"政府与社会资本合作",报告中提出要进一步深化 PPP,并完善相关的优惠政策[①],这是 PPP 连续三届在政府工作报告中被提及,其在国内的鼓励和推广力度可见一斑。此外,我国出台了一系列鼓励和规范 PPP 发展的政策文件,尤其是政府对社会资本的经济性或金融性支持包括提供税收优惠、政府补助、优惠贷款、资金奖励等(财金〔2014〕76 号,26;发改投资〔2015〕445 号,27,这类优惠待遇不仅极大地提高了社会资本参与 PPP 的积极性,还使得参与 PPP 项目的企业在面临财政压力时更可能得到政府救助。这种隐性的优惠在一定程度上消除了银行贷款时的风险顾虑(宋增基和尚秋丽,2015),也更容易获取贷款方的青睐,进而向其收取较低的贷款利率。根据以上分析,提出本章的第一个假设:

假设 1:企业项目参与 PPP 项目能够显著降低其债务资本

---

① http://www.chinanews.com/gn/2017/03-05/8165806.shtml,十二届全国人大五次会议开幕 李克强作政府工作报告(全文)。

成本。

在我国，政府在市场中处于绝对强势地位，控制了企业发展所需的大量关键资源（张敦力和李四海，2012），因此政治关联的存在对企业发展有着重要意义。而国有股权就被视为政治关联的一种（Firth等，2009；Cull等，2015；周林洁和邱汛，2013；宋增基等，2014）。已有研究一致认为国有企业与政府存在"血缘"联系，其所有权性质使之天然地具有政治关联，而非国有企业没有国有控股背景，与政府间不存在天然的联系（周林洁和邱汛，2013）。Tan等（2007）、冯天丽和井润田（2009）指出企业对政府依赖程度因其所有制不同而不同，与国有企业天然带有的政治关联相比，非国有企业更有动机去寻求政治关联。这两种"先天带有"和"后天寻求"的政治关联在形成机制、紧密程度上存在不同，因此，政治关联对于国有企业和非国有企业的影响存在显著差异（王庆文和吴世农，2008；吴文锋等，2009；陈维等，2015）。PPP作为"后天"建立政治关联的渠道之一，研究不同所有权结构下参与PPP项目对企业债务资本成本的影响是对现有研究的重要拓展。

国有企业承担了政府大量的行政和社会责任（林毅夫等，2004；周黎安，2008），其政治关联不仅来源于天然的国有股权性质，还来源于政府对经济的管理需求（周林洁和邱汛，2013）。PPP是企业参与基础设施建设和公共服务供给而与政府建立合作关系，是一种"后天"建立的政治关联。因此，通过参与PPP项目带来的潜在政治关联及好处可能对国有企业的影响较小，因为国有企业与政府存在的天然政治关联使它已经具备了这些优势：与非国有企业相比，国有企业凭借国有控股和政府背景一直是银行的"宠儿"，更可能获得银行的青睐如更容易获得贷款（Khwaja和Mian，2005；宋增基等，2014；余明桂和王娟，2015）和更低的债务资本成本即贷款利率（Chen等，2011b；Shailer和Wang，2015）。国有产权也可以通过提供隐性担保和提高企业偿还债务的能力,从而降低国有企业的债务资本成本(Borisova和Megginson,2011)。即使国有企业不参与PPP项目、失去了PPP层面的政治关联,他们依然可以凭借国有控股这种政治关联获取企业所需资源,参与PPP项目及其政治关联在国有企业面前的稀缺性和价值降低。因此,与非国有企业相比,国有企业在银行贷款方面具有先天的优势,参与PPP项目所带来的政企关系和政治关联对国有企业是否能降低债务资本成本不会有太大影响,因而PPP项目对国有企业的意义相对来说不会那么显著。

非国有企业相比之下则缺少国有控股权和政府背景,在金融压抑与低效率的国有银行垄断的市场中,我国银行业在信贷资源分配上对其存在歧视(孙铮等,2005;王艳艳和于李胜,2013),而政治关联有助于缓解非国有企业面临的信贷歧视和融资约束(卢锋和姚洋,2004;罗党论和甄丽明,2008)。PPP作为非国有企业能够"后天寻求"的政治关联,有助于拉近其与政府的关系,而且关于PPP的一系列政府文件也表明政府在金融资源和政策补贴上对PPP的支持和鼓励。可见,非国有企业参与PPP项目、建立PPP层面的政治关联是对其在所有权层面政治关联缺失的有效弥补,因而对非国有企业有着重要的意义,具有无法替代的价值和一定的稀缺性。此外,许多国有企业与中国的地方政府已经签订了与PPP类似的合约(Thieriot和Dominguez,2015),因此参与PPP项目对国有企业的影响可能小于对非国有企业。据此提出本章第二个假设:

假设2:企业参与PPP项目与债务资本成本之间的负相关关系在非国有企业中更为显著。

目前我国企业的融资主要依赖银行贷款,国有银行主导着银行业的信贷资源(Hongbin等,2008)。银行的产权性质不同,其经营特征与经营目标也存在差异,这种差异会进一步影响银行的信贷决策（戴捷敏等，2018）。但是中国背景下的银行业产权性质研究比较匮乏（Jia，2009），因此，在以国有银行为主体的金融体系（何贤杰等，2008）和政府与国有银行存在"天然"联系的背景下，研究不同银行产权性质下参与PPP项目与企业债务资本成本的关系是对相关文献的有益补充。

与非国有银行相比，国有银行带有"政府工具"色彩，承担了政府大量的行政和社会责任（周黎安，2008；何贤杰等，2008），即"政策性负担"（林毅夫和李志赟，2004；林毅夫等，2004），国有银行的信贷决策会更多地受到政治关联和政府干预的影响（余明桂和潘红波，2008；王艳艳等，2014；李思飞和刘欢，2014）。一方面，国有银行作为政府调控经济的主要手段（施华强，2004），优先支持国家和地区重点工程项目，保证重点行业和产业建设发展的资金是无可非议的。PPP是关系基础设施和市政工程的大型项目，得到了国家的大力支持。因此，国有银行作为承担地方经济发展、增加就业等公共治理目标和社会责任的"政府工具"（何贤杰等，2008），比非国有银行更有责任大力支持关系社会公共利益的PPP项目。

另一方面，国有银行的贷款行为会受到政治因素的影响（Chen等，2011b；Shailer和Wang，2015；巴曙松等，2005；余明桂和潘红波，2008；李思飞和刘欢，2014）。政府尤其是地方政府为了实现辖区内经济发展目标和政绩，有强烈动机去利用政府权力影响国有银行的信贷决策，使其全力支持地区内特定行业或重点项目建设（Debray和Wei，2004）。PPP是关系社会大众切身利益的项目，投资金额往往高达数亿元人民币，其项目范围涵盖桥梁、隧道和水利等重要行业领域。已有研究表明，国有银行不仅服务于自身的经济利益，还服务于政治家和官僚们设定的政治和个人目标如选民支持和政绩（Shleifer和Vishny，1994；Sapienza，2004；Dinc，2005；Micco等，2007），并且根据政府的优先事项进行贷款额度分配和贷款利率定价（Firth 等，2008）。因此，为了拉动地区经济增长和发展，提升区域 GDP，利益驱动下的地方政府有强烈动机去影响辖区内国有银行的信贷决策，使其金融资源向 PPP 项目倾斜。

此外，国有银行并不总是从自身利润角度作出贷款决策，而通常会为自身政治目的服务（Brandt 和 Li，2003；施华强，2004）。我国政府仍然拥有对国有银行的人事任免权（刘小玄，2001）。因此，国有银行经理可能出于政治仕途和职位晋升等个人利益和政治目的作出贷款决策（江伟和李斌，2006），尽量满足政府要求、执行和贯彻政策意图。PPP 是国家大力推广和支持的公共基础设施模式，且 PPP 项目的落地有助于当地政府官员的业绩考核，因此国有银行可以通过为 PPP 项目提供金融支持对政府作出政治贡献，进而满足自身利益需求。以上分析引出了本章的第三个假设：

假设 3：企业参与 PPP 项目与债务资本成本之间的负相关关系在国有银行中更为显著。

7.3 研究设计

为了考察 PPP 项目对参与企业债务资本成本的影响，本章参考 Dennis 等（2000）、Kim（2011）和 Ivanov 等（2016）的研究，以企业当年披露的银行贷款利率作为其债务资本成本指标。主要回归模型如下：

$$\begin{aligned} Interest_{i,j,t} = & \alpha_0 + \alpha_1\ PPP_{i,t} + \alpha_2\ SOE_{i,t} + \alpha_3\ Size_{i,t} + \alpha_4\ Lev_{i,t} + \\ & \alpha_5\ MB_{i,t} + \alpha_6\ MA_{i,t} + \alpha_7\ Sales\_Growth_{i,t} + \alpha_8\ Inventory_{i,t} + \\ & \alpha_9\ Log\_Age_{i,t} + \alpha_{10}\ CR_{i,t} + \alpha_{11}\ Loss_{i,t} + \alpha_{12}\ Collateral_{i,j,t} + \\ & \alpha_{13}\ Loan\_Size_{i,j,t} + \alpha_{14}\ Maturity_{i,j,t} + Firm\ Fixed\ Effects + \\ & Year\ Fixed\ Effects + \varepsilon_{i,j,t} \end{aligned} \qquad (7-1)$$

其中，变量 $Interest_{i,j,t}$ 是企业债务资本成本，等于公司 i 在 t 年收到 j 贷款的贷款利率；解释变量 $PPP_{i,t}$ 是公司 i 在 t 年承担的 PPP 项目个数（未参与 PPP 的公司该变量等于 0），$PPP_{i,t}$ 的系数衡量了参与 PPP 项目和未参与 PPP 项目借款人的贷款利率差别。因此，假设 1 意味着 $a_1 < 0$。

为了考察参与 PPP 项目的非国有企业相对于参与 PPP 的国有企业而言在债务资本成本上获益更多，本章将总样本分成国有企业和非国有企业两组子样本，重新检验了模型（7-1）。如果非国有企业样本中的 $PPP_{i,t}$ 系数显著高于国有企业，那么本章的假设 2 得到支持。同样地，为了检验贷款银行类型的不同是否会对贷款利率（$Interest_{i,j,t}$）与 PPP（$PPP_{i,t}$，假设 3）间的负相关关系产生影响，本章将全样本分成国有银行和非国有银行两组子样本来重新估算方程（7-1）。假设 3 表明 a_1 在国有银行样本中应显著为负，且其绝对值大于在非国有银行样本中的绝对值。

以往研究表明贷款特征对贷款利率产生影响（Kim 等，2011；Graham 等，2008；Ivanov 等，2016）。因此，本章也在模型（7-1）中加入一系列贷款特征作为控制变量：$Collateral_{i,j,t}$、$Loan\_Size_{i,j,t}$ 和 $Maturity_{i,j,t}$。$Collateral_{i,j,t}$ 为虚拟变量，代表公司是否为该笔贷款提供抵押担保物，该值等于 1 意味着企业为该笔贷款提供了抵押担保物品，其他情况下该值等于 0。$Loan\_Size_{i,j,t}$ 为贷款规模，等于每笔贷款金额的自然对数；$Maturity_{i,j,t}$ 为贷款到期日，等于贷款期限（年）的自然对数。在其他条件相同的情况下，银行更愿意为提供了抵押担保物品的贷款提供更低的贷款利率，具有潜在违约风险的贷款则面临更高的贷款利率和更严格的抵押条款。贷款规模越大和贷款期限越长其信贷风险也越高，贷款利率相应地更高。但是贷款规模越大，银行在放贷和监督时更具规模效应；到期日越长的贷款也更可能被授予信用程度更高的借款人，相应的贷款利率应更低。因此，贷款利率与贷款特征之间的关系尚不清楚（Ivanov

第 7 章 企业参与 PPP 项目对债务资本成本的影响

等,2016)。

根据以往文献,本章还控制了其他可能影响债务资本成本的因素:$SOE_{i,t}$、$Size_{i,t}$、$Lev_{i,t}$、$MB_{i,t}$、$Sales\_Growth_{i,t}$、$Inventory_{i,t}$、$CR_{i,t}$ 和 $Loss_{i,t}$(Sapienza,2004;Kim 等,2011;Bharath 等,2008)。变量 $SOE_{i,t}$ 为国有企业的虚拟变量,若企业为国有企业则等于 1,其余情况该值为 0。$Size_{i,t}$ 和 $Lev_{i,t}$ 分别为公司规模和资产负债率。本章预测 $Size_{i,t}$ 和 $Lev_{i,t}$ 与债务资本成本 $Interest_{i,j,t}$ 呈正相关。$MB_{i,t}$ 为市账比,等于公司资产市场价值除以资产账面价值的比值;$MB_{i,t}$ 代表了企业的成长潜力,预期与债务资本成本负相关。$Sales\_Growth_{i,t}$ 为销售增长率,代表企业的营利能力。$Inventory_{i,t}$ 为企业存货与总资产之比。$CR_{i,t}$ 为流动比率,等于流动资产的账面价值除以流动负债的账面价值。$CR_{i,t}$ 代表了公司资产的流动性与偿债能力,预期与债务资本成本负相关。$Loss_{i,t}$ 为企业亏损虚拟变量,若企业净利润为负则等于 1,否则为 0,预期与债务资本成本正相关。

已有证据表明,其他公司特征如是否发生合并或并购、公司年限等都可能影响银行贷款利率(Ashbaugh - Skaife 等,2007)。因此,本章加入了控制变量 $MA_{i,t}$ 和 $Log\_Age_{i,t}$。$MA_{i,t}$ 为公司合并或收购的虚拟变量,若公司在当年发生了合并或收购则该变量为 1,其余情况下为 0。$Log\_Age_{i,t}$ 为公司年限,等于公司成立以来年限的自然对数。本章还加入了公司固定效应和年度固定效应以控制各个公司间以及年份间的潜在差异。此外,为了减少异常值对结果的干扰、保证研究结果的稳健性,本节在 1% 的置信水平下对连续变量进行 winsorize 处理。具体的变量定义如表 7 - 1 所示。

表 7-1　　　　　　　　　变量定义表

变量名称	变量简称	变量定义
债务资本成本	$Interest_{i,j,t}$	国泰安数据库披露的上市公司每笔银行贷款利率
PPP	$PPP_{i,t}$	等于企业承担的 PPP 项目数量
国有企业	$SOE_{i,t}$	国有企业虚拟变量。若为国有企业则该值等于 1，否则为 0
国有银行	$SOB_{i,t}$	国有银行虚拟变量。如果贷款银行为国有银行则该值等于 1，否则为 0
企业规模	$Size_{i,t}$	等于年末企业资产的自然对数
资产负债率	$Lev_{i,t}$	等于年末企业总负债除以企业总资产
市账比	$MB_{i,t}$	等于年末股票价值除以股票账面价值
兼并收购	$MA_{i,t}$	兼并收购虚拟变量。当年企业若发生了合并或收购则该值等于 1，否则为 0
销售增长率	$Sales\_Groeth_{i,t}$	等于企业销售收入的年度增长率
存货比率	$Inventory_{i,t}$	等于企业存货除以企业总资产
企业年龄	$Log\_Age_{i,t}$	等于企业成立年数的自然对数
流动比率	$CR_{i,t}$	等于企业流动资产除以企业流动负债
企业亏损	$Loss_{i,t}$	企业亏损虚拟变量。若企业净利润为负则等于 1，否则为 0
抵押质押物	$Collateral_{i,j,t}$	抵押质押物虚拟变量。若企业为该笔贷款提供了抵押质押物则该值等于 1，否则为 0
贷款规模	$Loan\_Size_{i,j,t}$	等于贷款金额的自然对数
贷款年限	$Maturity_{i,j,t}$	等于贷款年限的自然对数

7.4　研究数据与描述性统计

本章银行贷款利率数据来自国泰安数据库中披露的所有上市公

第7章 企业参与PPP项目对债务资本成本的影响

司其2010—2017年银行贷款记录数据,PPP项目数据来源同上一章。并按照以下标准剔除了部分观测值:第一,为了满足研究需求,剔除了企业贷款特征变量缺失的观测值;第二,剔除ST企业数据和金融行业数据;第三,剔除其他变量缺失的数据。本章最终样本包括1644个观测值。本章财务数据均来自国泰安数据库。企业层面与贷款层面的全样本描述性统计如表7-2所示。

表7-2 描述性统计

Variable	N	Mean	S.D.	Q1	Median	Q3
$Interest_{i,j,t}$	1644	6.70	2.54	4.98	6.1	7.94
$PPP_{i,t}$	1644	0.28	1.77	0	0	0
$SOE_{i,t}$	1644	0.62	0.49	0	1	1
$Size_{i,t}$	1644	23.04	1.30	22.08	23.10	24.09
$Lev_{i,t}$	1644	0.63	0.19	0.51	0.65	0.79
$MB_{i,t}$	1644	1.86	1.39	1.11	1.35	2.04
$MA_{i,t}$	1644	0.52	0.5	0	1	1
$Sales\_Growth_{i,t}$	1644	0.19	0.55	-0.11	0.09	0.32
$Inventory_{i,t}$	1644	0.25	0.26	0.05	0.13	0.50
$Log\_Age_{i,t}$	1644	2.58	0.57	2.49	2.71	2.94
$CR_{i,t}$	1644	1.45	0.84	0.82	1.35	1.78
$Loss_{i,t}$	1644	0.19	0.39	0	0	0
$Collateral_{i,j,t}$	1644	0.23	0.42	0	0	0
$Loan\_Size_{i,j,t}$	1644	18.55	1.27	17.73	18.42	19.52
$Maturity_{i,j,t}$	1644	1.94	1.75	1	1	3

可以看到,$Interest_{i,j,t}$和$PPP_{i,t}$的均值(中值)为6.70%(6.1%)和0.28(0),标准差分别为2.54和1.77。$Maturity_{i,j,t}$均值(中值)为1.94(1),且$Loan\_Size_{i,j,t}$的均值(中值)为18.55(18.42),且总样本中约有23%的贷款都有抵押担保物品。$Size_{i,t}$的均值和中值分别为23.04和23.1,与以往文献大致相符。其他

企业层面的风险和绩效变量（$Lev_{i,t}$、$MB_{i,t}$、$Sales\_Growth_{i,t}$ 和 $Inventory_{i,t}$）的描述性统计表明，本章的样本选择是合理有效的。从总体来看 PPP 是一个长期的项目（10—30 年），但是根据原始手工数据来看，到样本期结束时尚未有样本公司完成，因此 $PPP_{i,t}$ 是企业 i 在 t 年累计承担 PPP 项目的数量，这一做法避免了直接用 0—1 虚拟变量来衡量是否参与 PPP 项目的模糊性，更加准确地衡量了企业参与 PPP 项目的程度。

表 7-3 报告了变量间的 Spearman 相关系数结果。可以看到，$Interest_{i,j,t}$ 与 $PPP_{i,t}$ 呈现显著负相关关系，说明参与 PPP 项目的企业其银行贷款利率更低。$Interest_{i,j,t}$ 与 $SOE_{i,t}$ 的关系在 1% 的显著性水平上负相关，说明贷款银行对国有企业收取的贷款利率比非国有企业低。虽然 Spearman 相关系数仅代表了单边回归下的潜在关系，但是这一结果也在某种程度上表明贷款银行确实会根据借款企业是否参与 PPP 项目而对其加以区分。

表 7-3　　　　　　　　　相关系数分析

Variables	$Interest_{i,j,t}$	$PPP_{i,t}$	$SOE_{i,t}$	$Size_{i,t}$	$Lev_{i,t}$
$Interest_{i,j,t}$	1				
$PPP_{i,t}$	-0.042*	1			
$SOE_{i,t}$	-0.256***	-0.089***	1		
$Size_{i,t}$	-0.009	0.158***	0.220***	1	
$Lev_{i,t}$	0.289***	0.162***	0.066***	0.358***	1
$MB_{i,t}$	0.053**	-0.077***	-0.354***	-0.743***	-0.298***
$MA_{i,t}$	0.201***	0.077***	-0.165***	0.260***	0.222***
$Sales\_Growth_{i,t}$	-0.027	-0.011	-0.137***	0.024	-0.109***
$Inventory_{i,t}$	0.478***	0.092***	-0.169***	0.096***	0.433***
$Log\_Age_{i,t}$	0.137***	0.023	0.041	0.124***	0.308***
$CR_{i,t}$	0.253***	-0.029	-0.270***	-0.103***	-0.264***
$Loss_{i,t}$	0.040	-0.029	0.103***	-0.080***	0.286***

续表

Variables	$Interest_{i,j,t}$	$PPP_{i,t}$	$SOE_{i,t}$	$Size_{i,t}$	$Lev_{i,t}$
$Collateral_{i,j,t}$	0.208 ***	0.054 **	-0.215 ***	0.136 ***	0.132 ***
$Loan\_Size_{i,j,t}$	0.169 ***	0.048 *	-0.078 ***	0.384 ***	0.202 ***
$Maturity_{i,j,t}$	-0.027	0.063 **	-0.021	0.218 ***	0.040
	$MB_{i,t}$	$MA_{i,t}$	$Sales\_Growth_{i,t}$	$Inventory_{i,t}$	$Log\_Age_{i,t}$
$MB_{i,t}$	1				
$MA_{i,t}$	-0.101 ***	1			
$Sales\_Growth_{i,t}$	0.034	0.164 ***	1		
$Inventory_{i,t}$	-0.086 ***	0.263 ***	0.055 **	1	
$Log\_Age_{i,t}$	-0.055 **	0.062 **	-0.031	0.214 ***	1
$CR_{i,t}$	0.163 ***	0.125 ***	0.211 ***	0.441 ***	0.087 ***
$Loss_{i,t}$	0.037	-0.104 ***	-0.348 ***	-0.014	0.088 ***
$Collateral_{i,j,t}$	-0.072 ***	0.143 ***	0.042 *	0.172 ***	0.119 ***
$Loan\_Size_{i,j,t}$	-0.276 ***	0.148 ***	-0.039	0.181 ***	0.191 ***
$Maturity_{i,j,t}$	-0.134 ***	0.067 ***	0.075 ***	0.055 ***	0.054 **
	$CR_{i,t}$	$Loss_{i,t}$	$Collateral_{i,j,t}$	$Loan\_Size_{i,j,t}$	$Maturity_{i,j,t}$
$CR_{i,t}$	1				
$Loss_{i,t}$	-0.260 ***	1			
$Collateral_{i,j,t}$	0.081 ***	-0.072 ***	1		
$Loan\_Size_{i,j,t}$	0.057 **	-0.023	0.149 ***	1	
$Maturity_{i,j,t}$	0.050 **	-0.102 ***	0.104 ***	0.301 ***	1

7.5 实证结果与分析

本章主回归结果如表 7-4 所示。$Interest_{i,j,t}$ 为被解释变量债务资本成本。所有回归都在公司层面进行了标准聚类（Kim 等，2011）。表 7-4 的第（1）列和第（2）列分别控制了年度和行业、年度和公司固定效应。$PPP_{i,t}$ 的系数均显著为负（分别为：系数 = -0.070，t = -2.01；系数 = -0.065；t = -1.65）。这一结果说明参与 PPP 项目确实会对企业的债务资本成本产生影响。而第（1）和第（2）列的 $PPP_{i,t}$ 系数进一步表明，参与 PPP 项目的企业其债务资本成本更低。假设 1 得到支持。

从控制变量角度来看，本章发现债务资本成本与国有产权（$SOE_{i,t}$）和账面市值比（$MB_{i,t}$）呈显著负相关关系。其他公司特征的控制变量的结果与以往关于债务资本成本的研究基本一致（Bharath 等，2008；Shailer 和 Wang，2015；Kim 等，2011）。在全样本下，$Interest_{i,j,t}$ 与 $Collateral_{i,j,t}$ 呈显著正相关关系，与 $Maturity_{i,j,t}$ 呈显著负相关关系，与 Ivanov 等（2016）和 Bharath 等（2008）的研究一致。同 Kim 等（2011）的研究结果一样，本章也没有发现 $Interest_{i,j,t}$ 与 $Loan\_Size_{i,j,t}$ 间的显著关系。

表 7-4　企业参与 PPP 项目对债务资本成本的影响

Dep. Var. = $Interest_{i,j,t}$	(1)	(2)
$PPP_{i,t}$	-0.070**	-0.065*
	(-2.01)	(-1.65)
$SOE_{i,t}$	-0.844***	-0.472
	(-3.35)	(-0.98)

续表

Dep. Var. = $Interest_{i,j,t}$	(1)	(2)
$Size_{i,t}$	-0.242**	0.178
	(-2.02)	(0.75)
$Lev_{i,t}$	0.315	-1.263
	(0.38)	(-1.29)
$MB_{i,t}$	0.003	-0.190*
	(0.04)	(-1.71)
$MA_{i,t}$	-0.029	-0.076
	(-0.23)	(-0.56)
$Sales\_Growth_{i,t}$	0.075	0.002
	(0.72)	(0.02)
$Inventory_{i,t}$	1.494*	1.404
	(1.73)	(0.92)
$Log\_Age_{i,t}$	0.217	0.205
	(1.48)	(0.26)
$CR_{i,t}$	-0.173	-0.277
	(-1.22)	(-1.59)
$Loss_{i,t}$	0.113	0.129
	(0.61)	(0.65)
$Collateral_{i,j,t}$	0.356**	0.215
	(2.25)	(1.27)
$Loan\_Size_{i,j,t}$	0.064	0.004
	(1.03)	(0.06)
$Maturity_{i,j,t}$	-0.097***	-0.033
	(-2.80)	(-0.82)
Constant	11.015***	2.971
	(4.39)	(0.53)
Firm Fixed Effects		控制

续表

Dep. Var. = $Interest_{i,j,t}$	(1)	(2)
Year Fixed Effects	控制	控制
Industry Fixed Effects	控制	控制
Clustered by	Firm	Firm
Adjusted R^2	0.186	0.195
Observations	1644	1644

为了进一步检验假设 2，考察产权性质对参与 PPP 项目与债务资本成本的关系的影响，本章进一步将总样本拆分为国有和非国有企业，回归结果如表 7-5 所示。可以看到，$PPP_{i,t}$ 的系数在第（1）列国有企业样本下不显著（系数 = 0.228，t = 1.43），但在第（2）列非国有企业样本下显著为负（系数 = -0.092，t = -5.91）。这表明贷款银行主要对参与 PPP 项目的非国有企业提供较低的贷款利率。相对于国有企业，非国有企业在债务资本成本方面从 PPP 项目中获益更多。假设 2 得到支持。

表 7-5 企业产权差异下企业参与 PPP 项目对债务资本成本的影响

Dep. Var. = $Interest_{i,j,t}$	(1)	(2)
	SOEs	Non-SOEs
$PPP_{i,t}$	0.228	-0.092***
	(1.43)	(-5.91)
$Size_{i,t}$	0.381	0.126
	(1.09)	(0.29)
$Lev_{i,t}$	-1.722	0.276
	(-1.36)	(0.16)
$MB_{i,t}$	-0.046	-0.103
	(-0.29)	(-0.67)

续表

Dep. Var. = $Interest_{i,j,t}$	(1) SOEs	(2) Non-SOEs
$MA_{i,t}$	0.054	-0.423
	(0.30)	(-1.50)
$Sales\_Growth_{i,t}$	-0.097	0.039
	(-0.64)	(0.29)
$Inventory_{i,t}$	0.511	1.899
	(0.26)	(1.14)
$Log\_Age_{i,t}$	1.485	0.270
	(1.45)	(0.30)
$CR_{i,t}$	-0.696**	-0.013
	(-2.14)	(-0.05)
$Loss_{i,t}$	0.164	0.169
	(0.75)	(0.52)
$Collateral_{i,j,t}$	0.226	0.137
	(0.93)	(0.61)
$Loan\_Size_{i,j,t}$	-0.016	0.113
	(-0.19)	(1.40)
$Maturity_{i,j,t}$	0.016	-0.148**
	(0.37)	(-2.18)
Constant	-4.980	2.474
	(-0.57)	(0.26)
Firm Fixed Effects	控制	控制
Year Fixed Effects	控制	控制
Clustered by	Firm	Firm
Adjusted R^2	0.256	0.221
Observations	1015	629

为了检验假设 3，考察 PPP 项目与债务资本成本的关系在国有银行和非国有银行间是否存在差异，将总样本拆分为国有银行贷款和非国有银行贷款两组子样本，回归结果如表 7-6 所示。可以看到，$PPP_{i,t}$ 的系数在国有银行样本下显著为负（系数 = -0.849，t = -2.51），比在非国有银行样本下（系数 = -0.047，t = -1.16）更加显著。这表明，国有银行对参与 PPP 项目的企业提供较低的贷款利率。假设 3 得到支持。

表 7-6　银行产权差异下企业参与 PPP 项目对债务资本成本的影响

Dep. Var. = $Interest_{i,j,t}$	(1) State-owned Banks	(2) Non-state-owned Banks
$PPP_{i,t}$	-0.849**	-0.047
	(-2.51)	(-1.16)
$Size_{i,t}$	1.570	0.090
	(1.18)	(0.40)
$Lev_{i,t}$	-4.168	-0.703
	(-0.53)	(-0.74)
$MB_{i,t}$	0.237	-0.243**
	(0.63)	(-2.09)
$MA_{i,t}$	0.843	-0.061
	(1.22)	(-0.44)
$ROA_{i,t}$	-0.205	-0.022
	(-0.52)	(-0.18)
$Log\_Age_{i,t}$	-17.007**	1.495
	(-2.22)	(1.04)
$CR_{i,t}$	-4.374**	1.828
	(-2.04)	(1.56)
$Collateral_{i,j,t}$	-1.426*	-0.146
	(-1.68)	(-0.82)

续表

Dep. Var. = $Interest_{i,j,t}$	(1) State-owned Banks	(2) Non-state-owned Banks
$Loan\_Size_{i,j,t}$	-0.270	0.113
	(-0.20)	(0.53)
$Maturity_{i,j,t}$	0.213	0.190
	(0.26)	(1.05)
Constant	-0.139	0.044
	(-0.79)	(0.64)
Firm Fixed Effects	控制	控制
Year Fixed Effects	控制	控制
Clustered by	Firm	Firm
Adjusted R^2	0.340	0.200
Observations	224	1,420

7.6 作用机制检验

7.6.1 企业参与PPP项目对会计稳健性的影响

已有研究发现会计稳健性能够降低企业债务资本成本（Chen等，2010），有助于企业获得银行信任和贷款（王艳艳等，2014）。而由于PPP项目潜在的风险（Li等，2005），因此企业在参与PPP项目以后可能倾向于采用更稳健的会计策略，而会计稳健性的增加反过来降低了债务资本成本。故参与PPP项目的企业其债务资本成本的降低可能是会计稳健性增加导致的。本节采用Basu（1997）会计稳健性的度量方法，检验了企业在参与PPP项目后其会计稳健性是否提高，从而导致债务资本成本的下降。回归模型如下：

$$\begin{aligned}
X_{i,t} = &\lambda_0 + \lambda_1 R_{i,t} \times D_{i,t} \times PPP_{i,t} + \lambda_2 R_{i,t} \times D_{i,t} + \lambda_3 R_{i,t} + \lambda_4 D_{i,t} + \\
& \lambda_6 R_{i,t} \times PPP_{i,t} + \lambda_7 D_{i,t} \times PPP_{i,t} + \lambda_8 R_{i,t} \times D_{i,t} \times SOE_{i,t} + \\
& \lambda_9 R_{i,t} \times D_{i,t} \times Size_{i,t} + \lambda_{10} R_{i,t} \times D_{i,t} \times Lev_{i,t} + \lambda_{11} R_{i,t} \times D_{i,t} \times \\
& MB_{i,t} + \lambda_{12} R_{i,t} \times D_{i,t} \times MA_{i,t} + \lambda_{13} R_{i,t} \times D_{i,t} \times \\
& Salse\_Growth_{i,t} + \lambda_{14} R_{i,t} \times D_{i,t} \times Inventory_{i,t} + \lambda_{15} R_{i,t} \times \\
& D_{i,t} \times Loss_{i,t} + \lambda_{16} R_{i,t} \times D_{i,t} \times Log\_Age_{i,t} + \lambda_{17} R_{i,t} \times D_{i,t} \times \\
& CR_{i,t} + \lambda_{18} R_{i,t} \times SOE_{i,t} + \lambda_{19} R_{i,t} \times Size_{i,t} + \lambda_{20} R_{i,t} \times Lev_{i,t} + \\
& \lambda_{21} R_{i,t} \times MB_{i,t} + \lambda_{22} R_{i,t} \times MA_{i,t} + \lambda_{23} R_{i,t} \times Salse\_Growth_{i,t} + \\
& \lambda_{24} R_{i,t} \times Inventory_{i,t} + \lambda_{25} R_{i,t} \times Loss_{i,t} + \lambda_{26} R_{i,t} \times \\
& Log\_Age_{i,t} + \lambda_{27} R_{i,t} \times CR_{i,t} + \lambda_{28} D_{i,t} \times SOE_{i,t} + \lambda_{29} D_{i,t} \times \\
& Size_{i,t} + \lambda_{30} D_{i,t} \times Lev_{i,t} + \lambda_{31} D_{i,t} \times MB_{i,t} + \lambda_{32} D_{i,t} \times MA_{i,t} + \\
& \lambda_{33} D_{i,t} \times Salse\_Growth_{i,t} + \lambda_{34} D_{i,t} \times Inventory_{i,t} + \lambda_{35} D_{i,t} \times \\
& Loss_{i,t} + \lambda_{36} D_{i,t} \times Log\_Age_{i,t} + \lambda_{37} D_{i,t} \times CR_{i,t} + \lambda_{38} SOE_{i,t} + \\
& \lambda_{39} Size_{i,t} + \lambda_{40} Lev_{i,t} + \lambda_{41} MB_{i,t} + \lambda_{42} MA_{i,t} + \\
& \lambda_{43} Salse\_Growth_{i,t} + \lambda_{44} Inventory_{i,t} + \lambda_{45} Loss_{i,t} + \\
& \lambda_{46} Log\_Age_{i,t} + \lambda_{47} CR_{i,t} + Firm\ Fixed\ Effects + Year\ Fixed \\
& Effects + e_{i,t} \quad\quad\quad\quad\quad\quad\quad\quad\quad\quad\quad\quad\quad (7-2)
\end{aligned}$$

其中，$X_{i,t}$ 为企业 i 在 t 年的每股收益除以期初股价；$R_{i,t}$ 为 t 年 5 月至 $t+1$ 年 4 月间的年度股票回报率；$D_{i,t}$ 为虚拟变量，当 $R_{i,t} < 0$ 时该值等于 1，否则为 0；其余变量定义同模型 (7-1) 一致。表 7-7 的第 (1) 列给出了在没有 PPP 和控制变量的情况下估算 Basu (1997) 模型的结果。$R_{i,t} \times D_{i,t}$ 的系数在 5% 的置信水平上显著为正（系数 = 0.027，t = 2.09），表明总体来看样本公司都表现为会计稳健性。表 7-7 的第 (2) 列结果显示 $R_{i,t} \times D_{i,t} \times PPP_{i,t}$ 的系数在 10% 的置信水平上显著为正（系数 = -0.022，t = -1.78）。随后，将变量 $SOE_{i,t}$ 从模型 (7-2) 中移除并将总样本拆分为国有企业和非国有企业重新检验，回归结果如表 7-7 的第 (3) 列和第 (4) 列所示：$R_{i,t} \times D_{i,t} \times PPP_{i,t}$ 的系数仅在非国有企业子样本下负显著（系

第 7 章 企业参与 PPP 项目对债务资本成本的影响

数 = -0.149, t = -2.36)。

表 7-7 结果表明,参与 PPP 项目后企业的贷款利率下降并不是会计稳健性的增加导致的。事实上,企业在参与 PPP 项目后其会计稳健性反而降低,这可能是因为参与 PPP 项目后得到政府的支持等原因使其更有可能获得利率相对较低的贷款,降低其对稳健性的要求。所以,参与 PPP 项目与债务资本成本的负向关系并不是由于企业参与 PPP 项目后提高了会计稳健性的结果。

表 7-7 企业参与 PPP 项目对会计稳健性的影响

Dep. Var. = $X_{i,t}$	(1) Full Sample	(2) Full Sample	(3) SOEs	(4) Non-SOEs
$R_{i,t} \times D_{i,t} \times PPP_{i,t}$		-0.022* (-1.78)	-0.018 (-1.47)	-0.149** (-2.36)
$R_{i,t} \times D_{i,t}$	0.027** (2.09)	0.995*** (4.29)	1.529*** (4.21)	0.767 (1.51)
$R_{i,t}$	-0.005 (-0.77)	-0.539*** (-3.92)	-1.310*** (-4.11)	-0.417** (-2.08)
$D_{i,t}$	0.005 (0.94)	-0.006 (-0.05)	-0.132 (-0.80)	-0.149 (-0.69)
$LPPP_{i,t}$		-0.003*** (-2.60)	-0.007 (-1.61)	-0.003* (-1.86)
$R_{i,t} \times PPP_{i,t}$		0.008*** (3.56)		0.012*** (2.85)
$D_{i,t} \times PPP_{i,t}$		-0.000 (-0.11)		-0.011** (-2.09)
$R_{i,t} \times D_{i,t} \times SOE_{i,t}$		0.040* (1.86)		
$R_{i,t} \times D_{i,t} \times Size_{i,t}$		-0.051*** (-4.99)	-0.070*** (-5.03)	-0.035 (-1.46)

续表

Dep. Var. = $X_{i,t}$	(1)	(2)	(3)	(4)
		Full Sample	SOEs	Non-SOEs
$R_{i,t} \times D_{i,t} \times Lev_{i,t}$		0.123	0.140*	0.031
		(1.58)	(1.79)	(0.17)
$R_{i,t} \times D_{i,t} \times MB_{i,t}$		0.014	0.048*	0.025
		(1.27)	(1.92)	(1.52)
$R_{i,t} \times D_{i,t} \times MA_{i,t}$		0.011	0.001	-0.054
		(0.52)	(0.04)	(-1.59)
$R_{i,t} \times D_{i,t} \times Sales\_Grwth_{i,t}$		0.047**	0.017	0.034
		(2.06)	(0.45)	(1.15)
$R_{i,t} \times D_{i,t} \times Inventory_{i,t}$		0.021	-0.038	0.178*
		(0.52)	(-0.54)	(1.91)
$R_{i,t} \times D_{i,t} \times Loss_{i,t}$		-0.120***	-0.045	0.961**
		(-2.71)	(-0.97)	(2.42)
$R_{i,t} \times D_{i,t} \times Log\_Age_{i,t}$		0.014	-0.005	-0.013
		(1.04)	(-0.13)	(-0.60)
$R_{i,t} \times D_{i,t} \times CR_{i,t}$		0.005	-0.000	0.001
		(0.39)	(-0.01)	(0.06)
$R_{i,t} \times SOE_{i,t}$		-0.026**		
		(-2.16)		
$R_{i,t} \times Size_{i,t}$		0.030***	0.058***	0.022**
		(4.57)	(4.59)	(2.19)
$R_{i,t} \times Lev_{i,t}$		-0.140***	-0.193***	-0.085
		(-2.69)	(-2.95)	(-1.13)
$R_{i,t} \times MB_{i,t}$		0.008	0.011	0.010
		(1.09)	(1.32)	(1.31)
$R_{i,t} \times MA_{i,t}$		0.002	0.018	0.036
		(0.14)	(0.92)	(1.47)

续表

Dep. Var. = $X_{i,t}$	(1)	(2)	(3)	(4)
		Full Sample	SOEs	Non-SOEs
$R_{i,t} \times Sales\_Growth_{i,t}$		-0.055**	-0.033	-0.036
		(-2.56)	(-0.91)	(-1.43)
$R_{i,t} \times Inventory_{i,t}$		0.037	0.030	0.052
		(1.37)	(0.53)	(1.48)
$R_{i,t} \times Loss_{i,t}$		0.090**	0.062	-1.038***
		(2.28)	(1.51)	(-2.68)
$R_{i,t} \times Log\_Age_{i,t}$		-0.016	0.019	-0.021
		(-1.50)	(0.72)	(-1.40)
$R_{i,t} \times CR_{i,t}$		-0.015	-0.004	-0.017
		(-1.51)	(-0.33)	(-1.21)
$D_{i,t} \times SOE_{i,t}$		-0.020*		
		(-1.96)		
$D_{i,t} \times Size_{i,t}$		0.002	0.008	0.007
		(0.35)	(1.18)	(0.71)
$D_{i,t} \times Lev_{i,t}$		-0.016	-0.074	-0.017
		(-0.36)	(-1.47)	(-0.29)
$D_{i,t} \times MB_{i,t}$		0.011**	0.001	0.030***
		(2.11)	(0.16)	(4.93)
$D_{i,t} \times MA_{i,t}$		-0.011	0.002	-0.004
		(-1.24)	(0.20)	(-0.29)
$D_{i,t} \times Sales\_Growth_{i,t}$		-0.018***	-0.027**	-0.013
		(-2.71)	(-2.40)	(-1.59)
$D_{i,t} \times Inventory_{i,t}$		0.042*	0.006	0.104***
		(1.85)	(0.21)	(4.03)
$D_{i,t} \times Loss_{i,t}$		0.023*	0.035**	-0.135***
		(1.78)	(2.30)	(-3.70)

续表

Dep. Var. = $X_{i,t}$	(1)	(2)	(3)	(4)
		Full Sample	SOEs	Non-SOEs
$D_{i,t} \times Log\_Age_{i,t}$		-0.009	-0.003	-0.015*
		(-1.17)	(-0.27)	(-1.83)
$D_{i,t} \times CR_{i,t}$		-0.009	-0.004	-0.019*
		(-1.39)	(-0.50)	(-1.93)
$SOE_{i,t}$		0.026***		
		(2.63)		
$Size_{i,t}$		-0.058***	-0.071***	-0.040***
		(-7.80)	(-4.71)	(-3.97)
$Lev_{i,t}$		0.188***	0.214***	0.140***
		(5.24)	(4.26)	(3.05)
$MB_{i,t}$		-0.015***	-0.001	-0.030***
		(-3.31)	(-0.31)	(-7.18)
$MA_{i,t}$		0.014	0.007	-0.014
		(1.59)	(0.72)	(-1.06)
$Sales\_Growth_{i,t}$		0.009	0.011	0.004
		(1.63)	(1.14)	(0.57)
$Inventory_{i,t}$		-0.002	-0.001	0.036
		(-0.07)	(-0.02)	(1.15)
$Loss_{i,t}$		-0.036***	-0.034**	0.093***
		(-3.32)	(-2.39)	(2.84)
$Log\_Age_{i,t}$		0.021	0.023	-0.023
		(1.42)	(0.91)	(-0.89)
$CR_{i,t}$		0.001	-0.007	0.005
		(0.22)	(-1.12)	(0.54)
Constant	0.010	1.174***	1.451***	0.942***
	(1.12)	(7.33)	(3.91)	(4.17)

续表

Dep. Var. = $X_{i,t}$	(1)	(2)	(3)	(4)
	Full Sample		SOEs	Non-SOEs
Firm Fixed Effects	控制	控制	控制	控制
Year Fixed Effects	控制	控制	控制	控制
Clustered by	Firm	Firm	Firm	Firm
Adjusted R^2	0.259	0.621	0.691	0.722
Observations	734	734	414	320

7.6.2 企业参与PPP项目对企业绩效的影响

已有文献指出，企业业绩的改善能够降低企业债务资本成本（Megginson等，1994；Dewenter和Malatesta，2001；Bonin等，2005；Jia，2009）。因此，参与PPP项目后企业债务资本成本的下降也可能是由于企业绩效的提高导致的，即企业参与PPP项目后业绩提高、收益增加，降低了银行对其风险感知，进而降低贷款利率。为了检验企业参与PPP项目后其后续绩效是否提高，本节用下一期的ROE、EBITDA/TA以及 $Sales\_Growth$ 作为企业绩效指标、与 $PPP_{i,t}$ 及其他控制变量进行回归，回归结果如表7-8所示。可以看到，在全样本中 $PPP_{i,t}$ 显著降低了 $ROE_{i,t+1}$ 和 $Sales\_Growth_{i,t+1}$，且 $PPP_{i,t}$ 与 $ROE_{i,t+1}$、$EBITDA/TA_{i,t+1}$ 和 $Sales\_Growth_{i,t+1}$ 间的负相关关系在非国有企业中更加显著。根据上述结论——参与PPP项目与债务资本成本之间的负相关关系主要存在于非国有企业的子样本中，参与PPP项目后企业债务资本成本的下降不是由于企业绩效的提高所致。

表7-8　企业参与PPP项目对企业绩效的影响

Dep. Var. = $ROE_{i,t+1}$	(1) Full Sample	(2) SOEs	(3) Non-SOEs
$PPP_{i,t}$	-0.012**	0.011	-0.013***
	(-2.35)	(0.77)	(-3.89)
$SOE_{i,t}$	0.170		
	(1.41)		
$Size_{i,t}$	0.047	0.179*	-0.113*
	(0.60)	(1.90)	(-1.83)
$Lev_{i,t}$	-0.315	-0.138	0.615*
	(-0.86)	(-0.38)	(1.70)
$MB_{i,t}$	0.021	0.052**	-0.005
	(0.87)	(2.32)	(-0.18)
$MA_{i,t}$	0.045	0.033	-0.054
	(1.58)	(1.05)	(-1.62)
$Sales\_Growth_{i,t}$	0.004	0.004	0.011
	(0.18)	(0.17)	(0.52)
$Inventory_{i,t}$	0.184	0.130	-0.244
	(0.68)	(0.47)	(-1.02)
$Log\_Age_{i,t}$	0.229	-0.106	0.498***
	(1.57)	(-0.87)	(3.40)
$CR_{i,t}$	0.074	-0.039	0.129
	(0.88)	(-0.73)	(1.48)
$Loss_{i,t}$	-0.138*	-0.095	-0.202**
	(-1.95)	(-1.12)	(-2.12)
$ROE_{i,t}$	-0.711***	-0.428***	-1.015***
	(-4.42)	(-3.34)	(-7.36)
Constant	-1.517	-3.643*	1.184
	(-0.95)	(-1.85)	(0.96)

续表

Dep. Var. = $ROE_{i,t+1}$	(1)	(2)	(3)
	Full Sample	SOEs	Non-SOEs
Firm Fixed Effects	控制	控制	控制
Year Fixed Effects	控制	控制	控制
Clustered by	Firm	Firm	Firm
Adjusted R^2	0.382	0.186	0.746
Observations	679	388	291
Dep. Var. = $EBITDA/TA_{i,t+1}$	(4)	(5)	(6)
	Full Sample	SOEs	Non-SOEs
$PPP_{i,t}$	-0.004	-0.005	-0.001*
	(-1.55)	(-0.48)	(-1.69)
$SOE_{i,t}$	0.005		
	(0.12)		
$Size_{i,t}$	0.065	0.116	-0.027
	(1.09)	(1.36)	(-1.65)
$Lev_{i,t}$	0.200	0.780	0.125
	(0.85)	(1.10)	(1.12)
$MB_{i,t}$	-0.005	0.035	-0.008
	(-0.30)	(0.80)	(-1.41)
$MA_{i,t}$	0.009	-0.039	-0.001
	(0.63)	(-1.05)	(-0.23)
$Sales\_Growth_{i,t}$	-0.018	-0.030	0.004
	(-0.85)	(-0.80)	(0.95)
$Inventory_{i,t}$	-0.097	-0.483	-0.052
	(-0.96)	(-1.12)	(-1.41)
$Log\_Age_{i,t}$	0.057	0.222	0.123***
	(1.09)	(0.83)	(4.82)

续表

Dep. Var. = $EBITDA/TA_{i,t+1}$	(4) Full Sample	(5) SOEs	(6) Non-SOEs
$CR_{i,t}$	-0.011	-0.077	-0.000
	(-0.81)	(-1.11)	(-0.04)
$Loss_{i,t}$	0.169	0.191	0.018
	(1.13)	(1.12)	(0.95)
$EBITDA/TA_{i,t}$	1.816	3.507	-0.342**
	(0.99)	(1.08)	(-2.35)
Constant	-1.678	-3.563	0.348
	(-1.14)	(-1.24)	(1.06)
Firm Fixed Effects	控制	控制	控制
Year Fixed Effects	控制	控制	控制
Clustered by	Firm	Firm	Firm
Adjusted R^2	0.078	0.155	0.360
Observations	689	394	295
Dep. Var. = $Sales\_Growth_{i,t+1}$	(7) Full Sample	(8) SOEs	(9) Non-SOEs
$PPP_{i,t}$	-0.047***	-0.011	-0.049**
	(-3.32)	(-0.18)	(-2.14)
$SOE_{i,t}$	0.274*		
	(1.71)		
$Size_{i,t}$	-0.129	-0.207	0.094
	(-0.61)	(-0.84)	(0.25)
$Lev_{i,t}$	-0.256	-0.257	-0.653
	(-0.30)	(-0.30)	(-0.32)
$MB_{i,t}$	0.059	0.152	0.088
	(0.70)	(0.93)	(0.65)

续表

Dep. Var. = $Sales\_Growth_{i,t+1}$	(7) Full Sample	(8) SOEs	(9) Non-SOEs
$MA_{i,t}$	0.122	-0.037	0.354*
	(1.03)	(-0.28)	(1.67)
$Sales\_Growth_{i,t}$	-0.478***	-0.340***	-0.697***
	(-4.01)	(-3.52)	(-3.60)
$Inventory_{i,t}$	-0.371	-1.147	-0.021
	(-0.28)	(-0.70)	(-0.01)
$Log\_Age_{i,t}$	-0.031	-0.342	0.476
	(-0.08)	(-0.97)	(0.79)
$CR_{i,t}$	-0.198	-0.762***	-0.020
	(-1.01)	(-3.77)	(-0.09)
$Loss_{i,t}$	0.363**	0.099	0.877**
	(2.56)	(0.83)	(2.39)
Constant	3.678	7.085	-2.182
	(0.69)	(1.13)	(-0.26)
Firm Fixed Effects	控制	控制	控制
Year Fixed Effects	控制	控制	控制
Clustered by	Firm	Firm	Firm
Adjusted R^2	0.213	0.270	0.319
Observations	684	390	294

7.7 稳健性检验

7.7.1 PSM 和 DID 检验

为了克服可能未观测到的其他因素，本节采用基于倾向匹配样本的双重差分法进行稳健性检验。为了筛选倾向匹配的控制组公司,首先选取 2010—2017 年的样本区间,首轮选取公司规模($Size$)、资产负债率(Lev)、兼并收购(MA)、销售增长率($Sales\_Growth$)、存货比率($Inventory$)、企业年龄(Log_Age)、流动比率(CR)、企业亏损($Loss$)进行检验,从中选取用以进行匹配的协变量。检验表明上述变量在控制组和处理组之间均存在显著差异,因此均应作为匹配协变量。随后采用概率模型(7-3)计算每个观测值的倾向得分,并使用处理组参与 PPP 项目的第一年的倾向得分,用最近邻匹配方法进行 1∶10 匹配。在匹配样本中,所有企业都应该在处理组参与 PPP 项目之前和之后都有贷款利率数据。此外,本节的匹配还区分了国有产权性质和行业,即国有企业与国有企业匹配、非国有企业与非国有企业进行匹配、同行业公司进行匹配。

$$Prob(Treat_{i,t} = 1) = \gamma_0 + \gamma_1 Size_{i,t} + \gamma_2 Lev_{i,t} + \gamma_3 MB_{i,t} + \gamma_4 MA_{i,t} \\ + \gamma_5 Sales\_Growth_{i,t} + \gamma_6 Inventory_{i,t} + \gamma_7 Log\_Age_{i,t} \\ + \gamma_8 CR_{i,t} + \gamma_9 Loss_{i,t} + Industry\ Fixed\ Effects + Year \\ Fixed\ Effects + \epsilon_{i,t} \quad (7-3)$$

其中,$Treat_{i,t}$ 为处理组虚拟变量,若公司在样本期间内有参与 PPP 项目的历史则为处理组该值为 1,否则为控制组该值为 0;其他变量定义同模型(7-1)。表 7-9 显示,处理组和控制组间无显著差异。图 7-1 和图 7-2 为 PSM 匹配前后核密度图,进一步表明了匹配的有效性和合理性。

DID 检验的回归模型如下所示:

$$Interest_{i,j,t} = \eta_0 + \eta_1 Post_{i,t} \times Treat_{i,t} + \eta_2 Treat_{i,t} + \eta_3 Post_{i,t} + \\ \eta_4 Size_{i,t} + \eta_5 Lev_{i,t} + \eta_6 MB_{i,t} + \eta_7 MA_{i,t} + \\ \eta_8 Sales_{Growth\ i,t} + \eta_9 Inventory_{i,t} + \eta_{10} Log_{Age\ i,t} + \\ \eta_{11} CR_{i,t} + \eta_{12} Loss_{i,t} + \eta_{13} Collateral_{i,j,t} + \\ \eta_{14} Loan_{Size\ i,j,t} + \eta_{15} Maturity_{i,j,t} + Industry\ Fixed$$

第7章 企业参与 PPP 项目对债务资本成本的影响

$$Effects + Year\ Fixed\ Effects + \epsilon_{i,j,t} \quad (7-4)$$

$Post_{i,t}$ 为虚拟变量,若公司 i 在 t 年及以后承担着 PPP 项目,那么对于公司 i 及其相应的匹配公司,设置该年份及之后的年份的 $Post_{i,t}=1$,在此之前的年份对应 $Post_{i,t}=0$。$Treat_{i,t}$ 和 $Post_{i,t}$ 的交互项反映了企业参与 PPP 项目前后贷款利率的变化,其中 $Treat_{i,t}$ 和 $Post_{i,t}$ 分别控制了公司特征以及参与 PPP 前后各阶段的变化趋势。预计交互项显著为负。然而,表 7 - 10 结果显示,在全样本下该交互项与债务资本成本($Interest_{i,j,t}$)呈不显著的负相关关系。随后将总样本拆分为国有企业与非国有企业子样本重新检验模型(7 - 4),结果如表 7 - 10 第(2)列和第(3)列所示。可以看到,非国有企业子样本下的交互项系数在 10% 的置信水平上显著为负(系数 = -0.821,t = -1.87);将总样本拆分为国有银行和非国有银行子样本重新检验模型(7 - 4),结果如表 7 - 10 第(4)列和第(5)列所示。可以看到,国有银行子样本下的交互项系数在 1% 的置信水平上显著为负(系数 = -15.421,t = -5.48)。因此,在控制了内生性问题之后,参与 PPP 项目后企业尤其是非国有企业和国有银行间债务资本成本的关系仍然成立。

表 7 - 9　　稳健性检验——PSM 匹配样本结果

Variables	(1) Treated	(2) Control	(3) t - test (1) - (2)	(4) p > |t|
	Mean			
$Size_{i,t}$	23.642	23.475	0.26	0.797
$Lev_{i,t}$	0.654	0.691	-0.41	0.609
$MB_{i,t}$	1.615	1.495	0.29	0.779
$MA_{i,t}$	0.571	0.444	0.45	0.664
$Sales\_Growth_{i,t}$	0.103	0.456	-0.62	0.544
$Inventory_{i,t}$	0.166	0.228	0.47	0.644

续表

	（1）	（2）	（3）	（4）
$Log\_Age_{i,t}$	2.901	2.894	0.04	0.968
$CR_{i,t}$	0.998	1.366	-1.23	0.242
$Loss_{i,t}$	0	0.165	-1.09	0.298

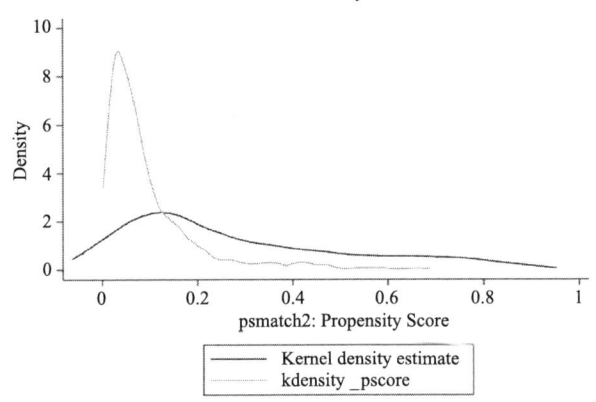

图 7-1　PSM 匹配前核密度图——债务资本成本

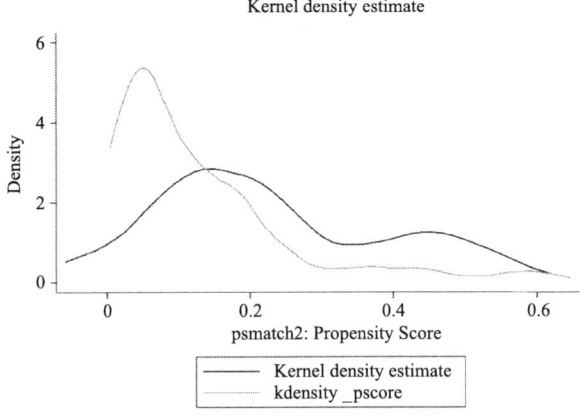

图 7-2　PSM 匹配后核密度图——债务资本成本

表 7-10　稳健性检验——DID 和 PSM

Dep. Var. = $Interest_{i,j,t}$	(1) Full Sample	(2) SOEs	(3) Non-SOEs	(4) State-owned Banks	(5) Non-state-owned Banks
$Post_{i,t} \times Treat_{i,t}$	-0.928	-1.094	-0.821*	-15.421***	-0.950
	(-1.67)	(-1.10)	(-1.87)	(-5.48)	(-1.60)
$Treat_{i,t}$	-0.282	0.484	-2.155*	4.366***	-0.694
	(-0.63)	(1.57)	(-1.83)	(4.30)	(-1.31)
$SOE_{i,t}$	-1.005				
	(-0.83)				
$Size_{i,t}$	-0.783***	0.482	-1.257**	-2.576**	-1.046***
	(-2.79)	(1.74)	(-2.35)	(-2.35)	(-3.72)
$Lev_{i,t}$	2.353	4.873***	1.763	-16.984**	1.816
	(1.43)	(4.15)	(0.63)	(-2.86)	(1.16)
$MB_{i,t}$	-0.479	0.793**	-0.658	-11.073***	-0.810**
	(-1.24)	(2.74)	(-1.29)	(-3.77)	(-2.32)

续表

Dep. Var. = $Interest_{i,j,t}$	(1) Full Sample	(2) SOEs	(3) Non-SOEs	(4) State-owned Banks	(5) Non-state-owned Banks
$MA_{i,t}$	0.149	-0.280	0.385	0.078	0.377
	(0.31)	(-0.76)	(0.52)	(0.06)	(0.81)
$Sales\_Growth_{i,t}$	0.010	-0.454	-0.046	1.030	0.002
	(0.06)	(-1.70)	(-0.17)	(1.11)	(0.01)
$Inventory_{i,t}$	3.884**	4.896	3.328**	-8.539	3.697***
	(2.07)	(1.50)	(2.57)	(-1.44)	(2.77)
$Log\_Age_{i,t}$	-0.718*	0.356	-5.443***	-5.938*	-0.832**
	(-1.72)	(1.10)	(-3.74)	(-2.01)	(-2.48)
$CR_{i,t}$	-0.339	-0.101	-0.594	-7.392***	-0.276
	(-0.96)	(-0.39)	(-1.00)	(-4.46)	(-0.82)
$Loss_{i,t}$	-0.258	-0.642	0.459	-3.875***	-0.417
	(-0.40)	(-0.82)	(0.63)	(-3.25)	(-0.54)

续表

Dep. Var. = $Interest_{i,j,t}$	(1) Full Sample	(2) SOEs	(3) Non-SOEs	(4) State-owned Banks	(5) Non-state-owned Banks
$Collateral_{i,j,t}$	0.746**	0.816	0.653*	0.593	0.709**
	(2.25)	(0.99)	(1.92)	(0.32)	(2.05)
$Loan\_Size_{i,j,t}$	0.284	0.384	0.149	0.052	0.230
	(1.61)	(1.18)	(1.38)	(0.63)	(1.32)
$Maturity_{i,j,t}$	-0.193**	-0.066	-0.295**	-0.202	-0.056
	(-2.26)	(-0.95)	(-2.28)	(-0.85)	(-0.70)
Constant	20.688**	-19.234**	49.904***	109.317***	27.564***
	(2.11)	(-2.35)	(3.94)	(3.31)	(2.96)
Industry Fixed Effects	控制	控制	控制	控制	控制
Year Fixed Effects	控制	控制	控制	控制	控制
Clustered by	Firm	Firm	Firm	Firm	Firm
Adjusted R^2	0.584	0.317	0.414	0.855	0.638
Observations	239	115	124	42	197

7.7.2 更换 PPP 计量指标

为了保证本章结果的稳健性,进一步采用 PPP 项目合作政府级别($PPP\_Government_{i,t}$)替代 PPP 项目数量的做法,重新检验方程 (7-1)。$PPP\_Government_{i,t}$ 是 PPP 项目中合作的政府部门的级别,即如果企业承担的 PPP 项目是由省、直辖市或市政府发起的,则该变量等于 2;如果是由县政府发起的,则该变量等于 1;否则为 0。结果如表 7-11 所示。可以看到,$PPP\_Government_{i,t}$ 的系数在全样本下显著为负(系数 = -0.042,t = -2.05),且 $PPP\_Government_{i,t}$ 和 $PPP_{i,t}$ 间的负相关性仅在非国有企业样本(系数 = -0.055,t = -5.90)和国有银行样本(系数 = -0.485,t = -2.51)下显著。因此,本章上述结果具有稳健性。

7.8 本章小结

上一章的研究发现参与 PPP 项目会显著提高企业的权益资本成本,那么一个接踵而至的问题就是,为什么还有大量的社会资本参与其中? PPP 项目的魅力在哪里?根据上文对 PPP 在中国的制度背景分析,本书认为,参与 PPP 项目内含的政企关系和政治关联是社会资本投身 PPP 实践浪潮的重要原因。本章从企业融资成本的另一个重要组成部分——债务资本成本的角度出发,探讨企业参与 PPP 项目产生的经济后果,这对于理解企业参与 PPP 项目的动机和当前 PPP 高歌猛进的现状至关重要。

通过手工搜集的上市公司 2010—2017 年参与 PPP 项目数据和银行贷款数据进行实证检验发现,企业参与 PPP 项目的数量与其贷款利率呈负相关关系,且这一负向关系在参与 PPP 项目的非国有企业和由国有银行发放的贷款中更为显著。进一步分析表明,非

第 7 章 企业参与 PPP 项目对债务资本成本的影响

表 7-11 稳健性检验——更换 PPP 计量指标

Dep. Var. = $Interest_{i,j,t}$	(1) Full Sample	(2) SOEs	(3) Non-SOEs	(4) State-owned Banks	(5) Non-state-owned Banks
$PPP\_Government_{i,t}$	-0.042**	0.136	-0.055***	-0.485**	-0.032
	(-2.05)	(1.23)	(-5.90)	(-2.51)	(-1.45)
$SOEt_{i,t}$	-0.473				
	(-0.98)				
$Size_{i,t}$	0.183	0.392	0.126	1.570	0.096
	(0.77)	(1.13)	(0.29)	(1.18)	(0.43)
$Lev_{i,t}$	-1.259	-1.721	0.273	-4.168	-0.700
	(-1.29)	(-1.36)	(0.16)	(-0.53)	(-0.74)
$MB_{i,t}$	-0.189*	-0.046	-0.103	0.237	-0.241**
	(-1.70)	(-0.30)	(-0.67)	(0.63)	(-2.08)
$MA_{i,t}$	-0.078	0.059	-0.425	0.843	-0.062
	(-0.56)	(0.33)	(-1.51)	(1.22)	(-0.44)

续表

Dep. Var. = $Interest_{i,j,t}$	(1) Full Sample	(2) SOEs	(3) Non-SOEs	(4) State-owned Banks	(5) Non-state-owned Banks
$Sales\_Growth_{i,t}$	0.001	-0.101	0.040	-0.205	-0.023
	(0.01)	(-0.67)	(0.30)	(-0.52)	(-0.19)
$Inventory_{i,t}$	1.392	0.485	1.886	-17.007**	1.488
	(0.91)	(0.25)	(1.13)	(-2.22)	(1.04)
$Log\_Age_{i,t}$	0.200	1.560	0.275	-4.374**	1.819
	(0.26)	(1.51)	(0.31)	(-2.04)	(1.56)
$CR_{i,t}$	-0.277	-0.692**	-0.014	-1.426*	-0.146
	(-1.60)	(-2.12)	(-0.06)	(-1.68)	(-0.82)
$Loss_{i,t}$	0.126	0.181	0.169	-0.270	0.113
	(0.63)	(0.83)	(0.52)	(-0.20)	(0.53)
$Collateral_{i,j,t}$	0.218	0.225	0.139	0.213	0.192
	(1.29)	(0.92)	(0.62)	(0.26)	(1.06)

续表

Dep. Var. = $Interest_{i,j,t}$	(1) Full Sample	(2) SOEs	(3) Non-SOEs	(4) State-owned Banks	(5) Non-state-owned Banks
$Loan\_Size_{i,j,t}$	0.004	-0.015	0.113	-0.139	0.045
	(0.07)	(-0.17)	(1.41)	(-0.79)	(0.64)
$Maturity_{i,j,t}$	-0.033	0.016	-0.147**	-0.098	0.006
	(-0.82)	(0.36)	(-2.18)	(-0.77)	(0.16)
Constant	2.880	-5.422	2.448	-12.075	-0.323
	(0.51)	(-0.62)	(0.26)	(-0.43)	(-0.06)
Firm Fixed Effects	控制	控制	控制	控制	控制
Year Fixed Effects	控制	控制	控制	控制	控制
Clustered by	Firm	Firm	Firm	Firm	Firm
Adjusted R^2	0.195	0.255	0.221	0.340	0.201
Observations	1644	1015	629	224	1420

国有企业参与PPP项目后其会计稳健性降低，企业绩效变差；而参与PPP项目对国有企业的绩效无显著影响，因此参与PPP项目与债务资本成本间的负相关关系不是由于企业会计稳健性增加或公司绩效改善导致的。本章的稳健性检验表明，参与PPP项目与贷款利率即债务资本成本之间的负相关关系在基于匹配样本的双重差分检验中仍然存在。

本章研究结果表明，参与PPP项目降低了企业的银行贷款利率，即降低了企业债务资本成本。而导致这种结果的一个主要原因可能就是企业通过参与PPP项目与政府建立长期合作关系从而建立政治关联。尤其是非国有企业平均来看其政治关联度要低于国有企业，因此非国有企业通过PPP项目建立的政治关联会影响国有银行的贷款决策，使其以较低的利率获得贷款。本章研究表明PPP项目是中国企业作为建立或加强其与政府关系的一种新途径，进而在中国特殊的金融体制下更好地获得金融资源。

本章的研究发现可能对公司管理层和政策制定者都有参考意义。一方面，本章证据表明，非国有企业的管理层可以利用PPP项目来弥补与国有企业相比在金融资源和政府关联上的"先天不足"，进而克服在与国有企业竞争时的不利局面。另一方面，政策制定者也应该意识到，如果企业在参与PPP项目之后能够更多地以较低的利率从国有银行获得贷款，那么PPP利用非国有资本的目标可能会受到损害。因此，本章研究内容为最近中国政府发布的一系列规范PPP的通知（如2017年11月财政部办公厅发布的《关于规范政府和社会资本合作（PPP）综合平台项目库管理的通知》）提供了实证支持。

第8章 企业参与 PPP 项目对政府补助和税收优惠的影响

8.1 引言

本章考察了上市公司参与 PPP 项目与其获得政府补助和税收优惠的关系。处于转轨经济中的企业面临着经营活动的极大不确定性，包括政策变化、行政管理不规范等（罗党论和唐清泉，2009），政府作为企业所处的重要外部环境，其行为对企业及经济有着重要作用（La Porta 等，1999）。李维安和徐业坤（2013）也指出政府行为是探究企业行为的重要因素，地方政府的经济发展和财政压力会对企业行为产生直接影响。关于 PPP 的研究也指出，政府行为包括政府信用、政策稳定性、持续良好的伙伴关系会显著影响 PPP 项目的成败（Estache 和 Serebrisky，2004；Hirschhausen 等，2004；Xu 等，2010；石世英，2018）。因此以政府和社会资本的关系为纽带将政府行为和企业行为结合起来，探讨参与 PPP 项目在微观企业层面的经济后果必不可少。

关于中国 PPP 的研究一致认为其主要特征之一在于社会资本和政府或公共部门间的长期合作伙伴关系（贾康和孙洁，2009；赖丹馨和费方域，2010；王俊豪和付金存，2014；郑传军等，2016）。政府与企业在 PPP 项目中较长时间保持着合作互动关系，政府负责规划和遴选潜在的 PPP 项目，在项目实施过程中全程参与，并实施对考核和监督，同时还承担着宏观指导和协调，以维护公众利益和社会资本利益。企业利用技术和资金优势，进行项目建设和运营，并从中获取合约收益。PPP 项目的周期较长，一般在 10 年以上。因此，在 PPP 项目下，政府与企业通力合作，以保证 PPP 项目的顺利实施，这就为企业与政府建立紧密的长期政治联系提供了基础。Allen 等（2005）指出良好的政企关系是一种能够有效替代法律保护的机制，主动寻求和建立的政企关系或政治关联作为正式制度下的有效替代机制，有助于企业获得政府保护，减少经济活动的非正常干扰。大量的研究也表明政治关联有助于企业获得融资便利、税收优惠、政府补助、打破行业壁垒以及企业发展所需要的"稀缺"资源。（Peng 和 Luo，2000；Khwaja 和 Mian，2005；Faccio，2006；Adhikari 等，2006；Fan 等，2007；余明桂和潘红波，2008；罗党论和刘晓龙，2009）。

上一章的结论已经表明参与 PPP 项目能够显著降低企业的债务资本成本，并且企业通过 PPP 建立政治联系可能是其参与的主要原因。在 PPP 项目下，社会资本能够与政府建立良好的政企关系和政治关联，Allen 等（2005）指出政企关系与企业获取隐性和显性收益呈正相关关系，而政府补贴和税收优惠即是显性收益的一部分，因此本章进一步考察参与 PPP 项目是否能为企业带来更多的政策资源如政府补贴和税收优惠？企业往往为了获得资源而承担部分社会或政治责任诸如就业、社会秩序、公共服务、养老福利等，而参与 PPP 项目是企业直接向社会提供基础设施和服务的方式，不仅能够缓解政府紧张的财政压力（Zhang 和 Kumaraswamy，2001；Brand 等，2012；Percoco，2014），还能提高公共物品的供给效率，满足了政府作为社会管理者的需要（Grimsey 和 Lewis，2004；Willoughby，2013；李秀辉和张世英，2002）。如上所述，企业参与 PPP 项目面临着多种不确定性和风险，权益资本成本显著增加，如果企业参与 PPP 项目的最终收益大于其付出的成本，那么更多的企业会选择投身 PPP 实践，而如果参与 PPP 项目严重影响了企业经营，那么企业便会及时"止损"（张敏等，2013），拒绝进一步的 PPP 项目合作。因此，为了鼓励企业积极参与 PPP、扩大投资规模、拉动地方经济，政府会为参与 PPP 项目的企业提供诸如补助或税收优惠等政策资源。尤其是 PPP 作为推动城镇化进程、加快政府职能转变的方式受到政府的大力支持，政府出台了一系列政策文件以鼓励和推广 PPP 模式在基础设施和公共服务领域的应用，表明了政府对 PPP 的鼓励和政策支持，这种鼓励和支持就包括为参与 PPP 项目的企业带来的如政府补贴和税收优惠等。因此，虽然参与 PPP 项目提高了企业的权益资本成本，但是它为企业带来的政治关联以及可能的政策优惠本身吸引着企业积极参加 PPP 项目。

一方面，PPP 项目下良好的政企关系为企业政策资源寻租提供了可能。参与 PPP 项目的企业在很长的一段时间内与政府保持紧密合作的关系，在争取政府支持时能够提高他们与政府的沟通效率（吴文锋等，2009）。并且参与 PPP 项目作为社会资本建立政治关联的途径，与其他寻租方式相比，具有合法性，这种方式更能够得到法律的保障和政府支持，进而获得更多的资源优势，如获得政府补贴或税收优惠。另一方面，企业参与 PPP 项目从而获得资源优势也可能并不是寻租活动的结果而是效率的促进作用导致的。由于 PPP 项目投资规模大且周期长，因此对参与 PPP 项目的企业具有较高的资质和实力要求，企业参与 PPP 项目能够被视为一种良好的声誉机制，可以向市场传递出企业实力雄厚、具有良好的发展前景或者作出一定的社会贡献并被政府认可的积极信号。并且参与 PPP 本身就是进行基础设施建设和公共服务供给的活动，甚至需要企业牺牲掉一定的自身利益来实现社会利益最大化。因此在信息不对称情况下政策支持将会优先提供给参与 PPP 的企业。

此外，PPP 项目投资规模大，能够在短期内快速拉动区域 GDP

增长，并且涉及关系社会大众切身利益的行业如供水、桥梁、道路等，对整个社会的福利和效益会产生重要影响。而政府补贴和税收优惠都是在法定范围内进行的政府行为，主要是为了履行政府职能，扶持产业，最终是为了达到维护社会稳定，促进经济发展的目标。已有研究认为政府补贴能够实现政府的资源配置、促进企业产业结构转变、创造就业和提高社会福利（王凤翔和陈柳钦，2006）。因此政府在制定资源分配决策时将会优先考虑参与 PPP 的企业，以推动 PPP 的顺利完工，由此产生的社会效益和经济效益最终对政府而言也是有利的资源。

本章通过手工搜集的 2010—2017 年上市公司参与 PPP 项目数据考察了企业参与 PPP 对其获得政府补助和税收优惠的影响。研究发现，企业参与 PPP 会显著提高获得的政府补助和税收优惠，并且参与 PPP 带来的资源效应在制度环境更差、市场化程度更低、政府干预经济程度较高、法治环境更差的地区更加显著。随后进一步的研究发现，非国有企业参与 PPP 后获得政府补助和优惠的好处更加显著。

8.2　理论分析与研究假设

"扶持之手"理论指出市场价格无法达到最有效的资源配置，因此需要政府干预。我国政府在经济转轨时期为了发展经济采取由政府补贴、财政优惠等市场化举措逐步代替以往直接投资或干预的做法，通过政策倾斜"利益诱导"企业的投资方向、投资规模及地区产业结构。这种政策资源的间接干预不仅能够尊重并保证企业的利益，也符合市场经济和政府职能理念（柳光强，2016），逐步成为政府调控和管理微观经济的重要工具（徐志伟和郭树龙，2018）。洪银兴和曹勇（1996）指出地方政府通过政府补贴能够显著增长区域投资,并且大规模投资能够在短期内拉动地方GDP。唐清泉和罗党论(2007)指出我国许多地区将税收优惠或政府补贴政策作为促进本地经济增长的主要手段。就业问题直接关系着地方社会秩序的稳定及官员政治表现,作为社会管理者,地方政府有责任保障辖区内社会福利,西方国家在进行补贴时倾向于优先考虑能够创造有效就业岗位的企业(Wren,1991),中国的诸多优惠政策也是为了促进经济发展、提高就业率(唐清泉和罗党论,2007)。

首先,政府支持或扶持政策是在特定的经济时期内政府根据政策方针,为了实现一定的政治、经济及社会目标,由财政部分安排专项资金对微观主体进行的无偿支付转移,或直接的税收减免行为(王凤翔和陈柳钦,2006)。尤其是在垄断程度较高的行业,自由竞争难以开展,政府为了保证社会利益的最大化往往会对水、电、燃气及交通等公共领域实行限价政策。因此政府应当为那些合理利益受限价政策损害的企业进行适当补贴或扶持,以维持企业正常的经营和发展。其次,政策资源作为政府支持的直接表现形式能够对行业尤其是新兴产业起到积极的促进作用,不仅有利于经济结构的调整,还有利于资源配置的优化。同时,经济或社会政策的落实过程中可能会影响到部分个人或企业的正当经济利益,政府补贴和税收优惠即是对这部分群体进行的必要损失弥补。最后,政策倾斜也是经济发展和政策的需求。目前政府的扶持政策主要以政府补贴和税收优惠为主(陈维等,2015),并且享有较大的自由裁量权。

政府补贴和税收优惠是通过财政专项资金对特定事项进行的政策倾斜,作为一种宝贵的政策资源不是每个企业都能享有的,必须具备一定的标准或条件(陈冬华,2003)。已有研究发现企业的盈利状况、政企关系、产权性质、成长性、社会目标如创造就业岗位、雇员规模和提供公共产品、慈善捐赠等会显著影响企业获得政府补贴的可能,或获得补贴的规模(陈冬华,2003;唐清泉和罗党论，2007；郭剑花和杜兴强，2011；杜勇等，2015）；吕久琴（2010）通过 2006—2008 年的政府补贴数据发现，行业是影响政府补贴的重要因素，其中社会服务业、水电煤供应业以及房地产行业得到政府补贴的金额最大；王克敏等（2017）指出产业政策会显著影响政府补贴，他们研究发现受到产业政策鼓励和支持的项目能够获得更多的政府支持如政府补贴。虽然结论不尽相同，但已有研究发现公司规模（Derashid 和 Zhang，2003）、资产负债率（Kim 和 Limpaphayom，1998）、固定资产比例（Adhikari 等，2006）、营利能力及企业成长性（吴联生和李辰，2007）会显著影响企业的实际所得税率。

我国政府掌握着大部分的公共资源和企业发展所需资源，在资源分配上拥有很高的决策权（杨其静，2011），政府补贴和税收优惠的方向和规模直接体现了政府对企业的支持。已有研究发现政治关联能够提高企业与政府的沟通效率，会显著影响企业获得政府补贴和税收优惠（Cull 和 Xu，2005；Faccio 等，2006；陈冬华，2003；罗党论和唐清泉，2009；吴联生，2009；吴文锋等，2009；李维安和徐业坤，2013；黄一松，2018）。PPP 是政府和企业合作的项目，在政府和社会资本间以契约形式建立了长期的伙伴关系，根据 Xu 和 Zhou（2008）的研究，这种正式制度下的政企合作是政治关联的一种，因此同其他非正式的隐蔽策略相比，通过参与 PPP 建立政治关联更具合法性，受到法律制度的保护以及国家政策的支持，社会舆论的压力也更小。因此，PPP 作为政府和社会资本间的长期合作关系，能够建立长期紧密的政企关系，也是建立政治关联的有效途径，在争取政府补贴和税收优惠时能够提高企业与政府的沟通效率和默契（吴文锋等，2009），有助于企业开展资源寻租活动，获得更多的政府支持和保护。

另外，政府补贴和税收优惠作为政府支持企业的重要表现是为了实现一定的社会效益目标或企业发展目标，所谓社会效益主要包括创造就业岗位、提高养老福利、增加财政税收等,而企业发展目标则是提高企业的创新研发、绩效及技术创新等。企业的社会责任承担和贡献会显著影响其获取政府补贴的能力,已有研究指出企业的社会目标如创造就业岗位、提供公共产品等能够显著增加企业获得政府补贴的规模(陈冬华,2003;罗党论和唐清泉,2009)。PPP本身就是进行基础设施建设和公共服务供给的活动如道路、桥梁、供水等,关系着社会大众的切身利益,不仅能够提高公共物品的供给效率,还能提高社会效益,作为社会责任承担的一种表现形式,参与PPP项目向市场传递出企业提供公共物品的信号,在一定程度上承担了政府部分的社会目标,有助于企业获得政府的认可,获得政府补贴和税收优惠的规模相应越大。并且PPP项目投资规模往往高达数十亿元人民币,周期长达数十年,对参与PPP项目的企业具有较高的资质和实力要求以保障项目的顺利完工,实现社会和经济效益。而PPP项目中政府在采购环节将对社会资本进行严格筛选,因此参与PPP项目的企业更可能被视为拥有雄厚的资金实力和生产技术、良好的社会形象和发展前景,这些作为声誉机制能够向市场和政府传递出积极的信号(孙铮等,2005;胡旭阳,2006)。余明桂等(2010)指出政府不可能完全掌握每一家企业的盈利状况、企业前景、生产技术等信息,因此在进行补贴和优惠决策时存在信息不对称的情况下,政府将会优先考虑参与PPP项目的企业,以推动PPP的顺利完工,由此产生的社会效益和经济效益最终对政府而言也是有利的资源。

此外,政治锦标赛下,政府官员的晋升主要依赖地区经济绩效如GDP增长率等(周黎安,2007),效益良好的企业能够拉动当地经济发展,并能够创造就业岗位,稳定社会秩序,因此地方政府为了个人的政治目标往往会对辖区经济和企业进行干预以期在政治锦标赛中"拔得头筹"。对于政府而言,PPP项目能够缓解紧张的财政压力(Spackman,2002;Hammami等,2006;Maskin和Tirole,

2008），而且在政治晋升锦标赛下，对于地方官员个人而言，PPP项目投资规模大，能够在短期内快速拉动区域GDP增长，并且涉及关系社会利益的行业，显著影响着整个公众福利如教育、医疗、道路、文化等，有助于同时实现经济绩效和社会效益，因此，PPP项目和参与PPP的企业将会是地方政府的重点关注对象。事实上地方政府可以通过行政权力直接干预投资方向和规模，但是通过政策补贴或优惠这种经济手段进行"利益诱导"显然相较于行政干预而言是更好的选择。此外，政府还承担提供公共物品的责任（龚强等，2019），PPP项目投资规模大、项目周期长，其任务集束和政府干预特征使得企业追求价值最大化的目标受到限制，参与企业在追求自身经济利益的同时还需要考虑公共事业的社会效益和责任（Ameyaw和Chan，2013；李永强和苏振民，2005；王雪青等，2007；陈红等，2014；胡改蓉，2015；白德全，2018），也就是说参与PPP项目的企业在一定程度上承担了政府的部分社会职能，这就会损害企业的经济利益，甚至影响其正常的经营发展。因此政府需要为企业在参与PPP项目中因承担社会目标、保证社会效益而遭受亏损的部分提供适当补偿。

根据以上分析，参与PPP项目有助于企业建立良好的政企关系或政治关联，进而提高在争取优惠资源时与政府的沟通效率，并且能够在信息不对称情况下向市场和政府传递出企业实力的积极信号，而政府也需要为企业在PPP项目过程中由于承担社会责任而造成的亏损予以适当补偿。据此提出本章假设1：

假设1：参与PPP项目有助于企业获得更多的政府补贴和税收优惠。

中国正处于经济转轨时期，企业面临的经济环境存在诸如政策和政府行为变更等诸多不确定性，尤其是我国的非国有企业和国有企业面临的制度、法律不同，更重要的是与政府的关系存在显著差异，国有企业在市场经济中发挥重要作用，同时政府部门拥有这些企业的大比例股份,拥有其控制权,并且高管由政府直接委派,因此国有企业本身及其高管与政府间存在"天然"的政治关联。对比而言,非国有企业的政治地位较低,法律、制度及产权方面对其缺乏有力的保护,在信贷、政策资源等方面长期受到不公平对待,严重阻碍了其市场竞争力。

已有研究发现政治关联对国有企业和非国有企业获得政府补贴或税收优惠的影响存在产权性质的差异。陈冬华(2003)指出政府背景有助于企业获得政府补贴,而国有企业与政府存在"天然"关联,政府背景因而对于非国有企业而言更加显著。陈维等(2015)利用2002—2012年的上市公司数据发现,政治关联有助于企业获得政府扶持,如税收优惠和政府补贴,并且这一关系在非国有企业中更加显著。王红建等(2015)也发现政府对国有企业和非国有企业的补贴行为存在产权性质差异。黄一松(2018)也指出政治关联有助于企业获得更多的税收优惠,这一关系在非国有企业中更加显著。因此在考察参与PPP项目对企业获取政府补贴和税收优惠的影响时应当对国有企业和非国有企业加以区分。

我国的PPP实践涉及国有企业和非国有企业,由于产权性质的差异使得参与PPP项目与随之而来的政治关联对二者的影响存在显著差异。我国各级政府保有国有企业的控制权,其高管大多由政府直接任命,国有企业已经与政府建立了"天然"的政治关联。当国有企业陷入亏损时,政府出于"父爱主义"会给予纾困,诸如政府补贴、降低税负、增加贷款或直接增加投资等(Kornai,1988)。因此,国有企业"天然"的政治关联使其在政策资源获取方面早已"抢占了先机",如政府补贴、信贷和税收优惠、行业准入、陷入财务困境时的政府援助等,参与PPP项目带来的政治关联对国有企业在获取政府补贴和税收优惠层面的影响可能更小,因为它们已经具备了这种政策优势。

而非国有企业长期以来在政治、经济和意识形态上受到歧视,政治关联和良好的政企关系对于非国有企业而言是正式制度缺失下的有效产权保护替代机制，能够减少经济活动中的产权侵害和异常干扰活动。对于非国有企业而言，政策资源需要它们主动追求才能获得，它们的政治关联更具有"后天主动"的性质（王庆文和吴世农，2008）。此时参与 PPP 项目、与政府建立良好的关系对于非国有企业而言价值更高。另外，非国有企业的政企关系相对而言程度更低，因此其承担的政策性负担相应较少，如果政府想将社会目标"分摊"到非国有企业身上，那么政府必须要与企业所有者进行协商谈判（林毅夫和李志赟，2004），要么给予一定的政策优惠。国有企业由于其"天然"的政治联系使其承担社会责任显得"顺理成章"，而政府为了使非国有企业在参与 PPP 项目中能够实现社会目标，则需要对其提供一定的弥补；如政府补贴和税收优惠。根据上述分析，提出本章假设 2：

假设 2：与国有企业相比，企业参与 PPP 项目与政府补贴和税收优惠间的关系在非国有企业中更加显著

地方政府为了追求个人经济利益或政治目标会干预企业经营发展，樊纲等（2007）指出我国幅员辽阔，各地由于自然资源储备、地理区位、历史及政策优惠的不同在市场化水平、政府干预程度以及制度和法制环境方面存在显著差异，这种差异会直接影响企业在政策资源获取方面的差异。当地区的市场化程度较低、政府干预经济程度较高、制度和法律环境较差时，企业建立政治关联的动机更加强烈（罗党论和唐清泉，2009）。地方政府在诸如税收优惠、政府补贴、行业准入等事务的处理和决策上也更容易受"关系"的影响，政治关联的资源优势在这些地区更加明显。罗党论和赵聪（2013）利用 2005—2009 年的上市公司数据研究发现，政治关联有助于企业打破行业壁垒，并且这一关系在制度环境较差的地区更为显著。

地方政府在改革过程中逐步获得了更多的辖区事务自主权和决

策权，同时也承担了更多的如就业、养老、教育、文化和社会稳定等社会责任，对企业的直接干预成为政府实现上述目标的主要途径之一（程仲鸣等，2008）。Shleifer 和 Vishny（1998）、谭劲松等（2009）指出政府对企业的支持往往是为了实现某种特定的政治和社会目标。王凤翔和陈柳钦（2006）也认为政府补贴实质上是政府对企业经营活动的干预行为以对企业现有的经济目标进行调整。政府补贴和税收优惠不仅是政府支持企业的直接表现之一，也是政府为了实现政治、经济和社会目标而干预企业的重要途径之一（张洪刚，2014），因此政府干预程度显然会对政府补贴和优惠行为产生显著影响。具体而言，在政府干预程度较高地区，政府能够将社会性目标更多地转移到辖区企业之中（陈信元和黄俊，2007）。因此参与 PPP 项目的企业其经营活动不仅受到更多的政府干预，在项目过程中也承担着更多的政府职能和政策性负担，由此产生的企业亏损更大，政府应该进行奖励和弥补，给予更多的政府补贴和税收优惠。而在政府干预程度较低的地区，参与 PPP 项目的企业除了达到提供质量合格的基础设施和公共服务以外不需要再额外承担较多的政府职能，在参与 PPP 过程中由政策性负担导致的企业亏损相应较低，因此政府为此进行弥补的部分较少，补贴和优惠的规模相应较小。另外，政府干预市场的程度越高，政府介入资源分配的程序相应越高，因此政策资源的发放和倾斜更容易受到政治关联的影响，参与项目 PPP 的企业由于与政府建立了良好的政企关系和政治关联，更可能获得政府支持如政府补贴和税收优惠。

市场化程度显著影响企业承担的政策性负担程度。当地区的市场化程度较高时，政府干预能力有限、干预动机也较弱，资源配置主要通过市场手段完成，企业也更多的是通过市场化的、公开的途径获取政府支持，企业通过参与 PPP 项目进行政策寻租的机会越少。并且市场化程度较高的地区其经济发展程度越高，政府拥有相对先进的管理理念,有能力提供公共物品,在基础设施、公共服务和社会福利的供给方面更加完善,辖区企业需要承担的社会性负担相对较低。因此参与 PPP 项目为企业带来政府补贴和税收优惠的效应不大。

此外,如果地区的法治环境越差,那么政府行政权力更难得到监督、政府在政策落实和资源分配上的权力越大,因此政策资源的寻租空间相应越大,那么利用政治关联获取政府补贴和税收优惠也会更多。余明桂等(2010)指出在制度环境较差的地区,企业的经济活动容易遭受异常干扰,获得生产发展所需的资源难度较大,而建立了政治关联的企业更能够获得政府保护。因此,一方面参与 PPP 项目作为信号显示的作用更强,政府更倾向于对参与 PPP 项目的企业进行补贴;另一方面,Hellman 等(2003)指出在制度环境较差的地区行政权力的使用缺乏有效监督,政府在补贴和优惠的使用上更加随意,政企勾结的现象更为普遍,寻租活动更加盛行。因此当地区的制度环境更差时,政府干预经济的程度更高、行政权力的行使更加缺乏监督,企业利用参与 PPP 项目进行资源寻租的可能和成功性更高,政府对这些企业的审核和批准也更加宽松,参与 PPP 项目带来的资源效应越强。而在经济和制度环境较好、政府干预程度较低的地区,权力更容易受到监督,更不被"关系"左右,参与 PPP 项目带来的税收优惠和政府补贴效应相应更弱。根据以上分析,提出本章研究假设 3:

假设 3:参与 PPP 项目与政府补助和税收优惠间的关系在市场化程度较低、政府干预经济程度较高、制度和法律环境较差的地区更加显著。

8.3 研究设计

本章参考唐清泉和罗党论(2007、2009)、郭剑花和杜兴强(2011)建立模型(8-1)以考察企业参与PPP项目对其获得政府补助影响;参考吴联生(2009)、李维安和徐业坤(2013)等的研究建立模型(8-2)考察企业参与PPP项目对其获得税收优惠的影响。

$$Subsidy_{i,t} = \alpha_0 + \alpha_1 PPP_{i,t} + \alpha_2 SOE_{i,t} + \alpha_3 Size_{i,t} + \alpha_4 Lev_{i,t} +$$
$$\alpha_5 Employee_{i,t} + \alpha_6 Ratio_{i,t} + \alpha_7 ROA_{i,t} +$$
$$\alpha_8 L\_subsidy_{i,t} + Year\ Fixed\ Effects + Industry\ Fixed$$
$$Effects + \varepsilon_{i,t} \qquad (8-1)$$

其中,$Subsidy_{i,t}$为企业获得的政府补贴,等于企业得到的政府补贴的自然对数。解释变量$PPP_{i,t}$是公司i在t年承担的PPP项目个数(未参与PPP的公司该变量等于0)。此外,在模型中还控制了:是否为国有企业($SOE_{i,t}$)、公司规模($Size_{i,t}$)、总资产收益率($ROA_{i,t}$)、资产负债率($Lev_{i,t}$)、雇员规模($Employee_{i,t}$)、第一大股东的持股比例($Ratio_{i,t}$)、上一年补贴($L\_subsidy_{i,t}$)。

$$ETR_{i,t} = \alpha_0 + \alpha_1 PPP_{i,t} + \alpha_2 SOE_{i,t} + \alpha_3 Size_{i,t} + \alpha_4 Lev_{i,t} + \alpha_5 MB_{i,t} +$$
$$\alpha_6 Sales\_Growth_{i,t} + \alpha_7 ROA_{i,t} + \alpha_8 Tobin\_Q_{i,t} + Year$$
$$Fixed\ Effects + Industry\ Fixed\ Effects + \varepsilon_{i,t} \qquad (8-2)$$

其中,$ETR_{i,t}$为企业的实际税率,等于所得税费用/息税前利润,企业实际税率降低代表企业税收优惠增加。$MB_{i,t}$为市账比,$Sales\_Growth_{i,t}$为销售增长率,$Tobin\_Q_{i,t}$为托宾Q,其余变量$PPP_{i,t}$、$SOE_{i,t}$、$Size_{i,t}$、$Lev_{i,t}$和$ROA_{i,t}$定义同模型(8-1)。同时在模型(8-1)和模型(8-2)中控制了行业和年度固定效应。并且对所有连续变量按照1%的标准进行winsorize。本章财务数据均来自国泰安数据库。具体变量定义如表 8-1 所示。

表 8-1　　　　　　　　　　变量定义

变量名称	变量简称	变量定义
政府补助	$Subsidy_{i,t}$	等于企业得到的政府补贴的自然对数
实际税率	$ETR_{i,t}$	等于所得税费用/息税前利润
PPP	$PPP_{i,t}$	等于企业承担的 PPP 项目数量
国有企业	$SOE_{i,t}$	国有企业虚拟变量。若国有企业则该值为 1,否则为 0
企业规模	$Size_{i,t}$	等于年末企业资产的自然对数
资产负债率	$Lev_{i,t}$	等于年末企业总负债除以企业总资产
市账比	$MB_{i,t}$	等于年末股票价值除以股票账面价值
总资产收益率	$ROA_{i,t}$	等于企业总资产收益率
雇员规模	$Employee_{i,t}$	等于员工人数除以营业收入(万元)
持股比例	$Ratio_{i,t}$	等于第一大股东的持股比例
上一年补助	$L\_Subsidy_{i,t}$	虚拟变量。如果上一年有补贴则该值为 1,否则为 0
销售增长率	$Sales\_Growth_{i,t}$	等于企业销售收入的年度增长率
托宾 Q	$Tobin_{i,t}$	等于企业市场价值除以资产重置成本

8.4　研究数据与描述性统计

本章手工搜集的 2010—2017 年沪深两市上市公司参与 PPP 项目数据程序和来源同前两章。并按照以下标准剔除了部分观测值:第一,为了满足研究需求,分别剔除了政府补贴和税收优惠缺失的观测值;第二,剔除 ST 企业数据和金融行业数据;第三,剔除其他变量缺失的数据。本章关于政府补贴回归的最终样本包括 2904 个观测数据,关于税收优惠回归的最终样本包括 13723 个观测值。样本描述性统计如表 8-2 所示。

第8章 企业参与PPP项目对政府补助和税收优惠的影响

表8-2　　　　　　　　　　描述性统计

Variable	N	Mean	S.D.	Q1	Median	Q3
Panel A：模型（8-1）描述性统计						
$Subsidy_{i,t}$	2904	16.31	1.73	15.32	16.33	17.37
$PPP_{i,t}$	2904	0.04	0.39	0	0	0
$SOE_{i,t}$	2904	0.36	0.48	0	0	1
$Size_{i,t}$	2904	22.27	1.25	21.37	22.08	22.98
$Lev_{i,t}$	2904	0.46	0.21	0.30	0.46	0.62
$Employee_{i,t}$	2904	0.02	0.02	0.01	0.01	0.02
$Ratio_{i,t}$	2904	0.70	0.25	0.50	0.68	1
$ROA_{i,t}$	2904	0.04	0.04	0.01	0.03	0.06
$Lsubsidy_{i,t}$	2904	0.95	0.21	1	1	1
Panel B：模型（8-2）描述性统计						
$ETR_{i,t}$	13723	0.22	0.24	0.01	0.13	0.33
$PPP_{i,t}$	13723	0.08	1.31	0	0	0
$SOE_{i,t}$	13723	0.38	0.49	0	0	1
$Size_{i,t}$	13723	22.26	1.26	21.35	22.08	22.98
$Lev_{i,t}$	13723	0.44	0.20	0.29	0.44	0.60
$MB_{i,t}$	13723	3.52	2.53	1.84	2.77	4.38
$Sales\_Growth_{i,t}$	13723	0.23	0.43	0.01	0.14	0.31
$ROA_{i,t}$	13723	0.05	0.04	0.02	0.04	0.06
$Tobin_{i,t}$	13723	2.48	1.60	1.40	1.97	2.98

8.5　实证结果与分析

表8-3报告了企业参与PPP项目对政府补贴影响的回归结

果。第 (1) 列的回归在控制了年度和行业固定效应的基础上还控制了公司个体效应，第 (2) 列的回归控制了年度和行业固定效应。结果表明，$Subsidy_{i,t}$ 与 $PPP_{i,t}$ 的系数显著为正（分别为：系数 = 0.136，t = 1.94；系数 = 0.107；t = 2.45），表明参与 PPP 项目能够显著增加企业得到的政府补贴。表 8 - 4 报告了企业参与 PPP 项目对税收优惠影响的回归结果。同表 8 - 3，表 8 - 4 第 (1) 列的回归在控制了年度和行业固定效应的基础上还控制了公司个体效应，第 (2) 列的回归控制了年度和行业固定效应。结果表明，$ETR_{i,t}$ 与 $PPP_{i,t}$ 的系数显著为负（分别为：系数 = -0.001；t = -2.94；系数 = -0.003，t = -5.92），表明参与 PPP 项目能够显著降低企业的实际税率，即能够显著提高企业的税收优惠。综合表 8 - 3 和表 8 - 4 的分析，参与 PPP 的企业确实能够获得更多的政府补贴和税收优惠，假设 1 得到支持。

表 8 - 3　　企业参与 PPP 项目对政府补贴的影响

Dep. Var. = $Subsidy_{i,t}$	(1)	(2)
$PPP_{i,t}$	0.136 *	0.107 **
	(1.94)	(2.45)
$SOE_{i,t}$	-0.068	0.137 **
	(-0.27)	(2.24)
$Size_{i,t}$	0.890 ***	0.645 ***
	(6.83)	(16.80)
$Lev_{i,t}$	0.405	0.045
	(0.96)	(0.24)
$Employee_{i,t}$	0.078	0.309 ***
	(0.74)	(8.60)
$Ratio_{i,t}$	0.019	-0.037
	(0.16)	(-0.38)

续表

Dep. Var. = $Subsidy_{i,t}$	(1)	(2)
$ROA_{i,t}$	1.602*	2.972***
	(1.67)	(4.34)
$Lsubsidy_{i,t}$	0.152	0.693***
	(0.73)	(4.51)
Constant	-4.527*	-0.709
	(-1.88)	(-1.03)
Year Fixed Effects	控制	控制
Industry Fixed Effects	控制	控制
Firm Fixed Effects	控制	
Adjusted R^2	0.213	0.431
Observations	2904	2904

表 8-4　企业参与 PPP 项目对税收优惠的影响

Dep. Var. = $ETR_{i,t}$	(1)	(2)
$PPP_{i,t}$	-0.001***	-0.003***
	(-2.94)	(-5.92)
$SOE_{i,t}$	0.007	-0.008**
	(0.69)	(-2.26)
$Size_{i,t}$	-0.026***	-0.010***
	(-4.01)	(-5.77)
$Lev_{i,t}$	0.548***	0.592***
	(21.34)	(40.09)
$MB_{i,t}$	-0.014***	-0.012***
	(-4.28)	(-4.75)
$Sales\_Growth_{i,t}$	-0.022***	-0.027***
	(-6.43)	(-7.31)
$ROA_{i,t}$	-3.148***	-3.096***
	(-31.46)	(-54.31)

续表

Dep. Var. = $ETR_{i,t}$	(1)	(2)
$Tobin_{i,t}$	0.025***	0.025***
	(5.07)	(6.66)
Constant	0.644***	0.393***
	(4.67)	(10.09)
Year Fixed Effects	控制	控制
Industry Fixed Effects	控制	控制
Firm Fixed Effects	控制	
Adjusted R^2	0.398	0.559
Observations	13723	13723

为检验假设2，分析产权性质差异下企业参与PPP项目对其获取政府补贴和税收优惠的影响，本节进一步将全样本拆分为国有和非国有企业两组子样本，对模型（8-1）和模型（8-2）重新回归。回归结果如表8-5和表8-6所示。表8-5报告了产权差异下的企业参与PPP对获取政府补贴的影响，可以看到，国有企业样本下$Subsidy_{i,t}$与$PPP_{i,t}$呈正相关关系（系数=0.116，t=0.80），但不显著；在非国有企业样本下$Subsidy_{i,t}$与$PPP_{i,t}$在10%的置信水平上呈显著的正相关关系（系数=0.097，t=1.86）。可见，参与PPP项目对国有企业获得政府补助没有显著影响，但显著提高了非国有企业的政府补贴规模。表8-6报告了产权差异下的企业参与PPP项目对获取税收优惠的影响，可以看到，国有企业样本下$ETR_{i,t}$与$PPP_{i,t}$呈负相关关系（系数=-0.001，t=-0.36），但不显著；在非国有企业样本下$ETR_{i,t}$与$PPP_{i,t}$在1%的置信水平上呈显著的负相关关系（系数=-0.003，t=-6.67）。可见，参与PPP项目对国有企业的实际税率没有显著影响，但显著降低了非国有企业的实际税率，即提高了非国有企业的税收优惠。综上，与国有企业相比，参与PPP项目与政府补贴和税收优惠间的关系在非

国有企业中更加显著,假设 2 得到支持。

表 8-5　企业产权差异下企业参与 PPP 项目对政府补贴的影响

Dep. Var. = $Subsidy_{i,t}$	(1) SOEs	(2) Non-SOEs
$PPP_{i,t}$	0.116	0.097*
	(0.80)	(1.86)
$Size_{i,t}$	0.759***	0.561***
	(12.25)	(11.16)
$Lev_{i,t}$	-0.374	0.227
	(-1.21)	(1.01)
$Employee_{i,t}$	0.290***	0.316***
	(4.95)	(7.09)
$Ratio_{i,t}$	0.000	-0.018
	(0.00)	(-0.15)
$ROA_{i,t}$	-1.842	4.925***
	(-1.50)	(6.24)
$Lsubsidy_{i,t}$	1.498***	0.515***
	(5.78)	(3.32)
Constant	-2.788**	0.713
	(-2.55)	(0.76)
Year Fixed Effects	控制	控制
Industry Fixed Effects	控制	控制
Adjusted R^2	0.517	0.376
Observations	1058	1846

表 8-6　企业产权差异下企业参与 PPP 项目对税收优惠的影响

Dep. Var. = $ETR_{i,t}$	(1) SOEs	(2) Non-SOEs
$PPP_{i,t}$	-0.001	-0.003***
	(-0.36)	(-6.67)
$Size_{i,t}$	-0.007***	-0.010***
	(-2.70)	(-4.19)
$Lev_{i,t}$	0.561***	0.599***
	(23.19)	(32.44)
$MB_{i,t}$	-0.001	-0.016***
	(-0.29)	(-5.49)
$Sales\_Growth_{i,t}$	-0.026***	-0.027***
	(-3.70)	(-6.63)
$ROA_{i,t}$	-3.490***	-2.858***
	(-32.30)	(-42.62)
$Tobin_{i,t}$	0.007	0.031***
	(1.05)	(7.22)
Constant	0.354***	0.382***
	(5.77)	(7.23)
Year Fixed Effects	控制	控制
Industry Fixed Effects	控制	控制
Adjusted R^2	0.570	0.542
Observations	5223	8500

为检验假设 3，分析制度环境差异下企业参与 PPP 项目对其获取政府补贴和税收优惠的影响，选取樊纲等（2016）编制的我国各省份市场化指数中的相关指标衡量各地区制度环境，例如市场化程度取自其中的"各省份市场化总指数评分"，该值越大，表明市场化程度越高。因此当企业所在地区的指标高于当年所有省份的中

位数时，市场化程度虚拟变量（FIN）定义为1，代表市场化程度较高，否则取0，代表市场化程度较低。政府干预经济程度取自其中的"政府与市场的关系评分"，该值越高，说明政府干预越少。因此当企业所在地区的指标高于当年所有省份的中位数时，政府干预程度虚拟变量（GI）定义为1，代表政府干预程度较低，否则取0，代表政府干预程度较高。法律环境水平选自"市场中介组织的发育和法律制度环境评分"，该值越大，表明法律环境水平越高。因此当企业所在地区的指标高于当年所有省份的中位数时，法律环境水平虚拟变量（LAW）定义为1，代表法律环境水平较高，否则取0，代表法律环境水平较低。考虑到制度环境具有相对稳定的特点，本节对未披露的2015—2017年的各指数采取指数平滑法取值，以衡量样本在这期间的制度环境。重新检验模型（8-1）和模型（8-2）。回归结果如表8-7和表8-8所示。

表8-7报告了制度环境差异下企业参与PPP项目对获取政府补贴的影响。可以看到，在FIN=1、GI=1、LWA=1即企业所处地区市场化程度更高、政府干预程度更低和法律环境水平更好的样本下，$Subsidy_{i,t}$与$PPP_{i,t}$呈正相关关系（分别为：系数=0.055，t=1.12；系数=0.044，t=0.74；系数=0.056，t=1.16），但不显著；而当FIN=0、GI=0、LWA=0即企业所处地区市场化程度更低、政府干预程度更高和法治法律水平更差时，$Subsidy_{i,t}$与$PPP_{i,t}$在5%和10%的置信水平上呈显著的正相关关系（分别为：系数=0.201，t=1.98；系数=0.156，t=2.30；系数=0.198，t=1.95）。可见，参与PPP项目带来更多政府补贴的关系在市场化程度较低、政府干预经济程度较高、制度和法律环境较差的地区更加显著。

表8-8报告了制度环境差异下企业参与PPP项目对获取税收优惠的影响。可以看到，在FIN=1、GI=1、LWA=1即企业所处地区市场化程度更高、政府干预程度更低和法律环境水平更好的样

表 8-7　制度环境差异下企业参与 PPP 项目对政府补贴的影响

Dep. Var. = $Subsidy_{i,t}$	(1) FIN = 1	(2) FIN = 0	(3) GI = 1	(4) GI = 0	(5) LAW = 1	(6) LAW = 0
$PPP_{i,t}$	0.055	0.201**	0.044	0.156**	0.056	0.198*
	(1.12)	(1.98)	(0.74)	(2.30)	(1.16)	(1.95)
$SOE_{i,t}$	0.074	0.158*	0.058	0.194**	0.074	0.144*
	(0.86)	(1.79)	(0.65)	(2.21)	(0.84)	(1.67)
$Size_{i,t}$	0.739***	0.493***	0.707***	0.586***	0.732***	0.507***
	(14.26)	(8.50)	(13.24)	(10.62)	(14.13)	(8.76)
$Lev_{i,t}$	-0.266	0.582**	0.097	-0.160	-0.284	0.597**
	(-1.09)	(2.10)	(0.38)	(-0.57)	(-1.16)	(2.16)
$Employee_{i,t}$	0.332***	0.283***	0.320***	0.326***	0.339***	0.275***
	(6.83)	(5.26)	(6.58)	(6.00)	(6.94)	(5.16)
$Ratio_{i,t}$	-0.009	-0.046	0.237*	-0.265*	-0.023	-0.030
	(-0.07)	(-0.32)	(1.80)	(-1.84)	(-0.18)	(-0.21)

续表

Dep. Var. = $Subsidy_{i,t}$	(1) FIN=1	(2) FIN=0	(3) GI=1	(4) GI=0	(5) LAW=1	(6) LAW=0
$ROA_{i,t}$	3.191***	2.611***	3.585***	2.021*	3.386***	2.567**
	(3.56)	(2.60)	(4.00)	(1.95)	(3.75)	(2.58)
$Lsubsidy_{i,t}$	0.518**	0.963***	0.604***	0.928***	0.430**	1.091***
	(2.55)	(4.10)	(3.04)	(3.89)	(2.15)	(4.63)
Constant	−1.325	2.200**	−1.995**	−2.320**	−3.912***	−0.593
	(−1.34)	(2.16)	(−2.10)	(−2.55)	(−4.12)	(−0.59)
Year Fixed Effects	控制	控制	控制	控制	控制	控制
Industry Fixed Effects	控制	控制	控制	控制	控制	控制
Adjusted R^2	0.474	0.418	0.427	0.452	0.470	0.423
Observations	1651	1253	1563	1341	1623	1281

表 8-8 制度环境差异下企业参与 PPP 对税收优惠的影响

Dep. Var. = $ETR_{i,t}$	(1) FIN = 1	(2) FIN = 0	(3) GI = 1	(4) GI = 0	(5) LAW = 1	(6) LAW = 0
$PPP_{i,t}$	-0.002***	-0.013***	-0.003***	-0.009***	-0.002***	-0.014***
	(-4.88)	(-2.96)	(-5.75)	(-3.28)	(-4.85)	(-3.10)
$SOE_{i,t}$	-0.022***	-0.002	-0.018***	-0.005	-0.022***	-0.002
	(-4.91)	(-0.33)	(-4.04)	(-0.86)	(-4.96)	(-0.39)
$Size_{i,t}$	-0.010***	-0.004	-0.013***	-0.005*	-0.010***	-0.004
	(-4.68)	(-1.21)	(-5.95)	(-1.89)	(-4.61)	(-1.29)
$Lev_{i,t}$	0.556***	0.605***	0.598***	0.565***	0.553***	0.610***
	(31.65)	(23.44)	(34.39)	(21.50)	(31.28)	(23.99)
$MB_{i,t}$	-0.008***	-0.014***	-0.012***	-0.009**	-0.008***	-0.014***
	(-2.85)	(-3.34)	(-4.09)	(-2.17)	(-2.79)	(-3.42)
$Sales\_Growth_{i,t}$	-0.020***	-0.036***	-0.020***	-0.035***	-0.019***	-0.037***
	(-4.18)	(-6.27)	(-4.06)	(-6.32)	(-4.09)	(-6.34)

续表

Dep. Var. = $ETR_{i,t}$	(1) FIN = 1	(2) FIN = 0	(3) GI = 1	(4) GI = 0	(5) LAW = 1	(6) LAW = 0
$ROA_{i,t}$	-2.908***	-3.357***	-2.952***	-3.312***	-2.910***	-3.348***
	(-40.55)	(-35.29)	(-41.49)	(-34.35)	(-40.27)	(-35.54)
$Tobin_{i,t}$	0.021***	0.029***	0.027***	0.018***	0.020***	0.029***
	(4.69)	(4.43)	(6.06)	(2.82)	(4.64)	(4.50)
Constant	0.409***	0.254***	0.480***	0.301***	0.407***	0.257***
	(7.35)	(3.80)	(9.23)	(4.93)	(7.32)	(3.86)
Year Fixed Effects	控制	控制	控制	控制	控制	控制
Industry Fixed Effects	控制	控制	控制	控制	控制	控制
Adjusted R^2	0.516	0.599	0.538	0.586	0.515	0.599
Observations	8439	5284	8475	5248	8358	5365

本下，$ETR_{i,t}$ 与 $PPP_{i,t}$ 在 1% 的置信水平上呈负相关关系（分别为：系数 = -0.002，t = -4.88；系数 = -0.003，t = -5.75；系数 = -0.002，t = -4.85）；当 FIN = 0、GI = 0、LWA = 0 即企业所处地区市场化程度更低、政府干预程度更高和法治法律水平更差时，$ETR_{i,t}$ 与 $PPP_{i,t}$ 同样在 1% 的置信水平上呈负相关关系（分别为：系数 = -0.013，t = -2.96；系数 = -0.009，t = -3.28；系数 = -0.014，t = -3.10），系数较制度环境较差时更显著。可见，参与 PPP 项目带来更多税收优惠的关系在市场化程度较低、政府干预经济程度较高、制度和法律环境较差的地区更加显著。综上，参与 PPP 项目带来更多政府补贴和税收优惠的关系在市场化程度较低、政府干预经济程度较高、制度和法律环境较差的地区更加显著，假设 3 得到支持。

8.6 稳健性检验

考虑到可能存在的内生性问题，为了保证结果的稳健性，本节进行了如下稳健性检验。

8.6.1 被解释变量滞后一期

回归结果如表 8-9 和表 8-10 所示。可以看到被解释变量滞后一期后，在全样本和非国有企业样本下 $Subsidy_{i,t}$ 与 $PPP_{i,t-1}$ 仍然显著为正，国有企业样本下不显著；$ETR_{i,t}$ 与 $PPP_{i,t-1}$ 同样在全样本下显著为负，且非国有企业样本下更加显著。

第8章 企业参与PPP项目对政府补助和税收优惠的影响

表8-9 稳健性检验——滞后一期PPP对政府补贴的影响

Dep. Var. = $Subsidy_{i,t}$	(1) Full Sample	(2) SOEs	(3) Non-SOEs
$PPP_{i,t-1}$	0.190***	0.120	0.177**
	(3.50)	(1.48)	(2.34)
$SOE_{i,t-1}$	0.027		
	(0.41)		
$Size_{i,t-1}$	0.610***	0.675***	0.540***
	(14.73)	(9.83)	(9.84)
$Lev_{i,t-1}$	-0.244	-0.648*	-0.150
	(-1.21)	(-1.70)	(-0.62)
$Employee_{i,t-1}$	0.313***	0.297***	0.354***
	(7.87)	(4.38)	(6.92)
$Ratio_{i,t-1}$	-0.122	0.099	-0.235*
	(-1.14)	(0.51)	(-1.86)
$ROA_{i,t-1}$	3.470***	-0.165	4.639***
	(4.47)	(-0.12)	(5.00)
$Lsubsidy_{i,t-1}$	0.072	-0.248	0.180
	(0.52)	(-0.81)	(1.21)
Constant	0.787	0.156	1.696*
	(1.07)	(0.13)	(1.70)
Year Fixed Effects	控制	控制	控制
Industry Fixed Effects	控制	控制	控制
Adjusted R^2	0.365	0.403	0.334
Observations	2767	995	1772

表 8 - 稳健性检验——滞后一期 PPP 对税收优惠的影响

Dep. Var. = $ETR_{i,t}$	(1) Full Sample	(2) SOEs	(3) Non - SOEs
$PPP_{i,t-1}$	-0.006***	0.006	-0.007***
	(-4.43)	(0.66)	(-4.94)
$SOE_{i,t-1}$	-0.019***		
	(-4.53)		
$Size_{i,t-1}$	-0.015***	-0.011***	-0.018***
	(-6.44)	(-3.25)	(-5.21)
$Lev_{i,t-1}$	0.642***	0.619***	0.642***
	(34.11)	(20.61)	(26.41)
$MB_{i,t-1}$	-0.021***	-0.016***	-0.021***
	(-6.99)	(-3.16)	(-5.67)
$Sales\_Growth_{i,t-1}$	-0.014***	-0.022***	-0.009*
	(-3.08)	(-2.93)	(-1.69)
$ROA_{i,t-1}$	-2.394***	-2.730***	-2.142***
	(-35.78)	(-24.14)	(-25.41)
$Tobin_{i,t-1}$	0.032***	0.022**	0.030***
	(6.98)	(2.55)	(5.66)
Constant	0.525***	0.450***	0.579***
	(9.92)	(5.99)	(7.64)
Year Fixed Effects	控制	控制	控制
Industry Fixed Effects	控制	控制	控制
Adjusted R^2	0.463	0.495	0.438
Observations	10032	4017	6015

8.6.2 PSM 和 DID 检验

同前两章,为了克服可能未观测到的其他变量,本章采用

第8章 企业参与 PPP 项目对政府补助和税收优惠的影响

PSM 和 DID 进行稳健性检验。对于企业参与 PPP 项目与政府补贴间的检验，为了筛选倾向匹配的控制组公司，首先选取 2010—2017 年的样本区间，首轮选取公司规模（$Size$）、资产负债率（Lev）、总资产收益率（ROA）、雇员规模（$Employee$）、持股比例（$Ratio$）和上一年补助（$L\_Subsidy$）进行检验，从中选取用以进行匹配的协变量。检验表明 $Size$、Lev、$Ratio$、$Employee$ 以及 $L\_Subsidy$ 在控制组和处理组之间存在显著差异，因此将上述变量作为匹配协变量。随后采用概率模型（8-3）计算每个观测值的倾向得分，并使用处理组参与 PPP 项目的第一年的倾向得分，用最近邻匹配方法进行 1∶2 匹配。在匹配样本中，所有企业都应该在处理组参与 PPP 项目之前和之后都有政府补贴数据。此外，本节的匹配还区分了国有产权性质和行业，即国有企业与国有企业匹配、非国有企业与非国有企业进行匹配、同行业公司进行匹配。

$$Prob(Treat_{i,t}=1)\\ = \gamma_0 + \gamma_1 Size_{i,t} + \gamma_2 Lev_{i,t} + \gamma_3 Ratio_{i,t} +\\ \gamma_4 Employee_{i,t} + \gamma_5 L\_subsidy_{i,t} + Industry\ Fixed\\ Effects + Year\ Fixed\ Effects + \epsilon_{i,t} \quad (8-3)$$

其中，$Treat_{i,t}$ 为处理组虚拟变量，若公司在样本期间内有参与 PPP 项目的历史则为处理组该值为 1，否则为控制组该值为 0；其他变量定义同模型（8-1）。表 8-11 报告了样本匹配结果，显示处理组和控制组间无显著差异。图 8-1 和图 8-2 为 PSM 匹配前后核密度图，进一步表明了匹配的有效性和合理性。

DID 检验的回归模型如下所示：

$$Subsidy_{i,t} = \eta_0 + \eta_1 Post_{i,t} \times Treat_{i,t} + \eta_2 Treat_{i,t} + \eta_3 Post_{i,t} +\\ \eta_4 Size_{i,t} + \eta_5 Lev_{i,t} + \eta_6 Employee_{i,t} + \eta_7 Ratio_{i,t} +\\ \eta_8 ROA_{i,t} + \eta_9 L\_subsidy_{i,t} + Industry\ Fixed\ Effects +\\ Year\ Fixed\ Effects + \epsilon_{i,t} \quad (8-4)$$

$Post_{i,t}$ 为虚拟变量，若公司 i 在 t 年及以后承担着 PPP 项目，那

么对于公司 i 及其相应的匹配公司，设置该年份及之后的年份的 $Post_{i,t}=1$，在此之前的年份对应 $Post_{i,t}=0$。$Treat_{i,t}$ 和 $Post_{i,t}$ 的交互项反映了企业参与 PPP 项目前后政府补助的变化，其中 $Treat_{i,t}$ 和 $Post_{i,t}$ 分别控制了公司特征以及参与 PPP 前后各阶段的变化趋势。表 8-12 报告了 DID 和 PSM 下的企业参与 PPP 项目与政府补贴的检验结果，可以看到在加入 Post、Treat 变量以及控制年度和行业效应后，$Treat_{i,t}$ 和 $Post_{i,t}$ 的交互项系数在国有企业下不显著，但是在非国有企业样本下依然显著为正，这与上文的研究结论一致。

对于企业参与 PPP 项目与税收优惠间的检验，为了筛选倾向匹配的控制组公司，同样首先选取 2010—2017 年的样本区间，首轮选取公司规模（$Size$）、资产负债率（Lev）、市账比（MB）、销售增长率（$Sales\_Growth$）、总资产收益率（ROA）以及托宾 Q（$Tobin$）进行检验，从中选取用以进行匹配的协变量。检验表明 $Size$、Lev、MB 以及 ROA 在控制组和处理组之间存在显著差异，因此将上述变量作为匹配协变量。随后采用概率模型（8-5）计算每个观测值的倾向得分，并使用处理组参与 PPP 项目的第一年的倾向得分，用最近邻匹配方法进行 1:1 匹配。在匹配样本中，所有企业都应该在处理组参与 PPP 项目之前和之后都有税收优惠数据。同样，该匹配也区分了国有产权性质和行业。

$$Prob(Treat_{i,t}=1)$$
$$= \gamma_0 + \gamma_1 Size_{i,t} + \gamma_2 Lev_{i,t} + \gamma_3 MB_{i,t} + \gamma_4 ROA_{i,t} +$$
$$Industry\ Fixed\ Effects + Year\ Fixed\ Effects + \epsilon_{i,t}$$
$$(8-5)$$

同模型（8-3），$Treat_{i,t}$ 为处理组虚拟变量，若公司在样本期间内有参与 PPP 项目的历史则为处理组该值为 1，否则为控制组该值为 0；其他变量定义同模型（8-2）。表 8-13 报告了样本匹配结果，显示处理组和控制组间无显著差异。图 8-3 和图 8-4 为 PSM 匹配前后核密度图，进一步表明了匹配的有效性和合理性。

第 8 章　企业参与 PPP 项目对政府补助和税收优惠的影响

DID 检验的回归模型如下所示:

$$ETR_{i,t} = \eta_0 + \eta_1\ Post_{i,t} \times Treat_{i,t} + \eta_2\ Treat_{i,t} + \eta_3\ Post_{i,t} + \eta_4\ Size_{i,t} + \eta_5\ Lev_{i,t} + \eta_6\ MB_{i,t} + \eta_7\ Sales\_Growth_{i,t} + \eta_8\ ROA_{i,t} + \eta_9\ Tobin\_Q_{i,t} + Industry\ Fixed\ Effects + Year\ Fixed\ Effects + \epsilon_{i,t} \tag{8-6}$$

$Post_{i,t}$ 为虚拟变量,若公司 i 在 t 年及以后承担着 PPP 项目,那么对于公司 i 及其相应的匹配公司,设置该年份及之后的年份的 $Post_{i,t}=1$,在此之前的年份对应 $Post_{i,t}=0$。$Treat_{i,t}$ 和 $Post_{i,t}$ 的交互项反映了企业参与 PPP 项目前后税收优惠的变化,其中 $Treat_{i,t}$ 和 $Post_{i,t}$ 分别控制了公司特征以及参与 PPP 前后各阶段的变化趋势。表 8 - 14 报告了 DID 和 PSM 下的企业参与 PPP 项目与税收优惠的检验结果,可以看到在加入 Post、Treat 变量以及控制年度和行业效应后,$Treat_{i,t}$ 和 $Post_{i,t}$ 的交互项系数在国有企业下不显著,但在全样本和非国有企业样本下依然显著为负,这与上文的研究结论结果一致。说明参与 PPP 项目确实有助于企业获得政府补贴和税收优惠,且这一关系在非国有企业中更加显著。因此,上述结论具有稳健性。

表 8 - 11　　　　PSM 匹配样本结果——政府补贴

Variables	(1) Treated	(2) Control	(3) t-test (1) - (2)	(4) p > |t|
	Mean			
$Size_{i,t}$	23.083	22.692	1.14	0.258
$Lev_{i,t}$	0.526	0.511	0.29	0.775
$Employee_{i,t}$	0.010	0.011	-0.28	0.777
$Share\_Ratio_{i,t}$	0.625	0.677	-0.80	0.428
$ROA_{i,t}$	0.036	0.035	0.24	0.814
$L\_Subsidy_{i,t}$	0.933	0.966	-0.57	0.571

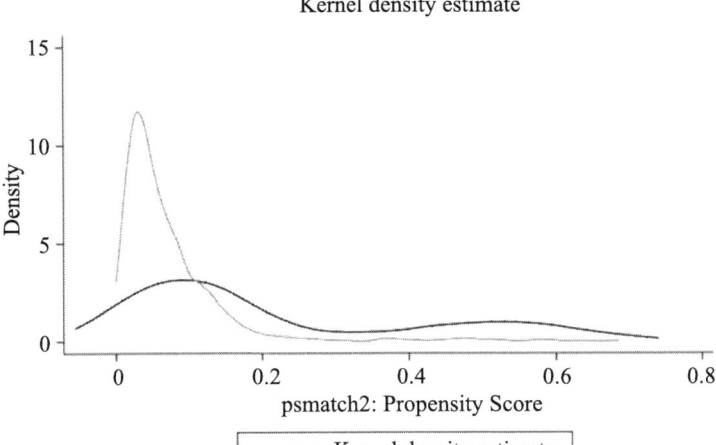

图 8－1　PSM 匹配前核密度图——政府补贴

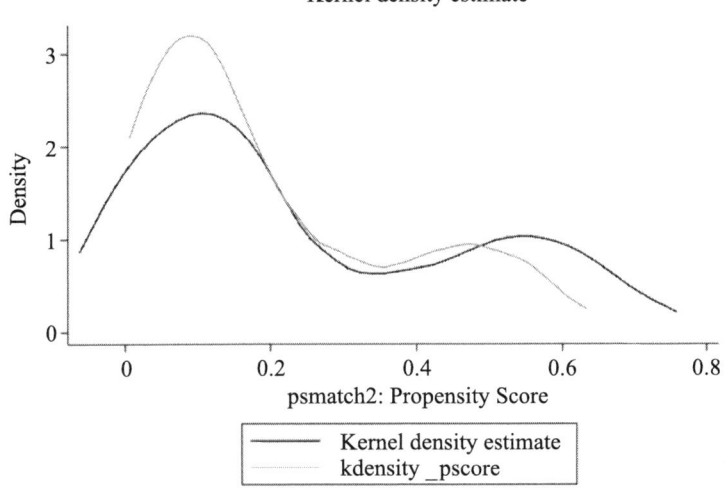

图 8－2　PSM 匹配后核密度图——政府补贴

第 8 章　企业参与 PPP 项目对政府补助和税收优惠的影响

表 8 – 12　　稳健性检验——政府补贴下 DID 和 PSM

Dep. Var. = $Subsidy_{i,t}$	(1) Full Sample	(2) SOEs	(3) Non – SOEs
$Post_{i,t} \times Treat_{i,t}$	0.311	-0.511	0.725*
	(0.83)	(-0.56)	(1.68)
$Treat_{i,t}$	-0.030	0.586	-0.277
	(-0.10)	(0.79)	(-0.78)
$SOE_{i,t}$	0.284		
	(1.09)		
$Size_{i,t}$	0.625***	1.047***	0.460**
	(3.49)	(2.96)	(2.52)
$Lev_{i,t}$	0.733	3.556*	0.149
	(0.99)	(1.88)	(0.18)
$Employee_{i,t}$	0.411**	-0.240	0.643***
	(2.58)	(-0.73)	(3.52)
$Share\_Ratio_{i,t}$	-0.147	0.123	-0.042
	(-0.37)	(0.12)	(-0.08)
$ROA_{i,t}$	10.088**	0.928	10.676**
	(2.36)	(0.07)	(2.33)
$L\_Subsidy_{i,t}$	0.740	0	0.788
	(1.05)	(0)	(1.21)
Constant	-4.853	-11.288*	-0.076
	(-1.42)	(-2.01)	(-0.02)
Year Fixed Effects	控制	控制	控制
Industry Fixed Effects	控制	控制	控制
Adjusted R^2	0.501	0.713	0.445
Observations	181	44	137

表 8-13　　　　PSM 匹配样本结果——税收优惠

Variables	(1) Treated	(2) Control	(3) t-test (1) - (2)	(4) p>|t|
	Mean			
$Size_{i,t}$	22.853	22.843	0.06	0.955
$Lev_{i,t}$	0.533	0.527	0.26	0.795
$MB_{i,t}$	3.873	4.211	-1.00	0.319
$Sales\_Growth_{i,t}$	0.340	0.223	1.98	0.049
$ROA_{i,t}$	0.037	0.042	-1.20	0.232
$Tobin\_Q_{i,t}$	2.497	2.627	-0.61	0.539

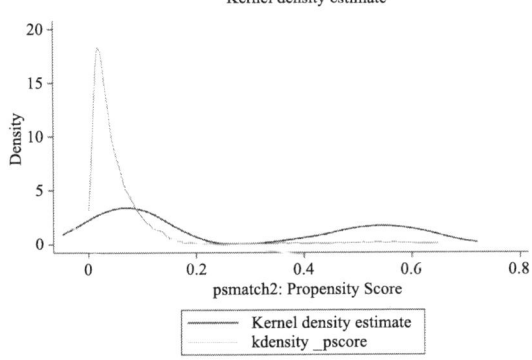

图 8-3　PSM 匹配前核密度图——税收优惠

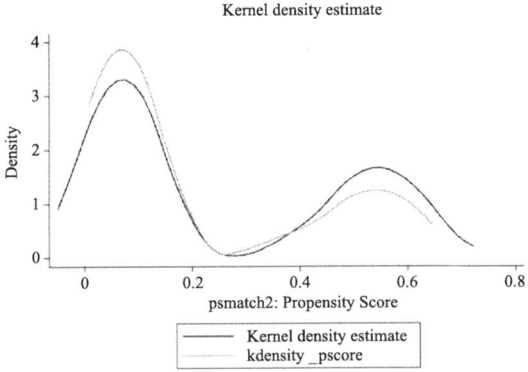

图 8-4　PSM 匹配后核密度图——税收优惠

第 8 章　企业参与 PPP 项目对政府补助和税收优惠的影响

表 8-14　稳健性检验——税收优惠下 DID 和 PSM

Dep. Var. = $ETR_{i,t}$	(1) Full Sample	(2) SOEs	(3) Non-SOEs
$Post_{i,t} \times Treat_{i,t}$	-0.047***	-0.014	-0.041**
	(-2.58)	(-0.43)	(-2.38)
$Treat_{i,t}$	0.042**	0.009	0.038**
	(2.04)	(0.25)	(2.01)
$SOE_{i,t}$	0.016	0.060***	-0.008
	(1.49)	(3.29)	(-0.39)
$Size_{i,t}$	0.009		
	(0.78)		
$Lev_{i,t}$	-0.023***	-0.021***	-0.018**
	(-4.39)	(-2.76)	(-2.07)
$MB_{i,t}$	0.463***	0.333***	0.373***
	(8.75)	(3.97)	(6.82)
$Sales\_Growth_{i,t}$	-0.003	0.017	-0.008
	(-0.40)	(1.52)	(-1.17)
$ROA_{i,t}$	-0.019**	0.002	-0.026**
	(-2.10)	(0.16)	(-2.45)
$Tobin\_Q_{i,t}$	-3.469***	-5.167***	-3.239***
	(-16.49)	(-10.74)	(-17.09)
Constant	0.746***	0.977***	0.654***
	(6.12)	(5.66)	(3.21)
Year Fixed Effects	控制	控制	控制
Industry Fixed Effects	控制	控制	控制
Adjusted R^2	0.574	0.624	0.572
Observations	1228	440	788

8.7　进一步分析

综上，本章发现，参与 PPP 项目能够显著增加企业的政府补贴及税收优惠，但是这种政治关联和资源优势在国有企业和非国有企业间存在差异：参与 PPP 项目对非国有企业带来了更多政府补贴和税收优惠。但是，通过参与 PPP 项目的国有企业的政府补贴和税收优惠并没有显著变化，这可能由于国有企业与政府存在的天然政治关联使它已经具备了诸如贷款、税收和补贴优惠这些资源优势。即使国有企业不参与 PPP 项目，它们依然可以凭借国有控股这种政治关联获取相关资源。既然参与 PPP 项目并没有给国有企业带来显著的政府补贴与税收优惠，并且根据第 7 章的结论参与 PPP 项目也没有显著降低国有企业的债务资本成本，那么国有企业为什么还要积极地参与 PPP 项目呢？对此问题的进一步探讨有助于加深我们对 PPP 项目中政企合作关系的认识。

分税制改革使地方政府获得了地方事务较大的自主权的同时，也承担了更多的责任，如城市维护和建设、卫生、教育、文化以及辖区企业技术创新等费用支出。于文超等（2018）指出我国地方政府承担了区域公共服务供给和基础设施建设等责任，但是基础设施建设和公共服务具有投资规模大、建设周期长、运营维护成本高等特征，这些财政支出直接增加了政府的财政压力（黎凯和叶建芳，2007）。PPP 项目可以通过引入社会资本，有效缓解政府财政压力，提高公共产品的供给效率。因此地方政府面临的财政压力越大，越希望借助 PPP 引入社会资本以缓解财政压力，发起的 PPP 项目也会越多。

另外，地方官员的政治晋升标准自 20 世纪 80 年代后由单纯依靠政治指标逐步转变为以 GDP 增长率为主的经济指标，已有文献指出辖区的经济发展状况显著影响着地方官员的政治晋升（Li 和 Zhou，2005）。在政治职位和资源有限的条件下，地方官员间的竞争更为激烈，区域间的经济和政治压力巨大。此外，党的十一届六中全会以来，官员逐渐呈现"年轻化"趋势，尤其是地方官员的任期弹性较大，导致官员在位期间会调动掌握的所有资源来拉动地方经济发展以谋求政治晋升。司政和龚六堂（2010）指出地方政府为了追求经济增长会进行扭曲市场机制的行为。钱先航等（2011）研究发现晋升压力会促使地方官员干预城商行贷款方向。宋艳伟（2011）研究发现政府面临的财政压力越大，政府干预金融信贷的程度越高。曹春方等（2014）利用 2001 年至 2008 年的上市公司数据，研究发现晋升压力和财政压力会导致辖区国有企业的过度投资。纪志宏等（2014）研究发现，地方官员面临较大的晋升压力时会采用行政权力干预区域经济以扩张投资规模、提振经济表现。卢盛峰等（2017）认为政治晋升激励是导致地方官员夸大 GDP 的重要因素。陈绍俭（2017）利用 1998 年至 2013 年的省级数据研究发现，地方政府面临的财政压力越大、官员面临的政治晋升压力越大，地方政府的投资越多。

在以经济绩效考核为主要评判标准的政治锦标赛中，为了追求政治晋升，加大上市公司投资，晋升压力下的地方政府有强烈动机通过各种途径去促进本地经济发展，如干预辖区企业经营活动、调整政策倾斜方向、加快产业结构升级，甚至出现牺牲地方经济预算和产业结构参与区域竞争的行为以期能够增大其政治晋升的可能。因此，晋升压力与地区经济绩效的联系催生出地方官员干预辖区经济发展的动机，尽可能利用掌握的行政权力和资源带来更高的 GDP 增长和财政收入。经济绩效主要来自投资增长（钱先航等，2011），是拉动地方经济增长、提高区域 GDP 最直接的方式之一。而 PPP 项目其投资金额巨大，能够直接拉动地区投资规模，并且涉及社会大众切身利益的行业，PPP 的大力应用也是地方政府作为社会事务管理者服务大众、提供社会福利的正常要求,能够同时实现经济和社会效益。晋升压力大的地方政府官员有强烈动机去上马 PPP 项目,并保证项目顺利落地和实施,以实现辖区内经济发展目标,在政治晋升锦标赛制度下提升政绩表现。在这种情况下,企业更容易建立与政府的政治联系,导致企业实际参与 PPP 项目更多。面临晋升压力下的地方政府会利用行政权力追求个人政治晋升目标(Shleifer 和 Vishny,1998),而这种政治目标下的追求经济增长的任务也"摊派"到地方企业之中,国有企业作为政府参与和调控经济的载体(黄速建和余菁,2006),承担了政府大量的行政和社会责任(林毅夫等,2004;周黎安,2007),也是地方政府达到自身经济利益和政治目标的重要工具。而非国有企业与政府的关系紧密程度远不及国有企业,政府对非国有企业的干预也更弱(肖浩和夏新平,2010)。因此,在 PPP 受到国家大力推广和支持的背景下,受财政和晋升双重压力的政府官员更可能会干预国有企业的经营决策,使国有企业承担辖区内 PPP 项目,以缓解财政压力或追求个人私利如政治晋升目标。

因此,本章进一步检验晋升压力对企业尤其是国有企业的参与 PPP 项目的影响。鉴于被解释变量为企业承担 PPP 项目个数,采用 Ologit 模型(8-7)进行回归以考察参与 PPP 项目与政府晋升压力间的关系,回归结果如表 8-15 所示。

$$
\begin{aligned}
PPP_{i,t} = & \alpha_0 + \alpha_1\ Government\_pressure_{i,t-1} \times SOE_{i,t} + \\
& \alpha_2\ Government\_pressure_{i,t-1} + \alpha_3\ SOE_{i,t} + \alpha_4\ Size_{i,t} + \\
& \alpha_5\ Lev_{i,t} + \alpha_6\ MB_{i,t} + \alpha_7\ Tangibility_{i,t} + \\
& \alpha_8\ Profitability_{i,t} + Year\ Fixed\ Effects + Industry \\
& Fixed\ Effects + \varepsilon_{i,t} \quad\quad\quad\quad (8-7)
\end{aligned}
$$

其中,被解释变量 $PPP_{i,t}$,解释变量 $SOE_{i,t}$、$Size_{i,t}$、$Lev_{i,t}$、$MB_{i,t}$ 定义同模型(8-2),$Tangibility_{i,t}$ 为企业固定资产比例,等于企业固定资产除以总资产;$Profitability_{i,t}$ 为企业营利能力,等于

税息折旧及摊销前利润除以总资产。变量 $Government\_pressure_{i,t-1}$ 为地方官员的晋升压力指数，本书参考钱先航等（2011）研究，从城市 GDP 增长率和财政盈余两个方面考察晋升压力，这也是地方政府主要关心的方面（周黎安，2007）。其中财政盈余 =（地方财政收入 - 财政支出）/地方财政收入。考虑到官员绩效考核通常会采用"相对绩效"考核法，同时会遵循"可比地区"的原则，因此遵循钱先航等（2011）研究，将城市 GDP 增长率和财政盈余与其所在省份的均值进行比较以构建指数，并且在计算省份均值时，采用以各地 GDP 总量为权重的加权平均值以消除各地资源禀赋的差异。

具体指数构建步骤如下：第一步，将样本城市分为普通城市（15 个）、副省级城市（15 个）和直辖市（4 个）。将各个样本城市的 GDP 增长率和财政盈余按照城市类别的加权平均值进行比较。第二步，若该城市的 GDP 增长率和财政盈余低于同类城市类别当年的总加权均值则赋值为 1，否则为 0。第三步，将在第二步计算的两个得分相加得到 $Government\_pressure$ 指标，即为地方官员的晋升压力指数。该指标越高表明政府晋升的压力越大。同时，我们将得到的晋升压力变量 $Government\_pressure$ 滞后一期以避免内生性问题。

表 8-15 报告了参与 PPP 项目与政府晋升压力的回归结果。可以看到 $SOE_{i,t}$ 的系数显著为负，说明国有企业更不可能参与 PPP 项目，或者参与 PPP 项目的数量更少，反而是非国有企业更可能投身 PPP 项目。但是 $Government\_pressure_{i,t-1} \times SOE_{i,t}$ 的系数则显著为正，这说明在政府晋升压力越大的地区，国有企业更可能参与 PPP 项目、参与 PPP 项目的数量更多。因此，政府晋升压力是国有企业参与 PPP 项目的一个重要原因。

表 8-15　政府晋升压力对企业参与 PPP 项目的影响

Dep. Var. =	$PPP_{i,t}$
$Government\_pressure_{i,t-1} \times SOE_{i,t}$	2.609**
	(2.33)
$Government\_pressure_{i,t-1}$	-0.013
	(-0.03)
$SOE_{i,t}$	-3.699***
	(-2.89)
$Size_{i,t}$	-0.537
	(-0.96)
$Lev_{i,t}$	1.251
	(0.52)
$MB_{i,t}$	-0.166
	(-0.77)
$Tangibility_{i,t}$	6.282**
	(2.03)
$Profitability_{i,t}$	-3.647
	(-0.58)
Constant	—
	—
Constant cut1	29.606***
	(15.55)
Constant cut2	30.223**
	(2.17)
Constant cut3	31.122*
	(1.86)
Constant cut4	31.964
	(0)

续表

Dep. Var. =	$PPP_{i,t}$
$Constant\ cut5$	32.435
	(0)
Year Fixed Effects	控制
Industry Fixed Effects	控制
Observations	1696

8.8 本章小结

本章基于手工搜集的 2010—2017 年沪深两市上市公司参与 PPP 项目数据，考察企业参与 PPP 项目对其获得政府补贴和税收优惠的影响。研究发现，参与 PPP 项目有助于企业获得更多的政府补贴和税收优惠，并且这一关系在非国有企业、制度环境更差的地区更加显著。进一步研究发现，地方政府官员晋升压力是国有企业参与 PPP 项目的重要动因。

本章的研究结果对于政策制定者和市场参与者具有一定的指导和启示意义。首先，从企业层面来看，参与 PPP 项目能够为企业带来一定的政府补贴和税收优惠，因此企业尤其是非国有企业在作出 PPP 项目参与决策时应该权衡利弊，根据公司的实际情况决定是否参与 PPP 项目，切忌跟风。其次，参与 PPP 项目能够为企业带来一定的政策资源优势，因此政府在进行服务购买时要警惕社会资本尤其是非国有企业参与 PPP 项目这种"醉翁之意不在酒"的行为，依法选择诚实守信、安全可靠的项目合作伙伴，加强政府采购环节的规范与监督管理。更为重要的是要防范政府为了政治和经济目标盲目上马 PPP 项目，要扎实做好 PPP 项目的前期工作，充分论证、科学决策，尊重社会资本的正当利益，确保合理有效地提供公共产品和服务。最后，对于外部投资者来说，投资者可以通过公司是否参与 PPP 项目以及参与 PPP 项目的数量来衡量和判断企业风险状况，以优化投资决策。

第9章 结　论

9.1 研究结论

　　PPP 作为基础设施和公共服务供给的新模式在世界范围内得到了广泛运用，尤其是在我国政府的推动下，PPP 已成为我国公共项目建设的重要资金来源，截至 2017 年 12 月末，全国 PPP 综合信息平台共计 PPP 项目 14424 个，总投资额达 18.2 万亿元。而企业是 PPP 项目实施的最终主体，也是 PPP 项目得以存在和发展的必要前提，参与 PPP 项目的经济后果及对企业会造成何种影响是 PPP 在进行项目设计和实施过程中不可回避的关键问题。只有深入理解企业参与 PPP 项目的经济后果，才能更好地调动社会资本积极性、激发其投资公共领域的活力，对于政府而言也能够更好地指导和监督项目实施过程，保证项目的顺利落地。但是目前大量研究主要从政府和社会福利的角度探讨了 PPP 的影响，主流研究对于参与 PPP 项目对企业的影响尚未有清晰的结论，对于参与 PPP 项目在微观企业主体层面的经济后果如何尚不清楚，各个利益相关方对于 PPP 项目的决策存在困难。尤其是项目过程中多样的风险和不确定性，以及政府和企业在 PPP 项目中的利益诉求差异容易引起政府和企业的行为异化，造成风险外溢，进而导致系统性风险，不利于 PPP 和资本市场的健康稳定发展。因此，近年来我国企业为何热衷于参与 PPP 项目？参与 PPP 项目为其带来何种后果和影响？成为亟待研究的问题。另外，PPP 项目中的关键特征之一在于政府和社会资本间长期紧密的合作关系，而政企关系在中国是普遍存在的现象，也是理论和实践一直关注的话题，PPP 项目为研究政企关系、考察政府行为对企业的影响提供了新场景和新视角。

基于此，本书以委托代理理论、政府干预理论、寻租理论、政治关联和声誉理论为基础，立足中国独特的政治和经济环境，利用手工搜集的上市公司参与 PPP 项目数据，从 PPP 项目的激励效率、契约关系、企业的权益资本成本、债务资本成本、税收优惠和政府补贴等方面，系统检验了企业参与 PPP 项目在财务和金融层面的经济后果，以试图填补研究空白，为实践提供指导和证据。

本书研究不仅有助于充分理解各国 PPP 应用的历史和经济差异，加深对我国的 PPP 项目的理解，而且本书立足中国 PPP 实践，从企业角度出发，将政府和社会资本关系纳入理论分析，是对已有文献的有益拓展，为 PPP 的相关研究提供了新视角。本书研究结论为政府筛选社会资本、尊重社会资本的合法权益，以及政企权责边界的划定提供了参考。而手工搜集的上市公司参与 PPP 项目数据，突破了以往研究方法和研究数据的使用局限，为企业和投资者决策以及政府提供了更可靠的经验证据。具体研究结论如下：

第一，本书检验了参与 PPP 项目对企业权益资本成本的影响。研究发现，参与 PPP 项目会显著提高企业的权益资本成本，且这一正相关性在非国有企业中更显著，在控制了内生性以后，该结论仍然成立。这主要是由于 PPP 项目的任务集束与政府干预特征、项目风险转移与企业弱势地位，以及长期合约和政府官员诚信这三大特征增加了企业风险，导致参与 PPP 后企业权益资本成本的上升。作用机制检验也发现，参与 PPP 项目确实增加了企业风险，且参与 PPP 项目与企业风险的正相关性在非国有企业中更显著。进一步的分组研究表明，当企业所处的地区法律环境和投资者保护水平更差、面临较高的环境不确定性及融资约束时，参与 PPP 项目与企业权益资本成本的正向关系更显著。而企业提高自身信息披露质量能够有效缓解参与PPP项目对企业权益资本成本的不利影响。

第二，本书检验了参与PPP项目对企业债务资本成本的影响。研究发现，参与PPP项目能够显著降低企业的债务成本，在控制了内生性以后，这一结论仍然成立。而企业通过PPP项目建立的良好政企关系或政治联系可能是导致参与PPP项目后企业债务成本降低的原因。进一步区分企业产权性质和银行产权性质后发现，二者间的负相关关系在非国有企业和国有银行中更为显著。这可能是因为，国有企业由于自身的产权优势在银行贷款方面具有先天的优待，PPP的政治关联对国有企业是否能降低债务资本成本不会有太大影响，因而对国有企业的意义不会那么显著。并且与非国有银行相比，国有银行带有更多的"政府工具"色彩，信贷决策会更多地受到政治关联和政府干预的影响，并且国有银行作为政府调控经济的主要手段，优先支持国家和地区重点工程项目，保证重点行业和产业建设发展的资金无可非议。因此参与PPP的企业能够从国有银行获得更多的贷款优惠。进一步分析表明，非国有企业参与PPP后其会计稳健性降低，PPP对非国有企业的绩效无显著影响，因此PPP与债务资本成本间的负相关关系不是由于企业会计稳健性或公司绩效改善导致的。这一结论表明，企业尤其是非国有企业能够通过参与PPP项目建立政治关联，以较低的利率获得国有银行贷款，而参与PPP项目能够作为企业建立或加强其与政府关系或政治关联的一种新途径，有助于企业在中国特殊的金融体制下更好地获得金融资源。

第三，本书检验了参与PPP项目对企业政府补贴和税收优惠的影响。研究发现，企业参与PPP项目有助于其获得更多的政府补贴和税收优惠，并且这一关系在非国有企业、制度环境更差的地区更加显著。这是由于，企业通过参与PPP项目能够建立起良好的政企关系或政治关联，有助于企业在争取补贴和税收优惠时提高与政府沟通的效率，并且参与PPP项目还能够向市场和政府传递出企业实力的积极信号，在进行补贴和优惠决策时存在信息不对称的情况下，政府将会优先考虑参与PPP的企业。因此，参与PPP的企业能够获得更多的政府补贴和税收优惠。但是参与PPP项目对国有企业获得政府补贴和税收优惠的作用不大，因为它们已经具备了这种政策优势。那么国有企业为什么还要积极地参与PPP项目呢？进一步的研究发现，国有企业作为政府参与和调控经济的载体，承担了政府大量的行政和社会责任，也是地方政府达到自身经济利益和政治目标的重要工具，受财政和晋升双重压力的政府官员更可能会干预国有企业的经营决策以通过PPP项目缓解财政压力或追求个人私利如政治晋升目标。因此，晋升压力是国有企业参与PPP项目的重要原因。

综合以上证据来看，企业参与PPP项目在其财务和金融层面产生的经济后果并不是单纯的正面或负面，而是多因素综合作用下的结果。总体而言，企业参与PPP项目后在市场化条件下的收益较少，但是在以政府为主导的非市场化场景下获得的收益更多。应该看到的是，不管是银行尤其是国有银行带来的贷款利率降低，还是政府补贴和税收优惠的增多，这种资源倾斜可能本身就体现出企业在PPP项目中的行为异化，带来的是一种资源扭曲，容易推高企业和投资者面临的风险，进而引发系统性风险，因此目前关于PPP项目的政府推力和政策值得反思。

9.2 对策建议

第一，监管部门应该建立相应的信息披露制度和地方政府信用约束机制，完善项目利益保障机制，约束地方政府对企业的过度干预行为，尊重社会资本的正当利益，以更好地推广PPP、激发社会资本活力，更要避免由于政企行为异化造成风险外溢而由此产生的系统性金融风险。

现实中政府利用行政权力会拒绝履行合约或利用合约的不完全性使企业承担额外的公共品负担和政策性负担，如政府违背竞争性条款投资与PPP项目具有实质竞争的其他项目，或拒绝履行对社会资本亏损予以补贴的条款等而导致项目收益不足，企业利益无法得到保障，面临亏损风险，严重打击社会资本参与PPP的积极性。而政企间紧密的合作伙伴关系可能带来资源配置扭曲，并容易造成双方行为异化，导致风险外溢，进而引发系统性金融风险。对于政府而言，政府的晋升压力会使国有企业更多地参与PPP项目，说明地方政府存在利用PPP追求个人的政治晋升目标的可能。因此，为了保障PPP项目的顺利实施，提高社会资本参与意愿，监管机构应该督促地方政府建立相应的信息披露制度和地方政府信用约束机制，将"权力置于阳光之下"，规范地方政府行为，把握好其对企业监督和指导的程度，警惕地方政府将风险过度转移给企业承担，以减轻企业对PPP项目风险的顾虑；努力避免地方政府对企业经济活动的过度干预，既要避免政府为了追求个人利益如政治晋升而损害企业正当权益的行为，又要避免政府主导下产生的资源扭曲或资源错配，充分尊重社会资本的合理利益诉求，在保证社会效益的同时兼顾企业伙伴利益，以提高社会资本积极性。

第二，地方政府应进一步完善项目事前设计、加强对PPP项目筛选和管理机制，实行严格的风险监管，尽量避免由于企业的寻租行为而造成社会福利损失。

PPP项目的事前设计对其实施效果会产生重要的影响，任务集束与政府干预特征、项目风险转移与企业弱势地位，以及长期合约和政府官员诚信的项目特征，会增加企业面临的风险。实证检验也发现，对于企业而言，参与PPP能够为企业带来成本更低的银行贷款，以及更多的税收优惠和政府补贴，这种资源优势无疑会增加企业竞争优势，会带来更多潜在的寻租行为。理论和直觉也告诉我们，并不是所有的项目都适用于PPP，盲目采用PPP可能会造成资源浪费等问题。因此，在PPP的项目前期的立项及可行性分析中地方政府要做好充分的调研，完善项目设计和PPP合约，建立更加完善的PPP筛选机制，扎实做好PPP项目的前期工作，充分论证、科学决策，在合适的地区、合适的项目中采用PPP模式，避免由于企业寻租行为而导致社会福利受损的情况。并且政府在采购阶段选定社会资本时，要警惕社会资本尤其是非国有企业参与PPP"醉翁之意不在酒"的行为，选择符合要求、实力雄厚、勇于承担社会责任的项目合作伙伴。并在项目过程中通过预先制定风险防范机制、定期或不定期以实地勘察或上交报告等形式对项目进行抽查以确认项目履行进度和公众满意度，通过信访、设备检测等手段了解项目质量和实施情况，实行绩效支付机制等途径对项目进行监督和管控。

第三，企业应该正确处理PPP项目中的风险和收益，权衡项目风险、政府干预和政治关联对企业的综合影响，树立合作共赢的理念，勇于承担社会责任。

本书结论表明参与PPP项目对企业的影响是综合因素作用的结果，因此企业尤其是国有企业在决策是否进入PPP项目时应该仔细权衡利弊，避免"一刀切"的做法。如果企业只看到参与PPP项目所带来的政治关联及获得资源优势和政策支持，而忽视了其中潜在的风险和成本负担，那么参与PPP项目为其带来的优势和正向效用最终将被效率损失和政府干预等负面效用抵消，不利于企业长期的可持续发展。但也不能仅看到参与PPP项目的风险而错失绝佳的投资机会。因此，企业尤其是非国有企业在作出PPP项目参与决策时更应该进行综合调研，根据公司的实际情况决定是否参与PPP项目，避免为了追求政治关联而无视项目风险，盲目跟风。在参与PPP项目后，企业要在保持自身自主性的同时实现与政府的良性互动与合作，完成PPP项目要求的同时通过适度的政治关联减轻潜在的项目风险，并获取资源和政策倾斜，努力降低政治干预为企业生产活动带来的负面影响。

另外，PPP项目毕竟是为社会提供基础设施和公共服务，是为了满足公众需求和福利，而项目的长周期也决定了企业投资回收的时间较长，因此企业在PPP中要综合考虑政府、社会大众和公共的利益，牢固树立合作共赢的理念，从长期回报和持续合作的角度出发，不能仅仅追逐自身短期利益，应将目光放长远。并且要勇于承担相应的社会责任，在项目的各个环节体现承担社会使命的目标，展现自身独特的社会价值，这不仅有助于企业获得政府的信任，还有助于企业打造一个更加友好和健康的外部经营环境，使公众和整个社会收益，变"单赢"为"多赢"，由此产生的声誉和经济效益最终也会反馈给企业本身。

9.3 研究局限和研究展望

尽管本书通过手工搜集的上市公司PPP项目数据尽可能深入地从理论和实证角度探讨了企业参与PPP的经济后果，但仍可能存在以下三方面的研究局限：

第一，本书对于企业参与PPP项目的经济后果的指标选择是否具有绝对代表性，值得商榷。本书在考察企业参与PPP项目的经济后果时主要聚焦于微观企业层面，强调企业参与PPP项目在财务和金融方面的经济后果，选取了权益资本成本、债务资本成本、政府补贴和税收优惠进行实证检验。但是参与PPP在微观企业层面的经济后果不止包括上述几个方面，因此本书对经济后果指标的选择是否具有代表性和典型性值得商榷。后续的研究可以对企业参与 PPP 项目可能产生的其他经济后果比如企业投资效率、股价崩盘风险等进行拓展。

第二，本书未考虑 PPP 退库现象的影响。92 号文颁布以来，仅 2018 年第一季度管理库退库项目共 609 个，退库投资额 6114.39 亿元；储备库退库项目共 1798 个，退库投资额 1.78 万亿元，到 2018 年年底两库退库数量分别上升至 2137 个和 4217 个。限于数据可得性，本书将研究时间界定在 2017 年，没有考虑 PPP 退库对企业的影响，尤其是对于已经进入 PPP 但被清退的企业，对这一影响的研究具有重要的现实意义。在未来的研究中应该将这一现象纳入分析。

第三，本书使用的研究数据未考虑非上市公司。虽然本书通过 PPP 的公开披露信息搜集了上市公司参与 PPP 项目的数据，但是实践中 PPP 的参与者还包括大量的非上市公司，而限于其他财务数据的可得性本书仅考察了上市公司，探究非上市公司参与 PPP 的经济后果有助于加深 PPP 理解、为企业决策和政府监管提供更全面的理论依据和评价标准。因此，在未来可以通过访谈、问卷、案例等方法，深入探究非上市公司企业参与 PPP 的经济后果。

参考文献

[1] Adhikari A, Derashid C, Zhang H. Public Policy, Political Connections, and Effective Tax Rates: Longitudinal Evidence from Malaysia [J]. Journal of Accounting and Public Policy, 2006, 25 (5): 574-595.

[2] Akerlof G A. The Market for "Lemons": Qualitative Uncertainty and the Market Mechanism [J]. Quarterly Journal of Economics, 1970, 84 (3): 488-500.

[3] Akintoye A, Taylor C, Fitzgerald E. Risk Analysis and Management of Private Finance Initiative Projects [J]. Engineering, Construction and Architectural Management, 1998, 5 (1): 9-21.

[4] Allan R J. PPP: A Review of Literature and Practice [C]. Saskatchewan Institute of Public Policy Paper, 1999.

[5] Allen F, Qian J, Qian M. Law, Finance, and Economic Growth in China [J]. Journal of Financial Economics, 2005, 77 (1): 57-116.

[6] Altman E I. Financial Ratios, Discriminant Analysis and the Prediction of Corporate Bankruptcy [J]. The Journal of Finance, 1968, 23 (4): 589-609.

[7] Ameyaw E, Chan A P C. Identifying Public-Private Partnership (PPP) Risks in Managing Water Supply Projects in Ghana [J]. Journal of Facilities Management, 2013, 11 (2): 152-182.

[8] Araya G, Schwartz J, Andres L. The Effects of Country Risk

and Conflict on Infrastructure PPPs [J]. Working Paper, the World Bank, 2013.

[9] Ashbaugh – Skaife H, Collins D W, Kinney W R. The Discovery and Reporting of Internal Control Deficiencies Prior to SOX – Mandated Audits [J]. Journal of Accounting and Economics, 2007, 44 (1 – 2): 166 – 192.

[10] Auriol E, Picard P M. Infrastructure and Public Utilities Privatization in Developing Countries [J]. Working Paper, the World Bank, 2006.

[11] Axelrod R. The Evolution of Cooperation [M]. New York: Basic Books, 1984.

[12] Aziz A, Ahmed M. Analysis of Usage – Based Payments for Contractors' Compensation in PPP Projects [C]. Transportation Research Board 86th Annual Meeting, 2007.

[13] Banerjee S G, Oetzel J M, Ranganathan R. Private Provision of Infrastructure in Emerging Markets: Do Institutions Matter? [J]. Development Policy Review, 2010, 24 (2): 175 – 202.

[14] Barlevy G, Veronesi P. Rational Panics and Stock Market Crashes [J]. Journal of Economic Theory, 2003 (2): 234 – 263.

[15] Basu S. The Conservatism Principle and the Asymmetric Timeliness of Earnings [J]. Journal of Accounting and Economics, 1997, 24 (1): 215 – 241.

[16] Baum C F, Caglayan M, Ozkan M, Talavera O. The Impact of Macroeconomic Uncertainty on Non – Financial Firms' Demand for Liquidity [J]. Review of Financial Economics, 2006, 15 (1): 289 – 304.

[17] Beck T, Demirgüç Kunt A, Levine R. Bank Supervision and Corruption in Lending [J]. Journal of Monetary Economics, 2006,

53 (8): 2131 – 2163.

[18] Bennett J, Iossa E. Building and Managing Facilities for Public Services [J]. Journal of Public Economics, 2006, (90): 2143 – 2160.

[19] Bentz A, Paul G, Maija H. What Should Governments Buy from the Private Sector – Assets or Services? [J]. Working Paper, University of Bristol, 2005.

[20] Berkman H, Cole R A, Fu L J. Political Connections and Minority – Shareholder Protection: Evidence from Securities – Market Regulation in China [J]. Journal of Financial and Quantitative Analysis, 2010, 45 (6): 1391 – 1417.

[21] Bertrand M, Kramarz F, Schoar A, Thesmar D. Politicians, Firms and Political Business Cycle: Evidence from France [R]. University of Chicago, 2006.

[22] Bharath S T, Sunder J, Sunder S V. Accounting Quality and Debt Contracting [J]. Social Science Electronic Publishing, 2008, 83 (1): 1 – 28.

[23] Blanc – Brude F, Goldsmith H, Valila T. Public – Private Partnerships in Europe: An Update [R]. Economic and Financial Report, European Investment Bank, 2007.

[24] Boardman A E, Vining A R. Ownership versus Competition: Efficiency in Public Enterprise [J]. Public Choice, 1992, 73 (2): 205 – 239.

[25] Bonin J, Wachtel P, Hasan I. Bank Performance, Efficiency and Ownership in Transitition Countries [J]. Journal of Banking and Finance, 2005, 29 (1): 31 – 53.

[26] Borisova G, Megginson W L. Does Government Ownership Affect the Cost of Debt? Evidence from Privatization [J]. Review of

Financial Studies, 2011, 24 (8): 2693 - 2737.

[27] Botosan C A, Plumlee M A. A Re - examination of Disclosure Level and the Expected Cost of Equity Capital [J]. Journal of Accounting Research, 2002, 40 (1): 21 - 40.

[28] Boubakri N, Cosset J C, Saffar W. Political Connections of Newly Privatized Firms [J]. Journal of Corporate Finance, 2008, 14 (5): 654 - 673.

[29] Boubakri N, Guedhami O, Mishra D. Political Connections and the Cost of Equity Capital [J]. Journal of Corporate Finance, 2012, 18 (3): 541 - 559.

[30] Bowen H R. Social Responsibilities of the Businessman [M]. NewYork: Harper and Row, 1953.

[31] Boyreau - Debray G, Wei S J. Pitfalls of a State - Dominated Financial System: The Case of China [J]. Working Paper, 2004.

[32] Bradley D J, Pantzalis C, Yuan X. Policy Risk, Corporate Political Strategies, and the Cost of Debt [J]. Journal of Corporate Finance, 2016 (40): 254 - 275.

[33] Brandt L, Li H. Bank Discrimination in Transition Economies: Ideology, Information or Incentives? [J]. William Davidson Institute Working Papers Series, 2002, 31 (3): 387 - 413.

[34] Branmer S, Pavelin S. Building a Good Reputation [J]. European Management Journal, 2004, 22 (12): 704 - 713.

[35] Brench A, Beckers T, Heinrich M, Von H C. Public - Private Partnerships in New EU Member Countries of Central and Eastern Europe [J]. Working Paper, European Investment Bank, 2005.

[36] Brinkerhoff J M. Assessing and Improving Partnership Relationships and Outcomes: A Proposed Framework [J]. Evaluation and Program Planning, 2002, 25 (3): 215 - 231.

[37] Broadbent J, Laughlin R. Public Private Partnerships: An Introduction [J]. Accounting, Auditing and Accountability Journal, 2003, 16 (3): 332-511.

[38] Brown S, Hillegeist S A. How Disclosure Quality Affects the Long-Run Level of Information Asymmetry [J]. Review of Accounting Studies, 2007, 12 (2): 443-477.

[39] Buchanan J M, Tollison R D, Tullock G. Towarda Theory of the Rent-Seeking Society [M]. Clongleton Station: TexasA and M, 1980.

[40] Carpintero S, Petersen O H. PPP Projects in Transport: Evidence from Light Rail Projects in Spain [J]. Public Money and Management, 2014, 34 (1): 43-50.

[41] Carroll A B. A Three-Dimensional Conceptual Model of Corporate Performance [J]. Academy of Management Review, 1979, 4 (4): 497-505.

[42] Chan A P C, Yeung J F Y, Yu C C P. Empirical Study of Risk Assessment and Allocation of Public-Private Partnership Projects in China [J]. Journal of Management in Engineering, 2011, 27 (3): 136-148.

[43] Chen C, Hubbard M. Power Relations and Risk Allocation in the Governance of Public Private Partnerships: A Case Study from China [J]. Policy and Society, 2012, 31 (1): 39-49.

[44] Chen C J P, Li Z, Su X. Rent Seeking Incentives, Political Connections and Organizational Structure: Empirical Evidence from Listed Family Firms in China [J]. Working Paper, City University of Hong Kong, 2005.

[45] Chen C J P, Li Z, Su X. Rent-seeking Incentives, Corporate Political Connections, and the Control Structure of Private Firms:

Chinese Evidence [J]. Journal of Corporate Finance, 2011b, 17 (2): 229 - 243.

[46] Chen D H, Fan J P H, Wong T J. Politically - Connected CEOs, Corporate Governance and Post - IPO Performance of China's Newly Partially Privatized Firms [R]. Hong Kong University of Science and Technology, 2004.

[47] Chen H, Chen J Z, Lobo G J, Wang Y. Association Between Borrower and Lender State Ownership and Accounting Conservatism [J]. Journal of Accounting Research, 2010, 48 (5): 973 - 1014.

[48] Chen S, Sun Z, Tang S. Government Intervention and Investment Efficiency: Evidence from China [J]. Journal of Corporate Finance, 2011a, 17 (2): 259 - 271.

[49] Cheung Y L, Jing L, Rau P R, Stouraitis A. How Does the Grabbing Hand Grab? Tunneling Assets from Chinese Listed Companies to the State [J]. Working Paper, City University of Hong Kong, 2006.

[50] Chow C K W, Fung M K Y. Ownership Structure, Lending Bias, and Liquidity Constraints: Evidence from Shanghai's Manufacturing Sector [J]. Journal of Comparative Economics, 1998, 26 (2): 301 - 316.

[51] Christian H, Sun M, Fewings P. Comparative Performance of Healthcare and Transport PFI Projects: Empirical Study on the Influence of Key Factors [J]. International Journal of Project Management, 2014, 32 (1): 77 - 87.

[52] Chung D, Hensher D A, Rose J M. Toward the Betterment of Risk Allocation: Investigating Risk Perceptions of Australian Stakeholder Groups to Public - Private - Partnership Tollroad Projects [J]. Research in Transportation Economics, 2010, 30 (1): 43 - 58.

[53] Coase R H. The Nature of the Firm [J]. Economica, 1937, 4 (16): 386 -405.

[54] Correia M M. Political Connections and SEC Enforcement [J]. Journal of Accounting and Economics, 2014, 57 (2 -3): 241 - 262.

[55] Cramm J M, Phaff S, Nieboer A P. The Role of Partnership Functioning and Synergy in Achieving Sustainability of Innovative Programmes in Community Care [J]. Health and Social Care in the Community, 2013, 21 (2): 209 -215.

[56] Cull R, Li W, Sun B. Government Connections and Financial Constraints: Evidence from a Large Representative Sample of Chinese Firms [J]. Journal of Corporate Finance, 2015 (32): 271 -294.

[57] Cull R, Xu L C. Institutions, Ownership, and Finance: The Determinants of Profit Reinvestment Among Chinese Firms [J]. Journal of Financial Economics, 2005, 77 (1): 117 -146.

[58] Daniels R, Trebilcock M. Private Provision of Public Infrastructure: An Organizational Analysis of the Next Privatization Frontier [J]. The University of Toronto Law Journal, 1996, 46 (3): 375 - 426.

[59] Darrin G, Mervyn K L. The Worlewide Revolution in Infrastructure Provision and Project Finance [M]. Beijing: China Renmin University, 2016.

[60] Davis K. Can Business Afford To Ignore Social Responsibilities? [J]. California Management Review, 1960, 2 (3): 70 -76.

[61] Davis P. Public - Private Partnerships: Improving Urban Life [M]. New York: Academy of Political Science, 1986.

[62] De Bettignies J E, Ross T W. Public - Private Partnerships and the Privatization of Financing: An Incomplete Contracts Approach

[J]. International Journal of Industrial Organization, 2009 (27): 358 – 368.

[63] De Soto H. The Other Path: The Invisible Revolution in the Third Worlds [M]. New York: Harper and Row Publishers, 1989.

[64] De Bettignies J E, Ross T W. The Economics of Public – Private Partnerships [J]. Canadian Public Policy, 2004, 30 (2): 135 – 154.

[65] Dennis S, Nandy D, Sharpe I G. The Determinants of Contract Terms in Bank Revolving Credit Agreements [J]. Journal of Financial and Quantitative Analysis, 2000, 35 (1): 87 – 110.

[66] Derashid C, Zhang H. Effective Tax Rates and the " Industrial Policy" Hypothesis: Evidence from Malaysia [J]. Journal of International Accounting Auditing and Taxation, 2003, 12 (1): 45 – 62.

[67] Diamond D W, Verrecchia R E. Disclosure, Liquidity, and the Cost of Capital [J]. Journal of Finance, 1991, 46 (4): 1325 – 1359.

[68] Dinc I S. Politicians and Banks: Political Influences on Government – Owned Banks in Emerging Markets [J]. Journal of Financial Economics, 2005, 77 (2): 453 – 479.

[69] Easley D, O' Hara M. Information and the Cost of Capital [J]. The Journal of Finance, 2004, 59 (4): 1553 – 1583.

[70] Eells R, Walton C. Conceptual Foundations of Business [M]. Burrridge: Irwin, 1970.

[71] Ellman M. The Optimal Length of Contracts with Application to Outsourcing [J]. Working Paper, Universitat Pompeu Fabra, 2006.

[72] Engel E, Fischer R D, Galetovic A. The Economics of Infrastructure Finance: Public – Private Partnerships versus Public Provision [J]. Working Paper, 2010.

[73] Engel E, Fischer R D, Galetovic A. The Basic Public Finance of Public – Private Partnerships [J]. Journal of the European Economic Association, 2013 (11): 83 – 111.

[74] Estache A. PPI Partnerships vs. PPI Divorces in LCDs [J]. Working Paper, the World Bank, 2004.

[75] Estache A, Serebrisky T. Where Do We Stand on Transport Infrastructure Deregulation and Public – Private Partnership? [J]. Working Paper, the World Bank, 2004.

[76] Faccio M. Politically Connected Firms [J]. American Economic Review, 2006, 96 (1): 369 – 386.

[77] Faccio M, Masulis R W, Mcconnell J J. Political Connections and Corporate Bailouts [J]. The Journal of Finance, 2006, 61 (6): 2597 – 2635.

[78] Fan J P H, Wong T J, Zhang T. Politically Connected CEOs, Corporate Governance, and Post – IPO Performance of China's Newly Partially Privatized Firms [J]. Journal of Financial Economics, 2007, 84 (2): 330 – 357.

[79] Feng X, Johansson A C, Zhang T. Mixing Business with Politics: Political Participation by Entrepreneurs in China [J]. Journal of Banking and Finance, 2015, 59: 220 – 235.

[80] Firth M, Lin C, Liu P, Sonia W. Inside the Black Box: Bank Credit Allocation in China's Private Sector [J]. Journal of Banking and Finance, 2009, 33 (6): 1144 – 1155.

[81] Firth M, Lin C, Wong S M L. Leverage and Investment Under a State – Owned Bank Lending Environment: Evidence from China[J]. Journal of Corporate Finance, 2008, 14 (5): 642 – 653.

[82] Fombrun C, Shanley M. What's in a Name? Reputation Building and Corporate Strategy [J]. The Academy of Management Jour-

nal, 1990, 33 (2): 233 - 258.

[83] Fourie F C, Burger P. An Economic Analysis and Assessment of Public - Private Partnerships (PPPs) [J]. South African Journal of Economics, 2000, 68 (4): 305 - 316.

[84] Galilea P, Medda F. Does the Political and Economic Context Influence the Success of a Transport Project? An Analysis of Transport Public - Private Partnerships [J]. Research in Transportation Economics, 2010, 30: 102 - 109.

[85] Gebhardt W C, Lee, Swaminathan B. Toward an Implied Cost of Capital [J]. Journal of Accounting Research, 2001, 39 (1): 135 - 176.

[86] Ghosh D, Olsen L. Environmental Uncertainty and Managers' Use of Discretionary Accruals [J]. Accounting Organizations and Society, 2009, 34 (2): 188 - 205.

[87] Goldman E, Rocholl J, So J. Do Politically Connected Boards Affect Firm Value? [J]. Review of Financial Studies, 2009, 22 (6): 2331 - 2360.

[88] Gompers P A, Joy L I, Andrew M. Corporate Governance and Equity Prices [J]. Quarterly Journal of Economics, 2003, 118 (1): 107 - 155.

[89] Graham J R, Li S, Qiu J. Corporate Misreporting and Bank Loan Contracting [J]. Journal of Financial Economics, 2007, 89 (1): 44 - 61.

[90] Grimsey D, Lewis M K. Evaluating the Risks of Public Private Partnerships for Infrastructure Projects [J]. International Journal of Project Management, 2002, 20 (2): 107 - 118.

[91] Grimsey D, Lewis M K. The Governance of Contractual Relationships in Public Private Partnerships [J]. Journal of Corporate

Citizenship, 2004 (15): 91 - 109.

[92] Grimsey D, Lewis M K. Are Public Private Partnerships Value for Money?: Evaluating Alternative Approaches and Comparing Academic and Practitioner Views [J]. Accounting Forum, 2005, 29 (4): 345 - 378.

[93] Guasch J L. Granting and Renegotiating Infrastructure Concessions: Doing it Right [J]. Working Paper, the World Bank, 2004.

[94] Guasch J L, Laffont J J, Stéphane S. Renegotiation of Concession Contracts: A Theoretical Approach [J]. Review of Industrial Organization, 2006, 29 (1 - 2): 55 - 73.

[95] Guasch J L, Spiller P. Managing the Regulatory Process: Design, Concepts, Issues and the Latin America and Caribbean Story [J]. Working Paper, the World Bank, 1999.

[96] Hadlock C J, Pierce J R. New Evidence on Measuring Financial Constraints: Moving Beyond the KZ Index [J]. Review of Financial Studies, 2010, 23 (5): 1909 - 1940.

[97] Hail L, Leuz C. International Differences in the Cost of Equity Capital: Do Legal Institutions and Securities Regulation Matter? [J]. Journal of Accounting Research, 2006, 44 (3): 485 - 531.

[98] Hammami M, Jean - François Ruhashyankiko, Yehoue E B. Determinants of Public - Private Partnerships in Infrastructure [J]. Working Paper, International Monetary Fund, 2006.

[99] Hart O. Incomplete Contracts and Public Ownership: Remarks, and an Application to Public - Private Partnerships [J]. Economic Journal, 2003, 113 (486): 69 - 76.

[100] Hart O, Shleifer A, Vishny R W. The Proper Scope of Government: Theory and an Application to Prisons [J]. The Quarterly Journal of Economics, 1997, 112 (4): 1127 - 1161.

[101] Healy P M, Hutton A P, Palepu K G. Stock Performance and Intermediation Changes Surrounding Sustained Increases in Disclosure [J]. Contemporary Accounting Research, 1999, 16 (3): 485 – 520.

[102] Hellman J S, Jones G, Kaufmann D. Seize the State, Seize the Day: State Capture, Corruption and Influence in Transition [J]. Journal of Comparative Economics, 2003, 31 (4): 751 – 773.

[103] Henjewele C, Sun M, Fewings P. Comparative Performance of Healthcare and Transport PFI Projects: Empirical Study on the Influence of Key Factors [J]. International Journal of Project Management, 2014, 32 (1): 77 – 87.

[104] Hirschhausen C V, Beckers T, Brenck A. Infrastructure Regulation and Investment for the Long – Term—an Introduction [J]. Utilities Policy, 2004, 12 (4): 203 – 210.

[105] Hodge G, Greve C. Public – Private Partnerships: An International Performance Review [J]. Public Administration Review, 2007, 67 (3): 545 – 558.

[106] Hongbin L, Meng L, Wang Q, Li – An Z. Political Connections, Financing and Firm Performance: Evidence from Chinese Private Firms [J]. Journal of Development Economics, 2008, 87 (2): 283 – 299.

[107] Hoppe E I, Kusterer D J, Schmitz P W. Public – Private Partnerships versus Traditional Procurement: An Experimental Investigation [J]. Journal of Economic Behavior and Organization, 2013, 89: 145 – 166.

[108] Houston J F, Jiang L, Chen L, Yue M. Political Connections and the Cost of Bank Loans [J]. Journal of Accounting Research, 2014, 52 (1): 193 – 243.

[109] Infante L, Piazza M. Political Connections and Preferential Lending at Local Level: Some Evidence from the Italian Credit Market [J]. Journal of Corporate Finance, 2014, 29: 246 - 262.

[110] IMF, International Monetary Fund. Public - Private Partnerships, Fiscal Affairs Division [J]. Washington DC, 2004.

[111] IMF, International Monetary Fund. Public - Private Partnerships, Government Guarantees, and Fiscal Risk [J]. Washington DC, 2006.

[112] Iossa E, Martimort D. Risk Allocation and the Costs and Benefits of Public - Private Partnerships [J]. The RAND Journal of Economics, 2012, 43 (3): 442 - 474.

[113] Iossa E, Martimort D. The Simple Microeconomics of Public - Private Partnerships [J]. Journal of Public Economic Theory, 2015, 17 (1): 4 - 48.

[114] Irwin T. Government Guarantees: Allocating and Valuing Risk in Privately Financed Infrastructure Projects [J]. Working Paper, the World Bank, 2007.

[115] Ivanov I, Santos, João A C, Vo T. The Transformation of Banking: Tying Loan Interest Rates to Borrowers' CDS Spreads [J]. Journal of Corporate Finance, 2016 (38): 150 - 165.

[116] Jensen M C, Meckling W H. Theory of the Firm: Managerial Behavior, Agency Costs and Ownership Structure [J]. Journal of Financial Economics, 1976 (3): 305 - 360.

[117] Jia C. The Effect of Ownership on the Prudential Behavior of Banks - The Case of China [J]. Journal of Banking and Finance, 2009, 33 (1): 77 - 87.

[118] Jiang G, Lee C M C, Yue H. Tunneling Through Intercorporate Loans: The China Experience [J]. Journal of Financial Econom-

ics, 2010, 98 (1): 1-20.

[119] Johnson H. Business in Contemporary Society: Framework and Issues [M]. Wadsworth: Belmont, 1971.

[120] Johnson S, Mitton T. Cronyism and Capital Controls: Evidence from Malaysia [J]. Journal of Financial Economics, 2003, 67 (2): 351-382.

[121] Johnson S, Mcmillan J, Woodruff C. Property Rights and Finance[J]. American Economic Review, 2002, 92 (5): 1335-1356.

[122] Jyh-Bin, Yang C C, Kao C K. Evaluating Schedule Delay Causes for Private Participating Public Construction Works under the Build-Operate-Transfer Model [J]. International Journal of Project Management, 2010, 28 (6): 569-579.

[123] Kaplan S N, Zingales L. Do Investment-Cash Flow Sensitivities Provide Useful Measures of Financial Constraints? [J]. Quarterly Journal of Economics, 1997, 112 (1): 159-216.

[124] Ke Y, Wang S Q, Chan A P C. Risk Misallocation in Public-Private Partnership Projects in China [J]. International Public Management Journal, 2013, 16 (3): 438-460.

[125] Keynes J M. General Theory of Employment, Interest, and Money [M]. Cambridge: Cambridge University, 1936.

[126] Khwaja A I, Mian A. Do Lenders Favor Politically Connected Firms? Rent Provision in an Emerging Financial Market [J]. The Quarterly Journal of Economics, 2005, 120 (4): 1371-1411.

[127] Kim J B, Song B Y, Zhang L. Internal Control Weakness and Bank Loan Contracting: Evidence from SOX Section 404 Disclosures [J]. The Accounting Review, 2011, 86 (4): 1157-1188.

[128] Kim K A, Limpaphayom P. Taxes and Firm Size in Pacific-Basin Emerging Economies [J]. Journal of International

Accounting Auditing and Taxation, 1998, 7 (1): 47-68.

[129] Kornai J. Individual Freedom and Reform of the Socialist Economy [J]. European Economic Review, 1988, 32 (2-3): 233-267.

[130] Kroszner R S, Stratmann T. Interest Group Competition and the Organization of Congress: Theory and Evidence from Financial Services Political Action Committees [J]. Social Science Electronic Publishing, 1998, 88 (5): 1163-1187.

[131] Krueger A O. The Political Economy of the Rent-Seeking Society [J]. American Economic Review, 1974, 64 (3): 291-303.

[132] La Porta R, Lopez-Desilanes F, Shleifer A. Corporate Ownership Around the World [J]. Journal of Finance, 1999, 54 (2): 471-517.

[133] La Porta R, Lopez-Desilanes F, Shleifer A, Vishny R. Investor Protection and Corporate Valuation [J]. Journal of Finance, 2002, 57 (3): 1147-1170.

[134] Lamont O, Christopher P, Jesús S. Financial Constraints and Stock Returns [J]. The Review of Financial Studies, 2001, 14 (2): 529-554.

[135] Levy H. Equilibrium in an Imperfect Market: A Constraint on the Number of Securities in the Portfolio [J]. The American Economic Review, 1978, 68 (4): 643-658.

[136] Li B, Akintoye A, Edwards P J, Hardcastle C. The Allocation of Risk in PPP/PFI Construction Projects in the UK [J]. International Journal of Project Management, 2005, 23 (1): 25-35.

[137] Li H, Meng L, Zhang J. Why Do Entrepreneurs Enter Politics? Evidence from China [J]. Social Science Electronic Publishing, 2010, 44 (3): 559-578.

[138] Li H, Zhou L A. Political Turnover and Economic Performance: The Incentive Role of Personnel Control in China [J]. Journal of Public Economics, 2005, 89 (9-10): 1743-1762.

[139] Lim C Y, Wang J, Zeng C. China's 'Mercantilist' Government Subsidies, the Cost of Debt and Firm Performance [J]. Journal of Banking and Finance, 2018 (86): 37-52.

[140] Lin K J, Tan J, Zhao L. In the Name of Charity: Political Connections and Strategic Corporate Social Responsibility in a Transition Economy [J]. Journal of Corporate Finance, 2015, 32: 327-346.

[141] Lindqvist E. Will Privatization Reduce Costs? [J]. Working Paper, 2008.

[142] Loosemore M, Raftery J, Reilly C, Higgon D. Risk Management in Projects [M]. London: Taylor and Francis, 2006.

[143] Lopes A I, Caetano T T. Firm-Level Conditions to Engage in Public-Private Partnerships: What Can We Learn? [J]. Journal of Economics and Business, 2015, 79: 82-99.

[144] Malatesta P H, Dewenter K L. State-Owned and Privately Owned Firms: An Empirical Analysis of Profitability, Leverage, and Labor Intensity [J]. American Economic Review, 2001, 91 (1): 320-334.

[145] Martimort D, Pouyet J. To Build or Not to Build: Normative and Positive Theories of Public-Private Partnerships [J]. International Journal of Industrial Organization, 2008, 26 (2): 393-411.

[146] Maskin E, Tirole J. Public-Private Partnerships and Government Spending Limits [J]. International Journal of Industrial Organization, 2008, 26 (2): 412-420.

[147] Meduri S S, Annamalai T R. Unit Costs of Public and PPP Road Projects: Evidence from India [J]. Journal of Construction Engi-

neering and Management, 2012, 1: 35 -43.

[148] Megginson W L, Nash R C, Randenborgh M V. The Financial and Operating Performance of Newly Privatized Firms: An International Empirical Analysis [J]. The Journal of Finance, 1994, 49 (2): 403 -452.

[149] Micco A, Panizza U, Yanez M. Bank Ownership and Performance. Does Politics Matter? [J]. Journal of Banking and Finance, 2007, 31 (1): 219 -241.

[150] Moszoro M. Efficient Public – Private Capital Structures [J]. Annals of Public and Cooperative Economics, 2014, 85 (1): 103 -126.

[151] Moszoro M, Gasiorowski P. Optimal Capital Structure of Public – Private Partnerships [J]. Working Paper, 2008.

[152] Mouraviev N, Kakabadse N K. Public – Private Partnership's Procurement Criteria: The Case of Managing Stakeholders' Value Creation in Kazakhstan [J]. Public Management Review, 2015, 17 (6): 769 -790.

[153] NAO, National Audit Office. Managing the Relationship to Secure Successful Partnership in PFI Projects [R]. London, 2001.

[154] NAO, National Audit Office. Meeting the Investment Challenge [R]. Public Private Finance, London, 2003.

[155] NAO, National Audit Office. Improving the PFI Tendering Proces [R]. London, 2007.

[156] Nash J R, Pardo R I. Rethinking the Principal – Agent Theory of Judging [J]. Iowa law review, 2013, 99 (1): 331 -362.

[157] Ohlson J A. Financial Ratios and the Probabilistic Prediction of Bankruptcy [J]. Journal of Accounting Research, 1980, 18 (1): 109 -131.

[158] Ovtchinnikov A V, Pantaleoni E. Individual Political Contributions and Firm Performance [J]. Journal of Financial Economics, 2012, 105 (2): 367 -392.

[159] Panayides P M, Parola F, Lam J S L. The Effect of Institutional Factors on Public - Private Partnership Success in Ports [J]. Transportation Research Part A, 2015, 71 (71): 110 -127.

[160] Panda D K. Public Private Partnerships and Value Creation: the Role of Relationship Dynamics [J]. International Journal of Organizational Analysis, 2016, 24 (1): 162 -183.

[161] Parker D, Hartley K. Transaction Costs, Relational Contracting and Public Private Partnerships: A Case Study of UK Defence [J]. Journal of Purchasing and Supply Management, 2003, 9 (3): 97 -108.

[162] Peng M W, Luo Y. Managerial Ties and Firm Performance in a Transition Economy: The Nature of a Micro - Macro Link [J]. Academy of Management Journal, 2000, 43 (3): 486 -501.

[163] Percoco M. Quality of Institutions and Private Participation in Transport Infrastructure Investment: Evidence from Developing Countries [J]. Transportation Research Part A: Policy and Practice, 2014, 70: 50 -58.

[164] Perrini F, Russo A, Vurro T C. Deconstruction the Relationship between Corporate Social and Financial Performance [J]. Journal of Business Ethics, 2011, 102 (3): 59 -76.

[165] Pongsiri N. Regulation and Public - Private Partnerships [J]. International Journal of Public Sector Management, 2002, 15 (6): 487 -495.

[166] Raisbeck P, Duffield C, Xu M. Comparative Performance of PPPs and Traditional Procurement in Australia [J]. Construction Man-

agement and Economics, 2010, 28 (4): 345 -359.

[167] Rajan R G, Zingales L. Which Capitalism? Lessons from the East Asian Crisis [J]. Journal of Applied Corporate Finance, 1998 (11): 40 -48.

[168] Riyanto Y E, Toolsema L A. Corporate Social Responsibility in a Corporate Governance Framework [J]. Working Paper, 2007.

[169] Romer D. Rational Asset - Price Movements without News [J]. American Economic Review, 1993 (83): 1112 -1130.

[170] Ross T W, Yan J. Efficiency vs. Flexibility in Public - Private Partnerships [J]. Working Paper, Mimeo, University of British Columbia, 2011.

[171] Russo M V, Fouts P A. A Resource - Based Perspective On Corporate Environmental Performance And Profitability [J]. The Academy of Management Journal, 1997, 40 (3): 534 -559.

[172] Sánchez A, Santos P G. Transaction Costs in Transport Public - Private Partnerships: Comparing Procurement Procedures [J]. Transport Reviews, 2010 (3): 389 -406.

[173] Sapienza P. The Effects of Government Ownership on Bank Lending [J]. Journal of Financial Economics, 2004, 72 (2): 357 -384.

[174] Savas E S. Privatization and Public Private Partnerships [M]. New York: Chatham House, 2000.

[175] Schepper S D, Haezendonck E, Michaël Dooms. Understanding Pre - Contractual Transaction Costs for Public - Private Partnership Infrastructure Projects [J]. International Journal of Project Management, 2014, 33 (4): 932 -946.

[176] Schipper K, Vicent L. Earnings Quality [J]. Accounting Horizons, 2003 (17): 97 -110.

[177] Sethi S P. Dimensions of Corporate Social Responsibility [J]. California Management Review, 1975 (17): 58 – 64.

[178] Shailer G, Wang K. Government Ownership and the Cost of Debt for Chinese Listed Corporations [J]. Emerging Markets Review, 2015, 22: 1 – 17.

[179] Sharma C. Determinants of PPP in Infrastructure in Developing Economies [J]. Transforming Government: People, Process and Policy, 2012, 6 (2): 149 – 166.

[180] Sharpe W F. Capital Asset Prices – A Theory of Market Equilibrium Under Conditions of Risk [J]. Journal of Finance, 1964 (19): 425 – 442.

[181] Shen L Y, Platten A, Deng X P. Role of Public Private Partnerships to Manage Risks in Public Sector Projects in Hong Kong [J]. International Journal of Project Management, 2006, 24 (7): 587 – 594.

[182] Shleifer A, Vishny R W. How Does Privatization Work? Evidence from Russian Shops [J]. Journal of Political Economy, 1996 (104): 764 – 790.

[183] Shleifer A, Vishny R W. Politicians and Firms [J]. Quarterly Journal of Economics, 1994, 109 (4): 995 – 1025.

[184] Shleifer A, Vishny R W. The Grabbing Hand: Government Pathologies and their Cures [M]. Cambridge: Harvard University, 1998.

[185] Shumway T. Forecasting Bankruptcy More Accurately: A Simple Hazard Model [J]. The Journal of Business, 2001, 74 (1): 101 – 124.

[186] Simon H A. Theories of Bounded Rationality [J]. Decision and Organization, 1972: 161 – 176.

[187] Simpson W G, Kohers T. The Link Between Corporate So-

cial and Financial Performance: Evidence from the Banking Industry [J]. Journal of Business Ethics, 2002, 35 (2): 97 – 109.

[188] Smith A. A Inquiry Into The Nature And Causes of the Wealth Of Nations [M]. Chicago: University of Chicago, 1776.

[189] Sousa D, Abrantes M. Managing PPPs for Budget Sustainability: The Case of PPPs in Portugal, from Problems to Solutions [J]. Journal of Tribology, 2011, 138 (4): 273 – 5.

[190] Spackman M. Public – Private Partnerships: Lessons From the British Approach [J]. Economic Systems, 2002, 26 (3): 283 – 301.

[191] Steiner G A. Business and Society [M]. New York: Random House, 1971.

[192] Stiglitz J E, Wallsten S J. Public – Private Technology Partnerships: Promises and Pitfalls [J]. American Behavioral Scientist, 1999, 43 (1): 52 – 73.

[193] Tahoun A. The Role of Stock Ownership by US Members of Congress on the Market for Political Favors [J]. Journal of Financial Economics, 2014, 111 (1): 86 – 110.

[194] Tan J, Li S, Xia J. When Iron Fist, Visible Hand, and Invisible Hand Meet: Firm – Level Effects of Varying Institutional Environments in China [J]. Journal of Business Research, 2007, 60 (7): 786 – 799.

[195] The European Commission. Guidance for successful PPP [R]. 2003.

[196] The National Council For PPP (USA). For the Good of the People: Using PPP to Meet Americas Essential Needs [R]. 2002.

[197] The Word Bank. Public – Private Partnerships Reference Guide Version 2.0 [R]. Washington DC, 2014.

[198] Thieriot H, Dominguez C. Public – Private Partnerships in China: On 2014 as a Landmark Year, with Past and Future Challenges [R]. International Institute for Sustainable Development, Canada, 2015.

[199] Tiong R L K, Alum J. Final Negotiation in Competitive BOT Tender [J]. Journal of Construction Engineering and Management, 1997, 123 (1): 6 – 10.

[200] Tullock G. The Welfare Costs of Tariffs, Monopolies and Theft [J]. Economic Inquiry, 1967, 5 (3): 224 – 232.

[201] United Nations Institute for Raining and Research. PPP – For Sustainable Development [R]. 2000.

[202] Wang H, Qian C. Corporate Philanthropy and Corporate Financial Performance: The Roles of Stakeholder Response and Political Access [J]. Academy of Management Journal, 2011, 54 (6): 1159 – 1181.

[203] Welker M. Disclosure Policy, Information Asymmetry, and Liquidity in Equity Markets [J]. Contemporary Accounting Research, 1995, 11 (2): 801 – 827.

[204] Whited T, Wu G. Financial Constraints Risk [J]. Review of Financial Studies, 2006, 19 (2): 531 – 559.

[205] Willoughby C. How Much Can Public Private Partnership Really Do for Urban Transport in Developing Countries? [J]. Research in Transportation Economics, 2013, 40 (1): 34 – 55.

[206] Wren C, Waterson M. The Direct Employment Effects of Financial Assistance to Industry [J]. Oxford Economic Papers, 1991, 43 (1): 116 – 138.

[207] Xu H, Zhou J. The Value of Political Connections: Chinese Evidence [J]. Working Paper, 2009.

[208] Xu Y, Yeung J F Y, Chan A P C. Developing a Risk Assessment Model for PPP Projects in China – A Fuzzy Synthetic Evaluation Approach [J]. Automation in Construction, 2010, 19 (7): 929 – 943.

[209] Yescombe E R. Public Private Partnerships: Principles of Policy and Finance [M]. London: Elsevier, 2007.

[210] Yexiao X, Malkiel B G. Idiosyncratic Risk and Security Returns [J]. Working Paper, New Orleans, 2006.

[211] Zhang S, Gao Y, Feng Z. PPP Application in Infrastructure Development in China: Institutional Analysis and Implications [J]. International Journal of Project Management, 2015, 33 (3): 497 – 509.

[212] Zhang X Q, Kumaraswamy M M. Procurement Protocols for Public – Private Partnered Projects [J]. Journal of Construction Engineering and Management, 2001, 127 (5): 351 – 358.

[213] Zheng S, Tiong R L K. First Public – Private – Partnership Application in Taiwan's Wastewater Treatment Sector: Case Study of the Nanzih BOT Wastewater Treatment Project [J]. Journal of Construction Engineering and Management, 2010 (136): 913 – 922.

[214] 巴曙松, 刘孝红, 牛播坤. 转型时期中国金融体系中的地方治理与银行改革的互动研究[J]. 金融研究, 2005 (5): 25 – 37.

[215] 巴曙松, 朱伟豪, 蒋霄霖. PPP 项目质量、融资约束和杠杆转移[J]. 当代经济管理, 2018, 40 (10): 54 – 60.

[216] 白德全. 规范 PPP 发展 防范化解地方政府债务风险[J]. 理论探讨, 2018 (3): 88 – 94.

[217] 白重恩, 刘俏, 陆洲, 宋敏, 张俊喜. 中国上市公司治理结构的实证研究[J]. 经济研究, 2005 (2): 81 – 91.

[218] 曹春方,马连福,沈小秀.财政压力、晋升压力、官员任期与地方国企过度投资[J].经济学(季刊),2014,13(4):1415-1436.

[219] 曾颖,陆正飞.信息披露质量与股权融资成本[J].经济研究,2006(2):69-79,91.

[220] 沈梦溪.国家风险、多边金融机构支持与PPP项目融资的资本结构——基于"一带一路"PPP项目数据的实证分析[J].经济与管理研究,2016,37(11):3-10.

[221] 沈艺峰,肖珉,黄娟娟.中小投资者法律保护与公司权益资本成本[J].经济研究,2005(6):115-124.

[222] 陈冬华.地方政府、公司治理与补贴收入——来自我国证券市场的经验证据[J].财经研究,2003(9):15-21.

[223] 陈红,黄晓玮,郭丹.政府与社会资本合作(PPP):寻租博弈及监管对策[J].财政研究,2014(10):20-24.

[224] 陈峻,王雄元,彭旋.环境不确定性、客户集中度与权益资本成本[J].会计研究,2015(11):76-82,97.

[225] 陈绍俭.财政压力、晋升竞争与地方政府投资[J].甘肃社会科学,2017(4):233-237.

[226] 陈维,吴世农,黄飘飘.政治关联、政府扶持与公司业绩——基于中国上市公司的实证研究[J].经济学家,2015(9):48-58.

[227] 陈小林,潘克勤.法律环境、政治关系与审计定价——来自中国证券市场的经验证据[J].财贸经济,2007(S1):90-95.

[228] 陈信元,黄俊.政府干预、多元化经营与公司业绩[J].管理世界,2007(1):92-97.

[229] 陈运森,朱松.政治关系、制度环境与上市公司资本投资[J].财经研究,2009,35(12):27-39.

[230] 陈志敏,张明,司丹.中国的PPP实践:发展、模式、困境与出路[J].国际经济评论,2015(4):68-84,85.

[231] 程仲鸣,夏新平,余明桂.政府干预、金字塔结构与地方国有上市公司投资[J].管理世界,2008(9):37-47.

[232] 代昀昊.机构投资者、所有权性质与权益资本成本[J].金融研究,2018(9):143-159.

[233] 戴捷敏,王素梅,倪敏.自愿性内部控制审计有助于公司获得更多银行贷款吗?——基于银行产权性质的实证检验[J].南京审计大学学报,2018,15(3):91-100.

[234] 戴亦一,洪群,潘越.官员视察、媒体关注与政府补助——来自中国上市公司的经验证据[J].经济管理,2015,37(7):13-25.

[235] 杜勇,鄢波,张欢,步丹璐.慈善捐赠、政府补助与扭亏绩效——基于中国亏损上市公司的经验证据[J].经济科学,2015(4):81-94.

[236] 樊纲,王小鲁,朱恒鹏.中国市场化指数:各地区市场化相对进程2006年报告[M].北京:经济科学出版社,2007.

[237] 冯丽艳,肖翔,张靖.社会责任表现、所有权性质与权益资本成本[J].北京交通大学学报(社会科学版),2018,17(4):67-78.

[238] 冯天丽,井润田.制度环境与私营企业家政治联系意愿的实证研究[J].管理世界,2009(8):81-91,123.

[239] 凤亚红,李娜,左帅.PPP项目运作成功的关键影响因素研究[J].财政研究,2017(6):51-58.

[240] 龚强,张一林,雷丽衡.政府与社会资本合作(PPP):不完全合约视角下的公共品负担理论[J].经济研究,2019,54(4):133-148.

[241] 郭剑花,杜兴强.政治联系、预算软约束与政府补助

的配置效率——基于中国民营上市公司的经验研究[J].金融研究,2011（2）:114-128.

[242] 郭沛源,于永达.公私合作实践企业社会责任——以中国光彩事业扶贫项目为案例[J].管理世界,2006（4）:41-47,171.

[243] 郭威,郑子龙.专有技术转让、融资成本差异与PPP最优股权架构:来自发展中国家的实证研究[J].世界经济研究,2018（12）:96-114,134.

[244] 何涛,赵国杰.基于随机合作博弈模型的PPP项目风险分担[J].系统工程,2011,29（4）:88-92.

[245] 何贤杰,朱红军,陈信元.政府的多重利益驱动与银行的信贷行为[J].金融研究,2008（6）:1-20.

[246] 贺卫.寻租经济学[M].北京:中国发展出版社,1999.

[247] 洪银兴,曹勇.经济体制转轨时期的地方政府功能[J].经济研究,1996（5）:22-28.

[248] 胡改蓉.PPP模式中公私利益的冲突与协调[J].法学,2015（11）:30-40.

[249] 胡静林,周法兴.PPP模式在新农村基础设施建设中的应用[J].中国财政,2006（9）:47-48.

[250] 胡旭阳.民营企业家的政治身份与民营企业的融资便利——以浙江省民营百强企业为例[J].管理世界,2006（5）:107-113,141.

[251] 胡旭阳,史晋川.民营企业的政治资源与民营企业多元化投资——以中国民营企业500强为例[J].中国工业经济,2008（4）:5-14.

[252] 黄少安,张苏.人类的合作及其演进研究[J].中国社会科学,2013（7）:77-89.

[253] 黄速建,余菁.国有企业的性质、目标与社会责任[J].中国工业经济,2006(2):68-76.

[254] 黄一松.政治关联程度、政治关联成本与企业税收优惠关系[J].江西社会科学,2018,38(2):50-59.

[255] 纪志宏,周黎安,王鹏,赵鹰妍.地方官员晋升激励与银行信贷——来自中国城市商业银行的经验证据[J].金融研究,2014(1):1-15.

[256] 贾康,孙洁.公私伙伴关系(PPP)的概念、起源、特征与功能[J].财政研究,2009(10):2-10.

[257] 江伟,李斌.制度环境、国有产权与银行差别贷款[J].金融研究,2006(11):116-126.

[258] 姜付秀,支晓强,张敏.投资者利益保护与股权融资成本——以中国上市公司为例的研究[J].管理世界,2008(2):117-125.

[259] 柯永建,王守清,陈炳泉.私营资本参与基础设施PPP项目的政府激励措施[J].清华大学学报(自然科学版),2009,49(9):1480-1483.

[260] 柯永建,王守清.特许经营项目融资(PPP)——风险分担管理[M].北京:清华大学出版社,2011.

[261] 孔东民,刘莎莎,王亚男.市场竞争、产权与政府补贴[J].经济研究,2013,48(2):55-67.

[262] 赖丹馨,费方域.公私合作制(PPP)的效率:一个综述[J].经济学家,2010(7):97-104.

[263] 黎凯,叶建芳.财政分权下政府干预对债务融资的影响——基于转轨经济制度背景的实证分析[J].管理世界,2007(8):23-34.

[264] 李公祥,尹贻林.城市基础设施项目PPP模式的运作方式选择研究[J].北京理工大学学报(社会科学版),2011,13

(1): 50-53, 58.

[265] 李慧云, 刘镝. 市场化进程、自愿性信息披露和权益资本成本[J]. 会计研究, 2016 (1): 71-78, 96.

[266] 李林, 刘志华, 章昆昌. 参与方地位非对称条件下PPP项目风险分配的博弈模型[J]. 系统工程理论与实践, 2013, 33 (8): 1940-1948.

[267] 李姝, 赵颖, 童婧. 社会责任报告降低了企业权益资本成本吗?——来自中国资本市场的经验证据[J]. 会计研究, 2013 (9): 64-70, 97.

[268] 李思飞, 刘欢. 政治关联与民营企业银行贷款——基于不同所有权结构商业银行的实证检验[J]. 中央财经大学学报, 2014 (2): 51-57.

[269] 李维安, 徐业坤. 政治身份的避税效应[J]. 金融研究, 2013 (3): 114-129.

[270] 李文贵, 余明桂. 所有权性质、市场化进程与企业风险承担[J]. 中国工业经济, 2012 (12): 115-127.

[271] 李秀辉, 张世英. PPP: 一种新型的项目融资方式[J]. 中国软科学, 2002 (2): 52-55.

[272] 李永强, 苏振民. PPP项目风险分担的博弈分析[J]. 基建优化, 2005 (5): 19-21, 24.

[273] 李增泉, 孙铮, 王志伟. "掏空"与所有权安排——来自我国上市公司大股东资金占用的经验证据[J]. 会计研究, 2004 (12): 3-13, 97.

[274] 梁莱歆, 冯延超. 民营企业政治关联、雇员规模与薪酬成本[J]. 中国工业经济, 2010 (10): 127-137.

[275] 林毅夫, 李志赟. 政策性负担、道德风险与预算软约束[J]. 经济研究, 2004 (2): 17-27.

[276] 林毅夫, 刘明兴, 章奇. 政策性负担与企业的预算软

约束:来自中国的实证研究[J].管理世界,2004(8):81-89,127-156.

[277] 林钟高,郑军,卜继栓.环境不确定性、多元化经营与资本成本[J].会计研究,2015(2):36-43,93.

[278] 刘建秋,梁静雅.社会责任履行与企业信誉资本生成——基于问卷调查的实证分析[J].财经论丛,2012(4):82-88.

[279] 刘穷志,芦越.制度质量、经济环境与PPP项目的效率——以中国的水务基础设施PPP项目为例[J].经济与管理,2016,30(6):58-65.

[280] 刘薇.PPP模式理论阐释及其现实例证[J].改革,2015(1):78-89.

[281] 刘小玄.中国企业发展报告,1990—2000[M].北京:社会科学文献出版社,2001.

[282] 刘晓凯,张明.全球视角下的PPP:内涵、模式、实践与问题[J].国际经济评论,2015(4):53-67,5.

[283] 刘新平,王守清.试论PPP项目的风险分配原则和框架[J].建筑经济,2006(2):59-63.

[284] 柳光强.税收优惠、财政补贴政策的激励效应分析——基于信息不对称理论视角的实证研究[J].管理世界,2016(10):62-71.

[285] 卢盛峰,陈思霞,杨子涵."官出数字":官员晋升激励下的GDP失真[J].中国工业经济,2017(7):118-136.

[286] 卢文彬,官峰,张佩佩,邓玉洁.媒体曝光度、信息披露环境与权益资本成本[J].会计研究,2014(12):66-71,96.

[287] 陆宇建,叶洪铭.投资者保护与权益资本成本的关系探讨[J].证券市场导报,2007(10):4-12.

[288] 陆正飞, 王雄元, 张鹏. 国有企业支付了更高的职工工资吗？[J]. 经济研究, 2012, 47 (3): 28-39.

[289] 吕久琴. 政府补助影响因素的行业和企业特征[J]. 上海管理科学, 2010, 32 (4): 104-110.

[290] 罗党论, 刘晓龙. 政治关系、进入壁垒与企业绩效——来自中国民营上市公司的经验证据[J]. 管理世界, 2009 (5): 97-106.

[291] 罗党论, 唐清泉. 政治关系、社会资本与政策资源获取: 来自中国民营上市公司的经验证据[J]. 世界经济, 2009 (7): 84-96.

[292] 罗党论, 赵聪. 什么影响了企业对行业壁垒的突破——基于中国上市公司的经验证据[J]. 南开管理评论, 2013, 16 (6): 95-105.

[293] 罗党论, 甄丽明. 民营控制、政治关系与企业融资约束——基于中国民营上市公司的经验证据[J]. 金融研究, 2008 (12): 164-178.

[294] 罗煜, 王芳, 陈熙. 制度质量和国际金融机构如何影响PPP项目的成效——基于"一带一路"46国经验数据的研究[J]. 金融研究, 2017 (4): 61-77.

[295] 牛建波, 赵静. 信息成本、环境不确定性与独立董事溢价[J]. 南开管理评论, 2012, 15 (2): 70-80.

[296] 潘红波, 夏新平, 余明桂. 政府干预、政治关联与地方国有企业并购[J]. 经济研究, 2008 (4): 41-52.

[297] 潘越, 戴亦一, 李财喜. 政治关联与财务困境公司的政府补助——来自中国ST公司的经验证据[J]. 南开管理评论, 2009, 12 (5): 6-17.

[298] 亓霞, 柯永建, 王守清. 基于案例的中国PPP项目的主要风险因素分析[J]. 中国软科学, 2009 (5): 107-113.

[299] 钱先航. 官员任期、政治关联与城市商业银行的贷款投放[J]. 经济科学, 2012（2）：89-101.

[300] 钱先航, 曹廷求, 李维安. 晋升压力、官员任期与城市商业银行的贷款行为[J]. 经济研究, 2011, 46（12）：72-85.

[301] 钱忠华. 公司治理与企业财务困境——基于股权结构角度的实证分析[J]. 经济与管理研究, 2009（5）：80-86.

[302] 屈文洲, 许年行, 关家雄, 吴世农. 市场化、政府干预与股票流动性溢价的分配[J]. 经济研究, 2008（4）：132-146.

[303] 申慧慧, 吴联生. 股权性质、环境不确定性与会计信息的治理效应[J]. 会计研究, 2012（8）：8-16, 96.

[304] 申慧慧, 于鹏, 吴联生. 国有股权、环境不确定性与投资效率[J]. 经济研究, 2012, 47（7）：113-126.

[305] 施华强. 中国国有商业银行不良贷款内生性：一个基于双重软预算约束的分析框架[J]. 金融研究, 2004（6）：1-16.

[306] 石世英. PPP伙伴关系维系与项目价值的关联关系研究[D]. 重庆大学, 2017.

[307] 时秀梅, 孙梁. "一带一路"中私人部门参与PPP项目的影响因素研究[J]. 财经问题研究, 2017（5）：12-17.

[308] 司政, 龚六堂. 财政分权与非国有制经济部门的发展[J]. 金融研究, 2010（5）：1-12.

[309] 宋夏子, 王言. 交通基础设施PPP项目中政府治理对社会资本参与的影响研究——基于世界银行PPI数据库的实证分析[J]. 河南科学, 2018, 36（8）：1281-1287.

[310] 宋小宁, 陈斌, 吴明琴. 基础设施供给模式选择研究——基于公私合作（PPP）和政府采购的比较[J]. 厦门大学学报（哲学社会科学版）, 2014（3）：139-146.

[311] 宋艳伟. 财政压力、地方政府干预与信贷资源配置[J]. 山西财经大学学报, 2011, 33（5）：20-31.

[312] 宋增基,冯莉茗,谭兴民.国有股权、民营企业家参政与企业融资便利性——来自中国民营控股上市公司的经验证据[J].金融研究,2014(12):133-147.

[313] 宋增基,尚秋丽.国有股权、社会资本与银行融资便利性——来自中国民营控股上市公司的经验证据[J].商业研究,2015(6):138-145.

[314] 孙铮,刘凤委,李增泉.市场化程度、政府干预与企业债务期限结构——来自我国上市公司的经验证据[J].经济研究,2005(5):52-63.

[315] 谭劲松,郑国坚,彭松.地方政府公共治理与国有控股上市公司控制权转移——1996—2004年深圳市属上市公司重组案例研究[J].管理世界,2009(10):135-151,188.

[316] 唐清泉,罗党论.政府补贴动机及其效果的实证研究——来自中国上市公司的经验证据[J].金融研究,2007(6):149-163.

[317] 唐雪松,周晓苏,马如静.政府干预、GDP增长与地方国企过度投资[J].金融研究,2010(8):33-48.

[318] 王凤翔,陈柳钦.地方政府为本地竞争性企业提供财政补贴的理性思考[J].经济研究参考,2006(33):18-23,44.

[319] 王灏.PPP的定义和分类研究[J].都市快轨交通,2004(5):23-27.

[320] 王红建,李青原,刘放.政府补贴:救急还是救穷——来自亏损类公司样本的经验证据[J].南开管理评论,2015,18(5):42-53.

[321] 王俊豪,付金存.公私合作制的本质特征与中国城市公用事业的政策选择[J].中国工业经济,2014(7):96-108.

[322] 王克敏,陈井勇.股权结构、投资者保护与公司绩效[J].管理世界,2004(7):127-133,148.

[323] 王克敏，刘静，李晓溪．产业政策、政府支持与公司投资效率研究[J]．管理世界，2017（3）：113-124，145，188．

[324] 王庆文，吴世农．政治关系对公司业绩的影响——基于中国上市公司政治影响力指数的研究[C]．中国实证会计国际研讨会，2008．

[325] 王雪青，喻刚，邴兴国．PPP项目融资模式风险分担研究[J]．软科学，2007（6）：39-42．

[326] 王亚娟，刘益，张钰．关系价值还是关系陷入？——供应商与客户关系耦合的权变效应研究[J]．管理评论，2014，26（2）：165-176．

[327] 王艳艳，于李胜．国有银行贷款与股价同步性[J]．会计研究，2013（7）：42-49，96．

[328] 王艳艳，于李胜，王晓珂．会计稳健性、贷款抵押与银企所有权模式[J]．会计研究，2014（12）：11-17，95．

[329] 温素彬，方苑．企业社会责任与财务绩效关系的实证研究——利益相关者视角的面板数据分析[J]．中国工业经济，2008（10）：150-160．

[330] 吴联生．国有股权、税收优惠与公司税负[J]．经济研究，2009，44（10）：109-120．

[331] 吴联生，李辰．"先征后返"、公司税负与税收政策的有效性[J]．中国社会科学，2007（4）：61-73，205．

[332] 吴文锋，吴冲锋，芮萌．提高信息披露质量真的能降低股权资本成本吗？[J]．经济学（季刊），2007（4）：1201-1216．

[333] 吴文锋，吴冲锋，芮萌．中国上市公司高管的政府背景与税收优惠[J]．管理世界，2009（3）：134-142．

[334] 伍迪，王守清．PPP模式在中国的研究发展与趋势[J]．工程管理学报，2014，28（6）：75-80．

[335] 肖浩，夏新平．政府干预、政治关联与权益资本成本

[J]. 管理学报, 2010, 7 (6): 921-929.

[336] 肖松, 赵峰. 法律、投资者保护与权益资本成本[J]. 经济与管理研究, 2010 (5): 19-23.

[337] 徐飞, 宋波. 公私合作制(PPP)项目的政府动态激励与监督机制[J]. 中国管理科学, 2010, 18 (3): 165-173.

[338] 徐浩萍, 吕长江. 政府角色、所有权性质与权益资本成本[J]. 会计研究, 2007 (6): 61-67, 96.

[339] 徐珊, 黄健柏. 企业产权、社会责任与权益资本成本[J]. 南方经济, 2015 (4): 76-92.

[340] 徐志伟, 郭树龙. 政府补贴、市场进入与企业盈利——兼评政府补贴的技术效应与反竞争效应[J]. 当代财经, 2018 (1): 99-110.

[341] 杨丽花, 王喆. 私人资本参与PPP项目的影响因素分析——基于亚投行背景下的经验分析[J]. 亚太经济, 2018 (1): 53-61, 146.

[342] 杨棉之, 谢婷婷, 孙晓莉. 股价崩盘风险与公司资本成本——基于中国A股上市公司的经验证据[J]. 现代财经(天津财经大学学报), 2015, 35 (12): 41-51.

[343] 杨其静. 企业成长: 政治关联还是能力建设? [J]. 经济研究, 2011, 46 (10): 54-66, 94.

[344] 杨宇, 孙艳. PPP融资项目风险及其合同规避措施[J]. 建筑经济, 2008 (6): 47-49.

[345] 叶康涛, 陆正飞. 中国上市公司股权融资成本影响因素分析[J]. 管理世界, 2004 (5): 127-131, 142.

[346] 叶晓甦, 徐春梅. 我国公共项目公私合作(PPP)模式研究述评[J]. 软科学, 2013, 27 (6): 6-9.

[347] 叶晓甦, 朱慧玲, 李丹丹, 石世英. 中国式PPP的特征与边界研究[J]. 建筑经济, 2018, 39 (6): 22-28.

[348] 于蔚, 汪淼军, 金祥荣. 政治关联和融资约束: 信息效应与资源效应[J]. 经济研究, 2012, 47 (9): 125 – 139.

[349] 于文超, 殷华, 梁平汉. 税收征管、财政压力与企业融资约束[J]. 中国工业经济, 2018 (1): 100 – 118.

[350] 余明桂, 回雅甫, 潘红波. 政治联系、寻租与地方政府财政补贴有效性[J]. 经济研究, 2010, 45 (3): 65 – 77.

[351] 余明桂, 潘红波. 政治关系、制度环境与民营企业银行贷款[J]. 管理世界, 2008 (8): 9 – 21, 39, 187.

[352] 余明桂, 王娟. 高管的银行背景、所有权性质与会计稳健性[J]. 财务研究, 2015 (2): 68 – 77.

[353] 喻灵. 股价崩盘风险与权益资本成本——来自中国上市公司的经验证据[J]. 会计研究, 2017 (10): 78 – 85, 97.

[354] 查勇, 梁云凤. 在公用事业领域推行 PPP 模式研究[J]. 中央财经大学学报, 2015 (5): 19 – 25.

[355] 张敦力, 李四海. 社会信任、政治关系与民营企业银行贷款[J]. 会计研究, 2012 (8): 17 – 24, 96.

[356] 张洪刚. 政治关联与财政补贴的理论与实证研究[D]. 东北财经大学, 2014.

[357] 张敏, 黄继承. 政治关联、多元化与企业风险——来自我国证券市场的经验证据[J]. 管理世界, 2009 (7): 156 – 164.

[358] 张敏, 张胜, 王成方, 申慧慧. 政治关联与信贷资源配置效率——来自我国民营上市公司的经验证据[J]. 管理世界, 2010 (11): 143 – 153.

[359] 赵立力, 谭德庆, 黄庆. BOT 项目的可控制风险研究[J]. 中国管理科学, 2005 (5): 41 – 45.

[360] 赵晔. 我国 PPP 项目失败案例分析及风险防范[J]. 地方财政研究, 2015 (6): 52 – 56.

[361] 郑传军, 徐芬, 成虎. PPP 的定义、内涵与特征再认识

[J].建筑经济,2016,37(9):5-10.

[362] 郑子龙.政府治理与PPP项目投资:来自发展中国家面板数据的经验分析[J].世界经济研究,2017(5):62-77,136.

[363] 周常春,伍梦月.PPP政策对上市公司股价及价值影响的实证研究[J].区域金融研究,2018(7):14-19.

[364] 周和平,陈炳泉,许叶林.公私合营(PPP)基础设施项目风险再分担研究[J].工程管理学报,2014,28(3):89-93.

[365] 周黎安.中国地方官员的晋升锦标赛模式研究[J].经济研究,2007(7):36-50.

[366] 周黎安.转型中的地方政府:官员激励与治理[M].上海:格致出版社,2008.

[367] 周林洁,邱汛.政治关联、所有权性质与高管变更[J].金融研究,2013(10):194-206.

[368] 周耀东,余晖.国有垄断边界、控制力和绩效关系研究[J].中国工业经济,2012(6):31-43.

[369] 朱英姿,许丹.官员晋升压力、金融市场化与房价增长[J].金融研究,2013(1):65-78.

[370] 邹萍.股价崩盘风险与资本结构动态调整——来自我国上市公司的经验证据[J].投资研究,2013,32(12):119-135.